মতিঝিলের ডায়েরি

মতিঞ্ছন্নের ডায়েরি

আশিসকুমার পাত্র

বর্ধমান-৩, পূর্ব বর্ধমান, পশিচমবঙ্গ

Matichchhanner Diary
(A Collection of Bengali Stories & Essays by Asiskumar Patra)

Published by   :   Asiskumar Patra, No. 3, Sankhari Pukur,
                            Sripally, Dist.- Purba Bardhaman, PIN-713103,
                            West Bengal, India, (M) 09475336261
                            Rupees Four Hundred Fifty Only

প্রথম প্রকাশ   :   ১২ই জানুয়ারি, ২০২৫

প্রচ্ছদ   :   শ্যামলবরণ সাহা

অক্ষরবিন্যাস   :   এ্যালিগ্যাণ্ট কম্পিউটার, বর্ধমান-৩

গ্রন্থস্বত্ব   :   শুভজিৎ পাত্র

                     আশিসকুমার পাত্র, বর্ধমান-৩ কর্তৃক প্রকাশিত ও মুদ্রিত।
                     ৩নং শাঁখারীপুকুর, পোঃ-শ্রীপল্লী, জেলা ঃ পূর্ববর্ধমান।
                     সচলভাষ - ০৯৪৭৫৩৩৬২৬১

মূল্য   :   চারশো পঞ্চাশ টাকা মাত্র।

পরমপ্রিয়
অধ্যাপক হিমাদ্রি মুখোপাধ্যায়
বন্ধুবরেষু

হারিয়ে যাওয়ার দিনগুলোতে
জীবনের বন্ধুর পথে
পাথেয় যুগিয়ে যিনি আমাকে
চিরঋণী করে রেখেছেন...

An Evening Hour Realization

When your Heart pays;
Drops of water come out
        From your eyes,
Thou art named tears.

When your Heart plays;
Nobody can hear,
It reflects on your face,
Thou art named cheers.

If there is no faith;
There are showers of ifs and buts,
Thou art named fears.

Gandhi Beach, Chennai, 15-05-2003, Thu, 6PM

আমার কথা

হাতেখড়ি হয়েছিল কবিতা আর প্রবন্ধে। গল্প কোনোদিন লেখা হয়ে ওঠেনি। হঠাৎ সরলরেখা পত্রিকার সম্পাদক পঞ্চাননবাবু তাঁর পত্রিকার পূজা সংখ্যার জন্য গল্প চেয়ে বসলেন। গল্প তো আমি লিখি না। ওনার কিন্তু গল্পই চাই। অগত্যা এক সন্ধ্যায় বসে পড়লাম জীবনের প্রথম গল্প লিখতে। নাম দিলাম 'মানুষ হইতে সাবধান'। পঞ্চাননবাবু বললেন, এ কী নাম দিয়েছেন! আমি বললাম, পড়ে দেখুন। পড়ার পর উনি বললেন, ঠিক নামই দিয়েছেন—মনুষ্যত্বের যা দৈন্য দশা! পরে আরও কিছু গল্প লেখা হ'লো। একদিন আমার লেখালিখি নিয়ে আলোচনার সময় আমার পরম স্নেহের ভাই সবুর বলল, আশিসদা, জীবন তো অস্থায়ী। কবে কে, কোথায় আছি আমরা জানি না। তোমার গল্প আর প্রবন্ধ যা আছে তা নিয়ে একটা বই বের করলে হয় না? আমরা চলে যাবো। লেখা থেকে যাবে। বই তো হবে, কিন্তু নাম কী দেবো? বন্ধুবর অধ্যাপক হিমাদ্রি মুখোপাধ্যায়কে বললাম, কী নাম দেওয়া যায় বলুন তো বইটার? উনি বললেন, আশিসদা, এই বই-এর নাম দিন 'মতিচ্ছন্নের ডায়েরি'। নাম তো হ'লো। প্রচ্ছদ কী হবে? শিল্পীবন্ধু শ্যামলবরণ সাহার কাছে গেলাম। বললাম, শ্যামলদা, ইতিমধ্যে প্রকাশিত আমার কাব্যগ্রন্থ 'ব্রাত্য'-এর জন্য যখন প্রচ্ছদ পরিকল্পনাটা আপনাকে বলেছিলাম তখন আপনি বলেছিলেন, আশিসদা, এরকম প্রচ্ছদ করবেন না। পরে, আমি নিজেই যখন প্রচ্ছদ বানিয়ে বই আপনাকে উপহার দিলাম তখন বললেন, এই প্রচ্ছদ ঠিকই হয়েছে। যাক, 'মতিচ্ছন্নের ডায়েরি'-এর জন্য একটি প্রচ্ছদ আপনি নিজে করুন। শ্যামলদা প্রচ্ছদ করে দিলেন। এরপরের কাজটা পাঠককুলের হাতেই ছেড়ে দিলাম। পাঠককুলের কথায় আমার স্ত্রী অনিতার স্কুলের দু'জন শিক্ষিকা কাবেরী আর মৌসুমীর কথা মনে পড়ল। আমার কাব্যগ্রন্থ 'ব্রাত্য' ওই দুই বোনকে উপহার দিয়েছিলাম। আর কিছু গল্প পড়ে শুনিয়েছিলাম। কাবেরী বলল, 'দাদা, আপনার গল্পের জাদু আমাকে শেষ পৃষ্ঠা পর্যন্ত বসিয়ে রাখলো।' আমি বললাম, 'লেখা আমার চোখের জলে, রক্তে, ঘামে।' কাবেরীর ইচ্ছা গল্পের বই প্রকাশের পর অন্তত দ্বিতীয় বইটা যেন ওর হাতে পৌঁছায়। এমন করে যে চায় ঈশ্বরও তাকে ফেরায় না। আমি তো সামান্য একজন লেখক মাত্র। কাবেরীকে আমি প্রথম বইটাই দেবো ঠিক করলাম। দাতা তো অনেক, গ্রহীতা ক'জন?

আশিসকুমার পাত্র

(আশিসকুমার পাত্র)

১২ই জানুয়ারি, ২০২৫

বর্ধমান - ৭১৩১০৩

<table><tr><td>বিষয়</td><td>পৃষ্ঠা</td></tr></table>

প্রবন্ধ

মতিচ্ছন্নের ডায়েরি

গল্প

অপত্যস্নেহ

রিকশাটা নিয়ে অনেকক্ষণ থেকে বাসস্টপেই সে দাঁড়িয়েছিল। যদি কোনও প্যাসেঞ্জার পাওয়া যায়। হতাশ হয়ে একজনকে বললো, 'বাবু, আসুননা।'

—না, না, আমি বাসেই যাবো।

—বাবু, বাস ভাড়া দশটা টাকাই দেবেন না হয়।

কী মনে হ'লো ভদ্রলোক চেপে পড়লেন তার রিকশায়। যেতে যেতে জিজ্ঞাসা করলেন, 'তুমি ভাই দশ টাকার জন্যে এরকম করছিলে কেন ?'

— বাবু, আমি গিয়ে রাঁধলে তবে মা-মরা ছেলেটা দুটো ভাত পাবে। রান্না ঘরে একটু নুন আছে দেখে এসেছি। কোনও চাল নেই। আপনি দশটা টাকা দিলে যা চাল হয় নিয়ে যাবো। ওই দুজনে নুনভাত খাবো। ওর মা তো বিনা চিকিৎসায় মরেই গেল।

ইতিমধ্যে ভদ্রলোকের নামবার সময় হ'লো। উনি রিকশা থেকে নেমে একশো টাকা দিলেন রিকশাওয়ালাকে।

— বাবু, আমার কাছে তো কোনও টাকা নেই শুনলেন। এত খুচরো আমি কোথায় পাবো ?

— তোমাকে কোনও ফেরৎ দিতে হবে না। মাছ আর সবজি কিনে ছেলেটাকে একটু ভালোভাবে আজ খাওয়াবে। আর, এই আমার বাড়ি। এরকম পরিস্থিতি হ'লে আমার কাছে চলে আসবে।

রিকশাওয়ালা জানতেও পারলো না, ভদ্রলোকের একমাত্র পুত্রের আজই জন্মদিন। যদিও সে আজ আর বেঁচে নেই।

অবিমৃশ্যকারী

প্রতিদিনই কলিং বেল বাজে, আর গোপীকান্তবাবু দশ টাকার একটি নোট মিহিরের হাতে দেন। একদিন মিহির টাকাটি নিয়ে গোপীবাবুকে বললো, 'বাবু, আজ হাজার খানেক টাকা আমাকে দিতে পারেন ?'

— না, না, অত টাকা দেওয়া সম্ভব নয়।

— আপনি তো একজন চশমখোর লোক মশাই। এক হাজার টাকা আর আপনার কাছে কী এমন যে দেওয়া গেল না !

— ঈশ্বর তোমার মঙ্গল করুন মিহির, তুমি এসো এবার।

পাশের বাড়ির ভদ্রলোক জিজ্ঞাসা করলেন, 'আচ্ছা, গোপীবাবু, মিহিরকে তো আপনি রোজ দশ টাকা দেন। আর সে আজ আপনাকে গালি দিল। আর আপনি ঈশ্বরের কাছে ওর মঙ্গল কামনা করলেন। এটা আমার বোধগম্য হচ্ছে না।'

— দেখুন, মিহির তো আমার উপকার করলো। তাই ঈশ্বরের কাছে ওর জন্য মঙ্গল কামনা করলুম।

— কীরকম ?

— আমি ওকে আজ এক হাজার টাকা দিতে পারিনি। ও কিন্তু আমাকে কয়েক হাজার টাকা দিয়ে গেল।

— কীভাবে ?

— আগামীকাল থেকে তো মিহির আর আসতে পারবে না দশটা টাকা নেবার জন্যে। তাই বছরে কমবেশি তিন হাজার ছ'শো পঞ্চাশ টাকা আমার বেঁচে গেল। আর গালিও দিয়েছে। ক্ষতি যদি কিছু হয় তা তো ওর হয়েছে, আমার তো হয়নি।

আজব প্রতিবাদ

সাগরবাবুর এ জগৎসংসারে নিজের বলতে আর কিছুই নেই। কেবলমাত্র এই বটগাছটুকু। সবকিছু দান করে নিজের জায়গাটুকুতে একটি বটগাছ লাগিয়ে তার ওপর মাচা বেঁধে থাকেন। পশুদের নাম করে গালিগালাজ দেন লোকদের যারা ওনার ক্ষতি করেছে।

একদিন কিছু শূকর ওনার বটবৃক্ষের চারিপাশ গোল করে ঘিরে অদ্ভুতভাবে ঘোঁত‌ঘোঁত আওয়াজ করছে। তাদের নিশানা সাগরবাবুর মাচার দিকে। প্রকৃতির বক্ষোমাঝে দীর্ঘ সময় অতিবাহিত করতে করতে সাগরবাবু এখন পশুদের আচার আচরণ, অভাব অভিযোগ সবই অনেকাংশে অনুভব করতে পারেন। উনি সকালে 'শুয়োরের বাচ্ছা' বলে একজনকে গালি দিয়েছিলেন। এটা তারই ফলশ্রুতি। শূকরকুলের পরিষ্কার বক্তব্য — কেন তাদের নাম করে উনি মানুষকে গালি দেন ? কারণ, তাদের প্রশ্ন — আমরা কি মানুষের থেকেও অধম ?

সাগরবাবু তাঁর সাধের মাচা থেকে যথারীতি অবতরণ করলেন। শূকরকুলের মাঝে উনি হাঁটু মুড়ে বসে গলবস্ত্র হয়ে তাদের অনুরোধ করলেন — তারা যেন তাদের আলয়ে ফিরে যায়। উনি খুব অন্যায় কাজ করেছেন ওদের নাম করে মানুষকে গালি দিয়ে। উনি এই গর্হিত অপরাধ আর কখনও করবেন না।

শূকরকুল ওনার আচরণে খুশি হয়ে তখনকার মতন তাদের আন্দোলন তুলে নিল।

পরের দিন প্রত্যুষেই সাগরবাবুর ঘুম ভেঙে গেল। উনি দেখেন, অনেকগুলো কুকুর মাচার নিচে গোল হয়ে দাঁড়িয়ে বিকট আওয়াজ করছে। তাদের বক্তব্যও ওনার বুঝতে সময় লাগেনি। সারমেয়কুলের বক্তব্য — তুমি 'কুত্তার বাচ্ছা' বলে গালি দিয়েছো মানুষকে। এতে তুমি মানুষকে গালি না দিয়ে আমাদেরকেই গালি দিয়েছো।

সাগরবাবুর তখন গুরুদেবের কথা মনে পড়ল। রবীন্দ্রনাথ তাঁর ধ্বংস রচনাটি শেষ করেছেন একটি কবিতা দিয়ে এবং তাতে উনি বলেছেন — ''আজ দেখি 'পশু' বলা গাল দেওয়া পশুরে।''

সাগরবাবু মাচা থেকে নেমে সারমেয়কুলের মাঝে করজোড়ে দাঁড়িয়ে গলবস্ত্র হয়ে বললেন, 'হে ঈশ্বরের সৃষ্ট শ্রেষ্ঠতম জীবকুল, তোমাদের নামে আমি প্রকৃতির নিকৃষ্টতম ও হিংস্রতম জীবকে গালি দিয়ে যে অন্যায় করেছি তার জন্য তোমাদের কাছে ক্ষমা প্রার্থনা করছি। বদভ্যাসবশত ও অনিচ্ছাকৃত অপরাধ ক্ষমা কোরো। এরপর মানুষকে পাশবিক আচরণ করছে তো বলবোই না, পরন্তু কোনও পশু অন্যায় করলে, সেটা পশুদের পক্ষে কখনওই সম্ভব নয়, বলবো মানবিক আচরণ কেন করছো তোমরা ?'

আমি রাজার মা

জীবনের চড়াই উতরাই অনেকটা পথ পেরিয়ে সুশোভন ব্যানার্জী এখন একজন ক্যাবিনেট মন্ত্রী। আগেকার রাজা গিয়ে এখন মন্ত্রী হয়েছেন। তাই ওনার মা ওনাকে রাজা বলেই ডাকেন। কিন্তু মন্ত্রী হওয়ার পর আর উনি মাকে নিজের কাছে রাখেননি। বাবা অনেক আগেই মারা গেছেন। সুশোভনবাবুর খুবই সোজা সরল যুক্তি—তুমি সেকেলে। তোমার গর্ভে আমার জন্ম। আইনে তুমি আমার মা। কিন্তু সমাজে তুমি কাউকে আমার মা বলে পরিচয় দেবে না। একজন ক্যাবিনেট মন্ত্রীর মা তুমি হ'তে পারো না। তাই বুড়ির আশ্রয় এক গরিবের ঝুপড়ি।

বিজয়া দশমীর দিন শ্বশুর শাশুড়িকে প্রণাম করতে এসেছেন সুশোভন। একটি ছোটো ছেলে বলল —এই বুড়ি, তোর রাজা যাচ্ছে।

— রাজা ? কইরে ?

— ওই তো একটা কালো স্করপিওতে বসে।

— রাজা, রাজা, আয় বাবা, কতদিন তোকে দেখিনি।

হুস করে কালো গাড়িটা ধুলো আর ঝড় তুলে বেরিয়ে গেলো। বুড়ি কিছু বুঝে ওঠার আগেই গাড়ি ততক্ষণে অনেক দূরে, বুড়ির নাগালের বাইরে। বুড়ি, রাজা, রাজা করে গাড়িটার পিছনে দৌড়াতে লাগলেন। সুশোভনের স্ত্রী অধ্যাপিকা বৈশাখী ব্যানার্জী বললেন, 'তোমার মা দৌড়াচ্ছে।'

— গাড়িটা থামাবো ?

— ছাড়ো তো, এত লোক মরে, বুড়িটা মরেও না।

গাড়ি চলে গেল। বুড়ি দৌড়াচ্ছেন। পড়ে যাচ্ছেন। আবার দৌড়াচ্ছেন। হাত পা ছিঁড়ে রক্ত বের হচ্ছে। কোনও ভ্রুক্ষেপ নেই — যদি রাজার দেখা পাওয়া যায়। একসময় আর পারলেন না। রাস্তায় পড়ে কী যেন ধুলোর মধ্যে হাতড়াতে লাগলেন — রাজা ? কেমন আছিস বাবা ? ভালো আছিস তো ? বৈশাখী, বাবুসোনা ভালো আছে ? আসিসনি কে-ন বা...বা ?

আশেপাশের দোকান থেকে লোকজন এসে বুড়িকে ডাক্তারখানা নিয়ে গেল। ডাক্তারবাবু বললেন — Brought Dead, হার্ট ফেল করেছে।

ক'দিন পর সুশোভনবাবুর কলিংবেল বেজে উঠল। দরজা খুলে দেখেন একটি শ্রাদ্ধের কার্ড হাতে নবারুণ।

— কী, নবারুণ, তোমার মা-বাবা তো অনেক আগেই মারা গেছেন। হঠাৎ কাচা কেন আবার?

— মা মারা গেছেন।

— তোমার মা ক'বার মারা যাবেন?

— একবারই তো মারা যায় মানুষ। যাই হোক, এই থলিটা রাখো। পারলে শ্রাদ্ধে যাবে।

— অতদূর থেকে এলে। একটু বসো অন্তত।

—না, আজ আবার হবিষ্যি করার আছে।

নবারুণ চলে গেল। সুশোভনবাবু থলিটা খুলে দেখেন, থলিতে পাঁচ লাখ তেতাল্লিশ হাজার দু'শো ষাট টাকা পঞ্চাশ পয়সা, সুশোভনবাবুর মায়ের একটা হিসাবের খাতা, শ্রাদ্ধের কার্ড আর একটা চিঠি।

পরমপ্রিয় শোভন,

বিজয়া দশমীর দিন তোমাকে একটিবার চোখের দেখা দেখার আশায় তোমার স্করপিও গাড়িটার পিছনে দৌড়াতে দৌড়াতে তোমার মায়ের বিজয়া হয়েছে। মায়ের পেনশন তুলে খরচ খরচা বাদ দিয়ে যেটুকু বেঁচে ছিল দিয়ে গেলাম। তোমার বন্ধুকে বলে দিও একমাত্র তোমার কথাই সত্য — নবারুণ এক টাকাও মারেনি। আমাকেই তো তোমার মা ছেলে মানতেন। তাই শ্রাদ্ধটিও আমিই করলাম। কোনও পয়সা লাগবে না। শ্রাদ্ধে যদি নাও পারো ব্রাহ্মণ ভোজনের দিন এসো।

— তোমার চিরদিনের বন্ধু,
হতভাগ্য নবারুণ

ঈশ্বর যা করেন মঙ্গলের জন্য

বর্ধমান শহরের কৃষ্ণ সায়রের উত্তর পাড়ে মা বুধেশ্বরীর মন্দির। এক শনিবারের সন্ধ্যায় পূজারি ব্রাহ্মণ আরতিতে ব্যস্ত। আরতি শেষে তিনি দেখেন এক যুবা একটি থলি মন্দিরের দুয়ারে রেখে একমনে ধ্যানস্থ হয়ে আছে। সেদিন তাঁর মন্দিরটি খুলতে একটু দেরিও হয়েছিল। তাই দর্শনার্থী আর কেউ নেই। তিনি পুরো ভোগের প্রসাদই ওই যুবাকে দিয়ে দিলেন।

এভাবে যে কেউ প্রসাদ খায় তা পূজারি এর আগে কোনোদিন দেখেননি। এক অদ্ভুত ক্ষুধার্তের মতন গোগ্রাসে খাচ্ছে। তার খাওয়া শেষ হ'তে পূজারি কৌতূহলবশে জিজ্ঞাসা করলেন, 'বাবা, তুমি ওভাবে প্রসাদ খাচ্ছিলে কেন?' যুবা খুব উৎসাহভরে বলল, 'সে কী বলছেন গো ঠাকুরমশাই? আজ টানা দু'দিন পর খাবার জুটলো। তাও আবার মায়ের প্রসাদ। তাই তো প্রাণভরে খেলাম।'

পূজারির কৌতূহল তো আরও বেড়ে গেল। তিনি বললেন, 'তা তোমার দু'দিন খাওয়া হয়নি কেন?' যুবার চোখ দিয়ে ফোঁটা ফোঁটা জল গড়িয়ে পড়লো। ঠাকুরমশাই ব্যস্ত হয়ে বললেন, 'এই ছেলে তুমি কাঁদছো কেন? আমি জিজ্ঞাসা করছি তুমি খাওনি কেন দু'দিন?'

—আমার কাছে তো কোনও পয়সা নেই। তাই খাওয়া হয়নি।

ঠাকুরমশাই আর থাকতে পারলেন না। তিনি একটু ধমকের সুরেই বললেন, 'তোমার থলের চেনটা খোলা রয়েছে। আমি যা দেখতে পাচ্ছি, ওই থলেতে অন্তত লাখ খানেক টাকা আছে। আর তুমি বলছো কি না তোমার কাছে কোনো পয়সা নেই। ব্যাপারটা কী বলো তো?'

ছেলেটি শুষ্ক হাসি হেসে বললো, 'আপনি ঠাকুরমশাই ঠিকই বলেছেন। ওই থলেতে দু'লাখ টাকা আছে। কিন্তু ও টাকা তো আমার নয়। ওর থেকে দশ টাকাও নেওয়ার অধিকার আমার নেই। তাই আমার খাওয়া হয়নি।'

'তাহলে টাকাগুলো কার?', ঠাকুরমশাই বেশ কৌতূহলের সুরেই জিজ্ঞাসা করলেন।

— ওই টাকাগুলো আমি একজনের কাছে ধার করেছি আর একজনকে ধার মেটাবো বলে।

ঠাকুরমশাই তো অবাক। একি ছেলেরে বাবা! ধার করে ধার মেটাবে?

— তা তুমি ধার করেছিলে কোন্ মহাকাজে?

ছেলেটি আমতা আমতা করে বলল, 'একজনকে ধার দিয়েছিলাম।' ঠাকুরমশাই একটু রেগেই গেলেন। বললেন, 'ধার করে ধার মেটাচ্ছো? অথচ যাকে ধার দিলে সে শোধ করলো না!'

ছেলেটি আরও বলল, 'শুধু ধার মেটানো নয়। ধারের টাকার সুদও মেটাতে হয়।' পূজারি বললেন, 'তোমার তো কোনও টাকাই নেই বললে! এসব ধার, সুদ মেটাও কোথা থেকে? তুমি কি কিছু করো?'

— হ্যাঁ ঠাকুরমশাই, আমি ছাত্র পড়াই। পড়িয়ে যা হয় শাক ভাত খেয়ে সুদ মেটাতেই চলে যায় সব টাকা। আবার কোনও মাসের প্রথমদিকে মাইনে না পেলে দু'চারদিন উপোষও করতে হয়। কিন্তু আজ মা বুধেশ্বরী আমার এ কী সর্বনাশ করলো ঠাকুরমশাই!

— কেন? দু-দু'দিন উপবাসের পর তবু তো দুটো খেতে পেলে। আর তুমি বলছো কিনা মা তোমার সর্বনাশ করলো!

— হ্যাঁ, হ্যাঁ, সর্বনাশই তো করলো! আপনি কি জানেন ঠাকুরমশাই, আমি যখন এখানে আজ এলাম তখন মায়ের কাছে কী প্রার্থনা করছিলাম?

— না, তা কী করে জানবো? তুমি কী প্রার্থনা করছিলে বাবা?

— আমি মায়ের কাছে আরও কষ্ট প্রার্থনা করছিলাম। আমার মত পাপিষ্ঠের কি এক দু'দিন খেতে না পাওয়া কোনো কষ্ট হ'লো? এ তো সাগরে বারিবিন্দুসম। যে মানুষ নিজের দিকে তাকায় না তার মত পাপিষ্ঠ আর কে আছে এ সংসারে? এই যে আপনি আরতি করলেন, তার জন্য তো আপনাকে মন্দিরে আসতে হ'লো। আপনার আরতি আপনাকেই তো করতে হবে। আপনি বিছানায় শুয়ে শুয়ে আরতি করতে হবে, আরতি করতে হবে বললে আরতি হ'তো আজ? তাছাড়া আপনি যদি মায়ের আরতির সময় অন্য কারও কোনও কাজে ব্যস্ত হয়ে পড়তেন তাহলে কি আজ মায়ের আরতি হ'তো?

— না, তা হ'তো না। এ তুমি ঠিকই বলেছো। আমি তো এরকমভাবে কোনোদিন ভাবিনি। সবই মায়ের ইচ্ছে। তাই তুমিও আজ এসময় এখানে এসেছো। বাবা, অনেক রাত হ'লো। এবার আমরা বাড়ি ফিরে যাই।

ঠাকুরমশাই সাইকেলে চড়ে নিজের বাড়ির দিকে রওনা দিলেন। ছেলেটি সেই সময় মন্দিরের গেটে তার মাথাটা ঠুকতে লাগলো এবং বলতে লাগলো, 'মা, আমার মত পাপিষ্ঠের প্রতি তোমার এত দয়া, এত করুণা!'

এমন সময় এক জটাজুটধারী সন্ন্যাসী ছেলেটির কাঁধে হাত রাখলেন। সন্ন্যাসী যুবাকে বললেন — তোমার কী হয়েছে বাবা?

— আমার সব গেছে সাধুবাবা, সব গেছে। কিছু নেই আর।

সন্ন্যাসী দীপ্তকণ্ঠে বললেন — ঈশ্বর যা করেন বাবা মঙ্গলের জন্যই তো করেন।

— এ আপনি কী বলছেন সাধুবাবা ? আমার সর্বনাশ হ'লো। আর আপনি বলছেন কি না ঈশ্বর যা করেন মঙ্গলের জন্য ?

— হ্যাঁ বাবা, আমি তাই বলছি। কঠিন স্বরে সন্ন্যাসী বললেন — আমি আবারও বলছি, ঈশ্বর যা করেন মঙ্গলের জন্য। আসলে তোমার সত্যিই কী প্রয়োজন তুমি তাই জানো না। এই যে তুমি বললে, তোমার সব হারিয়েছে।

— হ্যাঁ, হারিয়েছেই তো।

— না ! তোমার কিছুই হারায়নি। তোমার সব আছে।

— এ আপনি কী বলছেন সাধুবাবা ? আমার কিছুই হারায়নি ?

— না ! তোমার কিছুই হারায়নি। আমার সম্মুখে যে দাঁড়িয়ে আছে সে একজন মহা সম্পদশালী, মহা শক্তিশালী ব্যক্তি।

যুবা কিছুক্ষণ থমকে গেল। তারপর বলল — কেন ? আমার ক্যারিয়ার গেল, ধন গেল, মান গেল, বন্ধু-বান্ধব সব গেল। তাহলে আমার রইলটা কী ?

সন্ন্যাসী স্নেহের সুরে বললেন — কেন বাবা ? তুমি তো রয়েছো ! আর তোমার সব থেকে ভালো বন্ধু তো তুমিই। আবার সব থেকে বিপজ্জনক শত্রুও তুমি নিজে। কারণ একমাত্র তোমার সবচেয়ে ভালো কিছু তুমিই করতে পারো। আবার তোমার দুর্বল দরজাগুলো তুমিই জানো। সেগুলো কারও কাছে দেখিয়ে দিতে তুমিই পারো। আর সেই দরজা দিয়েই শত্রুর আগমন হবে। দেখো বাবা, বন্ধু কথার মানে ব্যাপক। চাণক্য বলেছেন —

উৎসবে ব্যসনে চৈব দুর্ভিক্ষে রাষ্ট্রবিপ্লবে।
রাজদ্বারে শ্মশানে চ যস্তিষ্ঠতি স বান্ধবঃ।।

যে ব্যক্তি উৎসবের সময়, বিপদের সময়, দুর্ভিক্ষ দেখা দিলে, রাষ্ট্রের কঠিন বিপত্তির সময়, বিচারালয়ে এবং শ্মশানে সর্বদাই সহায় হন তিনিই প্রকৃত বন্ধু।

প্রকৃত বন্ধু সংসারে দুর্লভ। তোমার যখন অনেক সুখ সমৃদ্ধি তখন অনেক বন্ধু আসবে সুখের সুধা পান করতে। কিন্তু তারাই আবার দুঃসময় উপস্থিত হলে পিছনের দরজা দিয়ে পালায়। প্রকৃত বন্ধু দুঃসময়েই বোঝা যায়। নিজের সুখ-স্বাচ্ছন্দ্য তুচ্ছ করেও প্রকৃত বন্ধু দুঃসময়ে তোমার পাশে থাকে। এ ব্যাপারে ইংরেজিতে একটি কথা প্রচলিত — 'A friend in need is a friend indeed.'।

তাহলে বন্ধু কথার মানে বুঝলে তো! তোমার এরকম কোনও বন্ধু ছিল বলে মনে হয়?

যুবা একটু থতমত খেয়ে বলল — তা আপনি যা বলেছেন সেরকম বন্ধু আমার কেন কারোরই এ সংসারে থাকা প্রায় অসম্ভব।

— আচ্ছা বলতে পারো তোমার বাড়ির কলিং বেল বাজিয়ে তোমার কাছে এমন কেউ কি এসেছে কোনোদিন যে তোমার জন্য কোনো ভালো খবর এনেছে বা তোমার উপকার করতে এসেছে?

— না, সেরকম কেউ কোনোদিন আসেনি।

— তাহলে তাদের কী দরকার তোমার জীবনে বলতে পারো? আর তোমার জন্য তুমিই যথেষ্টরও বেশি। তোমার কাছে আজ পর্যন্ত যত লোক এসেছে তাদের হাত দুটো কীরকম ছিল লক্ষ করেছিলে?

— হ্যাঁ, তারা সবাই হাত চিৎ করে এসেছিল।

— হ্যাঁ, তারা সবাই তোমার কাছে কিছু না কিছু নিতে এসেছিল। বিনিময়ে তারা তোমাকে দিয়েও‌ছে অনেক কিছু।

— কী দিয়েছে সাধুবাবা? তারা তো আমায় কিছুই দেয়নি।

— বলতে পারলে না তো? আমি বলছি শোনো যুবক। তারা তোমার এই নিঃস্বার্থ সেবার বিনিময়ে তোমাকে অযাচিতভাবে দিয়েছে নিদারুণ যন্ত্রণা। হ্যাঁ, হ্যাঁ নিদারুণ যন্ত্রণা। তুমি কিন্তু তোমার এই সেবার বিনিময়ে তাদের কাছে কিছুই চাওনি। কিছু প্রত্যাশাও করোনি। কিন্তু তারা কি না দিয়ে থাকতে পারে? তারা তো ধরিত্রীর বুকে এ জন্যই জন্মেছে বাবা। কিন্তু আমি বলছি, প্রকৃতিও তাদের পাওনা কড়ায় গণ্ডায় বুঝিয়ে দেবে।তাহলে তুমি স্বীকার করছো তো তুমি বন্ধু নির্বাচনে ভুল করেছিলে?

— হ্যাঁ বাবা, আমি স্বীকার করছি। বাবা, আপনি আমাকে পথ দেখান।

— আচ্ছা, তোমার নামটি কী বাবা?

— আমার নাম ঋষি।

— বাঃ, বেশ ভালো নাম।আমার গুরুদেবের দেওয়া নাম শুদ্ধাত্মানন্দ।তা, তুমি কি বড় হতে চাও? যত বড় হওয়ার ক্ষমতা তোমাকে ঈশ্বর দিয়েছেন তত বড়?

— সেটা কে না চায় বাবা?

— ওটাই তো ভুল কথা বললে। যাকেই জিজ্ঞাসা করবে সেই বলবে যে সে বড় হতে চায়। কিন্তু বড় হওয়ার জন্য যে পথ তাকে দেখাবে সে পথে সে হাঁটবে না। অন্তরের অন্তস্থল থেকে বলতে হবে যে তুমি বড় হতে চাও।মুখের কথা নয়।

—আপনি আমাকে বলুন বাবা কী করতে হবে।

— তোমাকে তাহলে কিছু নিয়ম কানুন মানতে হবে। এই যে বিরাট প্রকৃতি সেও অনেক নিয়ম কানুন মানে কিন্তু। তোমাকে প্রথমেই তোমার জীবনের লক্ষ্য স্থির করতে হবে। তুমি কী চাও সেটা পরিষ্কার করতে হবে। তারপর যেটা চাইছো কোন্ পথে গেলে সেখানে পৌঁছাতে পারবে তা ঠিক করতে হবে। এ ব্যাপারে তোমাকে সফল ব্যক্তিত্বের জীবনী পাঠ করতে হবে। আর পথের ব্যাপারেও তোমাকে বই পড়তে হবে। অনেক অনেক বই আছে।

—বই আমি খুব ভালোবাসি বাবা।

— দেখো, ফুল, ভালোবাসা আর বই এই তিনটি কোনোদিন ছুঁড়ে ফেলো না। ফুলের মতো এতো সুন্দর আর কিছু হয় না। নয়নাভিরাম রূপ আর মনমাতানো গন্ধ। সেজন্য মানুষ আনন্দেও ফুল নিয়ে যায়। আর দুঃখেও ফুল নিয়ে যায়। রংটি শুধু পরিবর্তন হয়। সেরকমই তোমার সুখে-দুখে, আনন্দে-বেদনায় সবসময় তোমার পাশে থাকে তোমার ভালোবাসার জন। বই তোমার চিরসাথী। সুখে-দুখে, আনন্দে-বেদনায়, আশা-নিরাশায় বই কোনোদিন তোমার সাথে বেইমানি করে না। পরন্তু সাহায্য করে। সমস্যায় পড়েছো, বই খোলো। সমাধান পাবে। কাউকে বিশ্বাসও করবে না, অবিশ্বাসও করবে না। নিয়মটা শুধু মেনে চলবে।

— আমার কোনো শুভাকাঙ্ক্ষী বন্ধুও থাকা চলবে না ?

— না! সেই গল্পটি মনে আছে ? রাজা ঘুমাচ্ছেন। বাঁদর পাশে বসে আছে। রাজার নাকে মাছি বসেছে। বাঁদর দেখলো রাজার ঘুম ভেঙ্গে যাবে। তো তরবারি দিয়েই মাছি তাড়াতে গেল। রাজার নাক কাটা গেল। দেখো, বাঁদর রাজার মঙ্গল চায়। কিন্তু কোন্ পথে রাজার মঙ্গল হবে সে জানে না। তেমনই কোনও বাঁদর বন্ধু নিয়ে তোমারও কোনো কাজ নেই। হয়তো এক লাখ লোককে যাচাই করে একজন প্রকৃত বন্ধু পেতে পারো। কিন্তু তোমার কি এক লাখ লোক যাচাই করা ছাড়া আর কোনও কাজ নাই ? শুধু নিজেকে ভালোবাসো। আর ভালোবাসার মানেটা বোঝো ?

—কী মানে বাবা ?

— কাউকে ভালোবাসা মানে তার জন্য ঠিক ও ভালো কিছু করা। আর কিছু নয়। ভালোবাসি বলাটা ভালোবাসা নয়। আর তুমি যদি নিজেকে প্রকৃতই ভালোবাসো তাহলে নিজের জন্য অন্তত এখন থেকে ঠিক ও ভালো কিছু কর। নিজেকে নিয়ে শুধু ভাবো। সারা দুনিয়া থেকে মনকে তুলে নিয়ে চলে এসো নিজের কাছে। সারা পৃথিবীর লোকের ঠিকা নিয়ে তুমি জন্মাওনি। যে যার কর্মফল অনুযায়ী চলবে। তুমি কিছু করবে না। লক্ষ্যকে স্থির রেখে চলবে। মহাভারতে অস্ত্রগুরু দ্রোণাচার্যের পরীক্ষা পদ্ধতি সম্বন্ধে জানো ?

— আপনি বলুন বাবা।

— গুরু দ্রোণ একদিন তাঁর ছাত্রদের পরীক্ষা নেওয়ার জন্য গাছে একটি পাখির মূর্তি রাখলেন। ছাত্রদের বললেন যে, পাখির চোখে তীর বেঁধাতে হবে। তাহলেই পরীক্ষায় সফল। একজন ছাত্র এল। গুরু তাকে বললেন, 'কী দেখছো?' সে বললো, 'সবই দেখছি গুরুদেব। গাছ, পাখি, আপনাকে।' গুরু বললেন, 'যাও তোমার পরীক্ষা শেষ।' পরের জনকে বললেন, 'কী দেখছো?' সে বললো, 'পাখি দেখছি গুরুদেব।' গুরু বললেন, 'যাও তোমার পরীক্ষা শেষ।' তারপরের জন বললো, 'পাখির মাথা দেখছি।' তারও পরীক্ষা শেষ হয়ে গেল। এইভাবে একের পর এক সবাই এল। উত্তরও একই রকম দিল। এবার শেষ পরীক্ষার্থী। গুরু জিজ্ঞাসা করলেন, 'কী দেখছো?' সে বললো, 'কেবল পাখির চোখ দেখছি গুরুদেব।' গুরু বললেন, 'বিদ্ধ কর।' সে বিদ্ধ করলো এবং সে হ'লো অর্জুন। এর থেকে কী শিখলে?

— বাবা এর থেকে শিখলাম যে, একমাত্র লক্ষ্য স্থির থাকলেই তবে লক্ষ্যে পৌঁছানো যায়।

— হ্যাঁ, লক্ষ্য স্থির রাখতে হবে এবং একটাই লক্ষ্য থাকতে হবে একসময়ে। ঘোড়াকে দেখেছো? চোখের দু'পাশে ব্লিংকার লাগানো থাকে যাতে ঘোড়া রাস্তার সম্মুখেই দৃষ্টি প্রসারিত করতে পারে। রাস্তার পাশে না দেখে। কখনও নিজেকে ছোট ভাববে না। তোমার গুরু তোমাকে পথ দেখাতে পারেন। কিন্তু বুদ্ধি গুরুর চেয়েও তোমার বেশি হতে পারে। গুরুর সাথে তোমার তফাৎ — গুরু বিষয়টা দু'দিন আগে শিখেছেন, আর তুমি দু'দিন পরে শিখছো।

— গুরু কাকে বলবো বাবা?

— তুমি যেটা শিখতে চাইছো সেটা তোমার চেয়ে একটু বেশি জানবেন। আর তিনি তোমার মঙ্গল চাইবেন। তবেই তিনি গুরু।

— এভাবে তো কেউ কোনোদিন আমাকে বোঝায়নি বাবা। তাহলে হয়তো জীবনটা আমার অন্যরকম হ'তো।

— কে বললো যে আগেরটাই ভালো হ'তো? হয়তো পরেরটাই ভালো হবে। দেখো সেটাই হবে তোমার জীবনে।

— তাই যেন হয় বাবা।

— খুব উচ্চাকাঙ্ক্ষা থাকতে হবে মনে। তবে বড় হ'তে পারবে।

— এর জন্য অনুপ্রেরণা প্রয়োজন।

— তোমার নিজের জীবন যদি তোমার অনুপ্রেরণা না হয়ে থাকে তাহলে পৃথিবীর কোনও ব্যক্তিই তোমাকে অনুপ্রেরণা জোগাতে পারবে না। আমি চাই সব মানুষই

উচ্চাকাঙ্ক্ষী হোক —তাদের মধ্যে সাধনার দীপ্ত অগ্নিশিখা প্রজ্জ্বলিত হয়ে উঠুক। আমি চাই সবাই শিক্ষা জগতে বিরাট বিরাট কিছু হোক —সাধনার চরম শিখরে পৌঁছাক। তাহলে আমাদের সমাজ, দেশ কত ওপরে উঠে যাবে। তখন তাকে আর কেউ চেষ্টা করেও নীচে নামাতে পারবে না। আর তোমার ভালো হলে আমারও ভালো। আমি বনে জঙ্গলে, গুহায় পর্বতে ঘুরে বেড়ালেও একজন সামাজিক জীব তো।

—বাবা, মনের মধ্যে সেরকম জোর পাইনা কেন ?

— মনের মধ্যে না-পাওয়ার হাহাকার সৃষ্টি করো। প্রত্যেক শিল্পীর মনেই না-পাওয়ার একটা হাহাকার থাকে। আর সেই যন্ত্রণার প্রেরণায় শিল্প সৃষ্টি হয়। এই যন্ত্রণার মধ্যে নিঃসঙ্গ বোধ থাকে। কারও মনে যদি এই না-পাওয়ার বোধটা না থাকে তবে সে তার সবটুকু শক্তি কাজে লাগাতে পারবে না। অন্তত পড়াশোনার ব্যাপারে কারও কখনোই তৃপ্ত হওয়া চলবে না। কেউ যদি একটা মোটামুটি ফল করে তৃপ্ত হয়ে যায় তবে তার চেয়ে ভালো ফল সে কখনোই করতে পারবে না।

ঋষি খুব উৎসাহভরে বলল —বাবা, কাজে আনন্দও পেতে হবে।

শুদ্ধাত্মানন্দজী খুশি হয়ে বললেন — আনন্দ না পেলে সে কাজে কখনোই কাঙ্ক্ষিত সাফল্য আসতে পারে না। শিখবার জন্য প্রবল ইচ্ছে এবং নিজের দক্ষতা বাড়াবার জন্য একটা দৃঢ়নিশ্চয় ভাব থাকতে হবে। আমরা যা হ'তে পারি অর্থাৎ আমাদের যে শক্তি, যোগ্যতা ও ক্ষমতা আছে সে সম্বন্ধে আমাদের কোনও সম্পূর্ণ ধারণা নেই। বড় জোর অর্ধেকটা আমাদের জানা। আমাদের যা শারীরিক এবং মানসিক শক্তি আছে আমরা তার মাত্র কিছুটা কাজে লাগাই। কথাটা অন্যভাবে বলতে গেলে বলা যায় যে, আমরা প্রত্যেকে নিজেই নিজেকে খর্ব করে রাখি।

ঋষি স্বামীজির পায়ে লুটিয়ে পড়লো। অঝোরে কাঁদতে কাঁদতে বলল — বাবা, আমার মনে হচ্ছে আমি যেন আজ পুনর্জন্ম লাভ করলাম। সত্যিই তো আমি নিজেই নিজের সর্বনাশ করেছি। নিজেকে ধ্বংস করেছি তিলে তিলে। আমি আবার নিজেকে গড়ে তুলবো বাবা !

— তাহলে এখন বুঝছো তো তোমার ধ্বংসকারীও তুমি নিজে আবার সৃষ্টিরও কারিগর তুমি নিজেই। এখন উঠে পড়ে লেগে পড় সেই সৃষ্টির কাজে। দেখো, ব্যক্তি মানুষের অনেক বিচিত্র এবং বহুমুখী শক্তি আছে যার খুব কমটাই সে স্বভাবত সারা জীবনে ব্যবহার করতে পারে। তোমার নিজের মধ্যে যুদ্ধ শুরু হ'তে হবে। তবেই তার দ্বারা কিছু করা সম্ভব।

—এবার থেকে ঠিকভাবে চললে ঠিক ঠিক ফল ফলবে তো বাবা ?

— না ! ভুল কথা বললে তুমি ঋষি। শোনো, তোমার শুধু কর্মে অধিকার — ফলে নয়। তুমি একনিষ্ঠভাবে কর্ম করে যাবে। ফল কী হবে তা নিয়ে তোমাকে ভাবতে হবে না। সত্যিকারের কর্ম করলে ঠিক ফল পাবেই পাবে। আর যে কোনো ব্যাপার নিয়ে অযথা যুদ্ধ শুরু করে দিও না কারও সাথে। কারণ যুদ্ধ করলে কখনোই বেশি পাওয়া যায় না। নরম হলে যতখানি চেয়েছিলে তার চাইতেও বেশি পাবে। আর সংকল্প যদি হয় ইস্পাত কঠিন, চিন্তাদর্শ যদি হয় সমুন্নত তবে প্রাত্যহিক জীবনের গ্লানিকে অনেক দূরে পিছনে ফেলে অতিক্ষুদ্র মানুষও বিরাট সত্যের মুখোমুখি হ'তে পারে। ভিতরে আকুলতা থাকলে মানুষ ঈশ্বরকেও পায়। তোমার মনে যদি সত্যিকারের বড় হবার আকুলতা থাকে তবে তুমি বড় হবেই। তোমার লক্ষ্য হবে আকাশের ধ্রুব নক্ষত্রের মতো।

ঋষি তখন স্বামীজিকে বলল — বাবা, এত লোক যদি আমার এত ক্ষতি না করতো তাহলে তো আমার অনেক আগেই জীবনটা পূর্ণতায় ভরে যেতো।

স্বামীজি ঋষিকে বললেন — ঋষি, মা সারদা মায়ের কথাটা মনে নেই ?

— কী কথা বাবা ?

— মায়ের কথা হ'লো, 'লোকের দোষ দেখো না। দোষ দেখো নিজের।' তোমার ঘরের দরজা না খুলে রাখলে চোর কি তোমার ঘরে চুরি করতে পারে ঋষি ?

— হ্যাঁ বাবা, আপনি ঠিকই বলেছেন। দোষ সব আমারই। এ ব্যাপারে মায়ের গানটা বড় মনে পড়ছে — 'স্বখাত সলিলে ডুবে মরি শ্যামা, দোষ কারও নয়গো মা ...'।

— সাবাস্ ! এই তো, এত ভাব আছে তোমার মধ্যে তবু বলো হবে না ? ঠিক হবে। এগিয়ে যাও। শোনো ঋষি, তোমার যে ক্ষতি হয়েছে বলছো ওগুলোরও প্রয়োজন ছিল। যে কাঁচা ঋষি আজকে পাকা ঋষিতে উন্নীত হয়েছে সে তো ওই সব ক্ষতিগুলোর জন্যই। ওগুলো না ঘটলে ভবিষ্যতে তোমার আরও বড় ক্ষতি হ'তো যেটা হয়তো আর সামাল দিতে পারতে না তুমি। তাহলে একটি গল্প বলি শোনো।

— বলুন বাবা। আমার বড় ভালো বোধ হচ্ছে।

— এক রাজা ছিলেন। একদিন হঠাৎ রাজার পায়ের বৃদ্ধাঙ্গুষ্ঠতে এক বিষধর সর্প দংশন করে। সঙ্গে সঙ্গে রাজবৈদ্যকে ডাকা হয়। রাজবৈদ্য এসেই রাজার বৃদ্ধাঙ্গুষ্ঠটি কেটে বাদ দিয়ে দিলেন। রাজা তো রেগে অগ্নিশর্মা। তাঁর পায়ের সবচেয়ে সুন্দর আঙ্গুলটিকেই রাজবৈদ্য কেটে বাদ দিল! সঙ্গে সঙ্গে নির্দেশ — 'যাও, রাজবৈদ্যকে কারাগারে নিক্ষেপ করো।'

এর অনেকদিন পর রাজা শিকারে গেছেন। শিকারের সন্ধানে রাজা অন্যান্যদের পিছনে ফেলে গভীর অরণ্যে চলে গেলেন। হঠাৎ জঙ্গলের আদি বাসিন্দারা রাজাকে

ধরে ফেলে এবং তাদের ঠাকুরের সামনে বলি দেবে বলে ঠিক করে। বলির জন্য রাজাকে তারা স্নান করায় এবং বলি দেওয়ার ঠিক আগে পুরোহিত দেখে যে রাজার বৃদ্ধাঙ্গুষ্ঠটি কাটা। অতএব বলি হবে না। কারণ খুঁতযুক্ত বলি মা গ্রহণ করবেন না।

রাজা তো ছাড়া পেয়ে দৌড়াতে শুরু করেছেন। মন্ত্রী, সেপাই সব দৌড়াচ্ছে। রাজা প্রাসাদে ফিরেই বললেন —— আগে রাজবৈদ্যকে কারাগার থেকে বের কর সত্বর।

রাজবৈদ্য কারাগার থেকে বের হ'তেই রাজা করজোড়ে রাজবৈদ্যর কাছে ক্ষমা চাইলেন। রাজবৈদ্য তো হতবাক —— হ'লো কী রাজামশাই-এর? রাজামশাই বললেন —— রাজবৈদ্যমশাই, আপনি আমার বৃদ্ধাঙ্গুষ্ঠ কেটে বাদ না দিলে আজ আমার গর্দানটাই বাদ যেত। আপনি আমায় ক্ষমা করবেন। এখন আমি বুঝছি, ঈশ্বর যা করেন আমাদের মঙ্গলের জন্যই করেন।

—— এ তো আপনি দারুণ গল্প শোনালেন বাবা।

—— তাই তোমার জীবনেও যা ঘটেছে তোমার মঙ্গলের জন্যই ঘটেছে। আমরা অর্বাচীন নর আমাদের মঙ্গল আগেভাগে বুঝতে পারি না। ঈশ্বরের ওপর ভরসা রাখো। সব ঠিক হয়ে যাবে। তুমি কারও ক্ষতি করবে না। আর তোমার ক্ষতিও করতে দেবে না। আর কোনো কিছুর শেষ না দেখেই বিচার করা উচিত নয়। ভগবান নিজেও বিচার করবার জন্য মানুষের মৃত্যু পর্যন্ত অপেক্ষা করেন। তুমি আমি তাহলে বিচার করবার কে? নিজের লক্ষ্যকে ধ্রুব নক্ষত্রের মতো স্থির রেখে একনিষ্ঠভাবে কর্ম করে যেতে হবে। কর্মই একমাত্র মুক্তির পথ। আর কোনো কাজ যখন করবে তখন কোনো কিছু প্রতিদানের আশা না করেই করবে। তাহলে দুঃখ পাবে না। কারণ, যদি প্রতিদানের আশা কর আর তা না পাও তাহলে সেটা তোমার দুঃখের কারণ হয়ে দাঁড়াবে। সব সময় নিজেকে মুক্ত স্বভাব রাখবে। আর অভীষ্ট লক্ষ্যে পৌঁছাতে গেলে তোমাকে স্বার্থশূন্য হয়ে কাজ করতে হবে। তবেই তোমার স্বার্থসিদ্ধ হবে।

—— স্বার্থশূন্য হয়ে কাজ করে স্বার্থসিদ্ধি কথাটি একটু স্ববিরোধী মনে হচ্ছে না বাবা?

—— না! একেবারেই নয়। স্বার্থশূন্য হয়ে কাজ যখন তুমি করবে তখন তুমি নির্লিপ্ত হয়ে কাজ করতে পারবে। সেটাই হবে শ্রেষ্ঠ কর্ম। আর তার ফলও পাবে সবচেয়ে ভালো।

—— বাবা, স্বার্থশূন্য হয়ে কাজ করতে হলে নিজের মনটা তৈরি করা দরকার। সেটা কীভাবে করবো?

—— এর জন্য চাই ধ্যান। একাগ্রতা ছাড়া কোনও কাজে সফল হওয়া যায় না। আর একাগ্রতার জন্য চাই ধ্যান।

— সেটা বাবা আপনি ঠিকই বলেছেন। আমার এক বন্ধু তখন ঝাড়গ্রাম রাজকলেজের অধ্যাপক। তো বার্ষিক ক্রীড়া প্রতিযোগিতায় অধ্যাপকদের জন্য ছিল শুটিং। আমার বন্ধুটি তিন তিনবার টার্গেট-এ লাগিয়ে দিল। তখন অন্যান্য অধ্যাপক সব ছুটে এসেছেন। জিজ্ঞাসা করছেন, কত দিনের অভ্যাস। আমার বন্ধু বলল, সেদিনই প্রথম। তখন অধ্যাপকগণ জিজ্ঞাসা করলেন, এর পিছনে কৌশলটা কী? বন্ধু বলল, একাগ্রতা। আর একাগ্রতার জন্য চাই ধ্যান।

— স্বামীজির সেই ঘটনা তো জানো।

— কী ঘটনা বাবা?

— স্বামীজি একসময় অসুস্থ হয়ে বেলুড় মঠে আছেন। আর শিষ্য শরচ্চন্দ্র চক্রবর্তী স্বামীজিকে দেখতে এসে ঘরে ঢুকেই 'এনসাইক্লোপেডিয়া ব্রিটানিকা'র একটি সেট দেখতে পেলেন। শরচ্চন্দ্র চক্রবর্তীর মন্তব্য হ'লো, এক জীবনে এই খণ্ডগুলি পড়ে শেষ করা যাবে না। স্বামীজি বললেন, আপাতত দশ খণ্ড থেকে যে কোনো প্রশ্নের উত্তর তিনি দিতে পারবেন।

শিষ্য প্রতি খণ্ড থেকে কিছু কিছু প্রশ্ন করলেন এবং স্বামীজি সে সব প্রশ্নের উত্তর তো দিলেনই এবং কিছু কিছু জায়গায় বইয়ের ভাষাই বলে দিলেন। শরচ্চন্দ্র একেবারে হতবাক হয়ে গেল। স্বামীজির উত্তর হ'লো, এর মূলে আছে ধ্যান আর ব্রহ্মচর্য এবং যে কেউ অভ্যাস করলেই এই স্মৃতিশক্তি অর্জন করতে পারে।

— বাবা, আমি ইচ্ছা করলে আমিও স্মৃতিশক্তি বাড়াতে পারবো?

— হ্যাঁ পারবে। তবে আর একটা কথা শুনে রাখো। কোনো কাজ করছি করবো করে দেরি করবে না। এ ব্যাপারে রামায়ণের সেই ঘটনাটা বলি শোনো। রামের বাণে বিদ্ধ হয়ে রাবণ অন্তিম শয্যায়। তখন রাম রাবণকে বললেন, 'আমাকে তো এবার অযোধ্যায় ফিরে রাজ্য পরিচালনা করতে হবে। তো আপনার জীবনে রাজ্য পরিচালনার অভিজ্ঞতা থেকে কিছু বলুন।' তখন রাবণ বললেন, 'শুভস্য শীঘ্রম। অশুভস্য কালহরণম্।' মানে শুভকাজ যত শীঘ্র পার করবে। আর অশুভ কাজ করছি করবো বলে দেরি করবে।

— আমার জীবনে তো কাজ ফেলে রেখে রেখে কী যে ক্ষতি হয়েছে কী বলবো বাবা!

— এখন থেকে এবার ঠিকভাবে চলবে তো?

— হ্যাঁ, বাবা এবার আমি ঠিকভাবে চলবো।

— গীতার এই উপদেশটি মনে রেখো।

"দুঃখেষ্বনুদ্বিগ্নমনাঃ সুখেষু বিগতস্পৃহঃ।
বীতরাগভয়ক্রোধঃ স্থিতধীমুনিরুচ্যতে।।"

যিনি দুঃখে উদ্বেগশূন্য, সুখে স্পৃহাশূন্য, যাঁর অনুরাগ, ভয় এবং ক্রোধ নিবৃত্ত হয়েছে, তাঁকে স্থিতপ্রজ্ঞ মুনি বলা যায়। দেখো, দুঃখে উদ্বিগ্ন হয়ো না। আর সুখেও স্পৃহা রেখো না। সুখ এবং দুঃখ দুটোকেই সমানভাবে নেবে। কোনো ঘটনার ওপরতো তোমার হাত নেই। অতএব ঘটনায় বিচলিত হয়েও কোনও লাভ নেই। তোমার কর্মটা তোমাকে করে যেতে হবে। ফল যা হবার তা হবে। তাই তো গীতায় শ্রীকৃষ্ণ বলেছেন—

"কর্মণ্যেবাধিকারস্তে মা ফলেষু কদাচন।
মা কর্মফলহেতুর্ভূর্মা তে সঙ্গোহস্ত্বকর্মণি।।"

কর্মেই তোমার অধিকার। কর্মফলে কখনও তোমার অধিকার নেই। কর্মফল যেন তোমার কর্মপ্রবৃত্তির হেতু না হয়। কর্মত্যাগেও যেন তোমার প্রবৃত্তি না হয়।

—বাবা, এটা একটু ব্যাখ্যা করে বলুন।

—দেখো, এই শ্লোকের ব্যাখ্যা খুব সোজা এবং সরল। তুমি যদি ফলের চিন্তা মাথায় রেখে কাজ কর তাহলে তুমি কর্মে পুরোপুরি মনোযোগ দিতে পারবে না। সেক্ষেত্রে কর্মও ঠিকমতো সম্পাদিত হবে না। অতএব ফলও সঠিক হবে না। সেজন্যই শ্রীকৃষ্ণ নিষ্কাম কর্মের কথা বলেছেন। মনটাই সব। মনটা নিয়ন্ত্রণ কর। এগিয়ে যাও। আর প্রাণের টানে কাজ করতে হবে।

—সেটা কীরকম বাবা?

—তাহলে একটা গল্প বলি শোনো। একটা কুকুর একটা খরগোশকে ধরবে বলে রোজ পিছনে ধাওয়া করে। কিন্তু কিছুতেই ধরতে পারে না। তো একদিন কুকুরটা হাঁপাতে হাঁপাতে খরগোশটার গর্তের সামনে দাঁড়িয়ে খরগোশটাকে বললো, 'খরগোশ ভায়া আমাকে একটা কথার উত্তর দেবে?' খরগোশটা বলল, 'বলো কী কথা?' কুকুরটা বললো, 'আমি রোজই এত দৌড়াই প্রাণপণ করে। কিন্তু তোমাকে ধরতে পারি না কেন?' খরগোশটা বললো, 'কুকুর ভাই, তুমি দৌড়াও আমাকে মারবার জন্য। আর আমি দৌড়াই বাঁচবার জন্য।'

—এটা তো দারুণ গল্প শোনালেন বাবা। আচ্ছা বাবা, আমার তো অনেক বয়স হয়েছে। আর আমার লেখাপড়া হবে?

—আরে কোথায় বয়স? অনেক লোক পৃথিবীতে আছেন যাঁরা তোমার থেকেও বেশি বয়সে শুরু করে অনেক দূর পৌঁছেছেন জীবনে।

— ঠিকই বলেছেন বাবা। আমারই তো এক বন্ধু ছিল যে বারো ক্লাস পাস করার পর বিয়ে করলো। ছেলেপুলে হ'লো। তারপর মিলিটারিতে চাকরি নিল। কিন্তু যার ভিতরে কিছু আছে তাকে রুখবে কে? সে অছিলা করে মিলিটারি থেকে চলে এল। আবার ইকোনমিক্স-এ অনার্স নিয়ে কলেজে ভর্তি হ'লো। সে রোজ কলেজ যায়। একজন বয়স্ক ভদ্রলোক বুঝতে পেরেও রোজ জিজ্ঞাসা করেন, 'নাতি কোথায় যাচ্ছ?' সে কোনও উত্তর দিত না। একদিন উত্তর দিল —আমি কলেজ যাচ্ছি। ভদ্রলোক বললেন, 'তুমি আবার পড়ছো? কলেজে যাচ্ছো?' বন্ধুটি বললো, 'শুধু কলেজ যাচ্ছি তাই নয়, আমি বিশ্ববিদ্যালয়ে ফার্স্ট ক্লাস ফার্স্ট হয়েছি।' সে এখন একটা কলেজের অধ্যক্ষ।

— এ তো একটি দারুণ গল্প শোনালে, ঋষি। তোমার নিজের বন্ধুই তো তোমার কাছে একটি প্রকৃষ্ট উদাহরণ যে বয়স কোনো বাধা নয় জীবনে সফল হওয়ার জন্য।

—আমার নিজের জীবনের গল্পটাও কিছু কম নয় বাবা।

—বল, বল শুনি।

— শহর থেকে একটু দূরে আমার গ্রামের বাড়ি। আমি যখন নবম শ্রেণিতে প্রমোশন পেলাম তখন অঙ্কে ফেল করেছিলাম। তো পুজোর ছুটিতে একদিন বিকাল বেলায় গ্রামের ক্যানালপুলে বসে আছি। দিবাকর অস্তমিত প্রায়। আমি সেই অস্তমিত সূর্যের দিকে তাকিয়ে ভাবছি দু'তাপসের কি দুটো করে মাথা আছে? ভেবে দেখলাম, না, তা তো নয়। তাহলে ওরা যা করে আমি তা করি না। তাই আমি ভালো ফল করতে পারি না। আর ওরা প্রথম হয়। পুজোর ছুটিটা আমি দিনে একুশ ঘণ্টা করে একমাস পড়লাম। আর ক্লাসে যে প্রথম হ'লো তার থেকে পাঁচ নম্বর কম পেয়ে তৃতীয় স্থান অধিকার করলাম। তারপর দশম শ্রেণিতে অর্ধবাৎসরিক পরীক্ষায় প্রথম হলাম এবং পরের সব পরীক্ষায় প্রথম হলাম। মাধ্যমিকে স্কুলে আমি প্রথম হলাম। তারপর বারো ক্লাসে কলেজেও আমিই প্রথম হলাম। এইভাবে চলল আমার উত্তরণ।

— ঋষি, তুমি একুশ ঘণ্টা করে কীভাবে পড়লে?

—অ্যালার্ম ঘড়ি কেনার পয়সা ছিল না। তাই সারারাত পড়তাম। দুপুর বারোটায় শুয়ে পড়তাম। দেড়টায় খেতে ডাকতো। ব্যস, এই দেড় ঘণ্টা ঘুম। বাকি দেড়ঘণ্টা খাওয়া দাওয়া স্নান ইত্যাদি।

—তোমরা খুব গরিব ছিলে তাই না?

—বাবা চাষবাস করতো নিজেই লাঙল ধরে। ঘরের জানলা দরজাও ছিল না। তবে ওই অবস্থাতেও আমি বলে বলে রেজাল্ট করতাম। কাকা বললো, 'ইঞ্জিনিয়ারিং-এ চান্স পাচ্ছিস না তো।' পরীক্ষার আগেই বললাম, 'এ বছরেই পাবো।' তো সে বছরেই চান্স পেলাম। কিন্তু কলেজ মনের মতো না হওয়ার জন্য পড়লাম না।

—তুমি বলে বলে পরীক্ষায় রেজাল্ট করতে ঋষি?

—হ্যাঁ, বাবা। আমি এগারো বারো ক্লাসের দু'বছরের অঙ্কটা মাত্র চারমাসে শেষ করেছিলাম।

—ঋষি, আমি দেখতে পেলাম, তোমার মধ্যে অনন্ত শক্তি রয়েছে। কিন্তু সে শক্তিকে তোমার নিজের কাজে লাগাওনি। এবার জাগাও সে শক্তিকে। আগে বটবৃক্ষ হও। তারপর ছায়া দান করবে। এখন তুমি চারা গাছ। তোমাকে তাই বেড়া দিয়ে রাখতে হবে। পরে মহীরুহ হ'লে তোমাতেই হাতি বাঁধা যাবে। ধরো, একটা মেহগিনি চারা তুমি লাগালে তোমাদের বাগানে। বেড়া দিলে না। তাহলে ছাগলে খাবে। অথচ বেড়া দিয়ে রাখলে সে চারা যখন বৃক্ষে রূপান্তরিত হবে তখন তার দাম হবে কয়েক লক্ষ টাকা। এবার তোমাকে একটু অন্যরকম কথা বলব।

—বলুন বাবা।

—দেখো জীবনে অনেক হ্যাঁ দিয়েছো। এবার একটু না বলতে শেখো।

—'না' কেন বাবা? অনেক বই-এ তো পড়েছি যেখানে বলছে 'নেগেটিভ' দেবে না। তাহলে আপনি 'না' বলতে বলছেন কেন?

—ধরো তোমার হাতে একটি কবজ-কুণ্ডল আছে যেটার ওপর তোমার জীবন মরণ নির্ভর করছে। সেটা যদি কেউ চেয়ে বসে তাহলে হ্যাঁ বলবে? দেবে তুমি কবজ-কুণ্ডলটা তাকে?

—অবশ্যই না। সেটা দিলে তো আমার মৃত্যু।

—সেটাই আমি তোমাকে বলতে চাইছি। দেখো অনেক 'হ্যাঁ' বলেছো জীবনে। এবার একটা 'না' বলবে। আমি এটা অন্যভাবে বলি — অনেক 'হ্যাঁ'-এর আশায় আশায় একটি শুধু 'না'। এখন কোথায় 'হ্যাঁ' বলতে হবে আর কোথায় 'না' বলতে হবে সেটা তোমায় ঠিক করতে হবে। সেটা ঠিক করতে তোমার অসুবিধা হবে না।

—এটা একটু ব্যাখ্যা করে বলুন বাবা।

—দেখো তোমার জীবনে একটি লক্ষ্য আছে। জীবনে চলার পথে অনেক পরিস্থিতির সামনে মানুষকে আসতে হয়। এখন কোন্‌ কাজ তুমি করবে আর কোন্‌ কাজ করবে না সেটা ঠিক করার জন্য আমি একটা ছোট্ট মানদণ্ড দিলাম। তোমার সামনে সকাল হলেই দেখবে হাজার হাজার দায়িত্ব কর্তব্য এসে হাজির। তাহলে কী করে ঠিক করবে তুমি যে কোনটা তোমার কর্তব্য আর কোন্‌টা নয়? সোজা হিসাব। তোমার মানদণ্ডে ফেলে দাও সেই কাজটা। কী রকম? তুমি জীবনে যেখানে যেতে চাইছো সেই কাজটা করলে যদি তোমার লক্ষ্যের দিকে একটুও এগিয়ে যাও তবে কাজটা করবে। নচেৎ না।

— এ তো বাবা দারুণ সহজ সরল হিসেব। তাহলে তো সিদ্ধান্ত নিতে সময়ই লাগবে না।

— দেখো ঋষি, জীবনে ঠকিয়ে ঠকিয়ে ঈশ্বর আমাকে এসব শিখিয়েছেন। সেই যে এত ঠকেছি এগুলো 'টেটভ্যাক'-এর মত কাজ করেছে। আর কেটে ছিঁড়ে গেলেও টিটেনাস হবে না। এবার তোমাকে মিথ্যাবাদী হ'তে শেখাবো, অসামাজিক হ'তে শেখাবো।

— এসব কী বলছেন বাবা? মিথ্যা কথা বলবো? অসমাজিক হবো?

— হ্যাঁ ঋষি, মিথ্যা কথা বলবে। অসামাজিক হবে। অসামাজিক লোকেদের কাছে সামাজিক হ'তে যেয়োনা। চোর, জুয়াচোর, ঠক, ধাপ্পাবাজ, নিমকহারামদের কাছে সত্যবাদী হবার কোনো প্রয়োজন নেই। সেই আগের কথার জের টেনেই বলছি, তোমার কবজ-কুণ্ডল হরণ করে যে তোমায় বিনাশ করতে চায় তাকে বলবে কি তোমার কাছে কবজ-কুণ্ডল আছে?

— না, তা তো বলবো না। বলব যে নেই।

— তাহলে এটা তো মিথ্যাই বলা হ'লো। সৎভাবে বাঁচার জন্য এরকম মিথ্যা বলবে। কাজকর্ম নেই এমন লোক তোমার ছোট্ট বাড়িটায় এল সময় কাটাতে। আর তোমার বাড়ির পড়াশোনার পরিবেশটা নষ্ট করলো। সে ব্যক্তিকে দ্বিতীয়বার আর দরজা খুলবে?

— না, খুলবো না। বা কোনো মিথ্যা বলে ফিরিয়ে দেবো।

— হ্যাঁ, সেটাই করবে। আচ্ছা ঋষি বলতে পারো, তুমি কেন জন্মেছো এ পৃথিবীতে?

— হ্যাঁ বাবা পারি। জন্মেছি প্রাকৃতিক নিয়মে। এরপর আমার কাজ কিছু কর্তব্য পালন করা আর কিছু যন্ত্রণা ভোগ করা। আমার চেষ্টা থাকবে কর্তব্যটা কতটা ঠিকভাবে পালন করতে পারি আর যন্ত্রণাটা কত কম ভোগ করতে পারি।

— দারুণ, দারুণ। এত বোধ তোমার আর বলছো হেরে যাবে? কখনওই না। জিত তোমার হবেই হবে। সবকিছুকে বিশ্লেষণ করবে তবে এগোবে। 'কেন' প্রশ্ন করবে সবসময়। তাহলেই উত্তর পেয়ে যাবে। দেখো, আপেল গাছের নীচে অনেক লোকই শুয়েছিল। অনেকেরই গায়ে আপেল পড়েছিল। মাত্র নিউটন সাহেবই প্রশ্ন করেছিলেন আপেলটা নীচের দিকে কেন এল? তাই উত্তর পেয়েছিলেন পৃথিবী টানছে বলে। এত বড় একটা সত্য আবিষ্কৃত হ'লো ছোট্ট একটা 'কেন' প্রশ্নে।

— এভাবে তো বাবা কোনোদিন আমরা ভাবিনি।

— ভাবো না বলেই অনেক প্রশ্নের উত্তর পাও না। ভাবতে হবে। আগে ভাবনা তারপর কাজ। আর সবসময় একটা নিয়মের মধ্যে নিজেকে রাখবে। সারা বিশ্ব নিয়মে চলছে। আমরা বিশ্বের অংশ হয়ে নিয়ম না মানলে ছিটকে যাবো। হারিয়ে যাবো। আজ কাজ নেই উঠতে দেরি করলে। কাল কাজ আছে তাড়াতাড়ি উঠলে। যখন পেলে যেমন পেলে খেলে। এরকম করলে চলবে না। সারা সপ্তাহের নিয়ম একটাই হবে। আর ঈশ্বরে সমর্পণ করে সব কাজ করবে। শরীর, স্বাস্থ্য, মন, পড়াশোনা সবের জন্য একটাই নিয়ম রাখতে হবে।

— আচ্ছা বাবা, আপনি একসময় বললেন মনটাই সব। এটা একটু ব্যাখ্যা করে বলবেন?

— শোনো ঋষি, এর জন্য একটা উদাহরণ দিচ্ছি। আচ্ছা বলো তো আমাদের চোখ কি দেখে? কান কি শোনে?

— হ্যাঁ, চোখ-ই তো দেখে। কান-ই তো শোনে।

— ভুল বললে। চোখ দেখে না। কান শোনে না। চোখে প্রথমে কোনও বস্তুর বা ব্যক্তির উলটো ছবি পড়ে। চোখ লেন্সের কাজ করে। তারপর অক্ষিস্নায়ু সেই ছবিকে মস্তিষ্কে প্রেরণ করলে তবে দেখতে পাই আমরা। কখনও কখনও আমরা পরিচিত ব্যক্তির পাশ দিয়ে গিয়েও তাকে দেখতে পাইনি এমন ঘটনা ঘটেছে। কারণ চোখে ছবি পড়লেও মন বিক্ষিপ্ত ছিল বা অন্য কোনও চিন্তায় ছিল। সেজন্য অক্ষিস্নায়ু অকেজো ছিল সেই সময়। তাই ছবি মস্তিষ্কে পাঠাতে পারেনি। তেমনি কান গ্রাহকের কাজ করে। শব্দ প্রথমে কানে প্রবেশ করে। তারপর শ্রবণস্নায়ু সেই শব্দকে মস্তিষ্কে পাঠালে আমরা শুনতে পাই। তুমি হয়তো দেখবে কখনও ক্লাসে শিক্ষকের কথা শুনতে পাওনি। অথচ অন্যান্য ছাত্ররা শুনেছে। কারণ সেই সময় তোমার মন অন্যদিকে থাকায় শ্রবণস্নায়ু কাজ করেনি। তাই শব্দ কানে ঢুকলেও মস্তিষ্কে যায়নি। তাই তুমি শুনতে পাওনি।

— এইভাবে তো আমরা ভাবিনি বাবা। তাহলে তো মন-ই সব। মনকে নিয়ন্ত্রণ করাটাই তো তাহলে আসল কাজ।

— হ্যাঁ, একথা তো আমি আগেও বলেছি। মনকে নিয়ন্ত্রণ করো। এই যেমন অনেকে বলে যুগ পালটেছে। আজকাল পরিবেশ পরিস্থিতি ভালো নয়। কিন্তু যুগ, পরিবেশ এসব কার সৃষ্টি বলো? মানুষেরই তো সৃষ্টি। তাহলে সেগুলো মানুষই পারে ভালোর দিকে পরিবর্তন করতে। এসব দোষারোপ করে কোনো লাভ নেই। নিজেকে যদি পরিবর্তন করা যায় তাহলে জগৎও পরিবর্তিত হয়ে যাবে। জগৎটাকে পরিবর্তন

করতে যাওয়াটা বোকামি ছাড়া আর কিছু নয়। ঋষি, কথা বলতে বলতে তো অনেক রাত হ'লো। তোমার খিদে পায়নি ?

— হ্যাঁ বাবা, খিদে একটু পেয়েছে। থাক পরে খাবো।

— থাক কেন ? এই নাও এই থলেটা থেকে দুটো পাতা বের করে পাতা দুটো একটু সেঁকে নাও।

— এই পাতা দুটো কী হবে বাবা ?

— ওই পাতা দুটোই আজকে আমাদের নৈশভোজ। ঋষি কিছু না বলে পাতা দুটো সেঁকলো একটু আগুন করে। তারপর শুদ্ধাত্মানন্দজীর নির্দেশে ঋষি একটি পাতা খেল এবং স্বামীজি একটি খেলেন। ঋষি তো পাতাটা খেয়ে অবাক। ঋষি বলল, এ কী খাওয়ালেন গুরুদেব ? সব খিদে তো কোথায় হাওয়া হয়ে গেল।

— আরে বাবা, পাহাড়ে জঙ্গলে তো আমাদের এভাবেই চলতে হয়। ঋষি, তোমাকে শীত করছে না ?

— হ্যাঁ, আজ সোয়েটার নিয়ে বের হইনি।

— এই নাও এই ফলটা খেয়ে নাও।

ঋষি তো ফলটা খেয়ে নিল। কিছুক্ষণ পর ঋষি বুঝল যে তার আর শীতই লাগছে না। ঋষি তখন স্বামীজিকে বলল, 'গুরুদেব এ তো ম্যাজিক দেখাচ্ছেন আপনি আমাকে।'

— এ রকম ম্যাজিক করেই তো আমাদের শীত তাড়াতে হয় বাবা। এই বিপুলা বিশ্বে সব আছে সাজানো তোমার জন্যে। শুধু আহরণ করতে জানতে হবে। এই যে অনেকে বলে কত কাজ, কিন্তু সময় কম।

— সময় তো কমই বাবা।

— না ! সময়কে যদি সদ্ব্যবহার করতে পারো তাহলে চব্বিশ ঘণ্টাও যথেষ্টিরও বেশি। ঋষি, একটু অন্ধকার থাকতে থাকতে মায়ের সাথে একবার দেখা করে আমি আবার হিমালয়ের উদ্দেশ্যে যাত্রা করবো। কারণ, এ জগৎ সংসারের সবকিছুই তো মিটিয়ে দিয়েছি। কেবল ওই নাড়ীর টানটুকুই এখনও টিমটিম করছে। চলো প্রস্তুত হও।

এবারের যাত্রায় ঋষির সাথে স্বামীজির সাক্ষাতের এখানেই ইতি। এরপর দেখতে দেখতে বারোটা বছর কেটে গেছে। ঋষি এক পূজাবকাশে গিরিরাজের উদ্দেশ্যে রওনা হ'লো। ঈশ্বরের তো লীলার শেষ নেই। তুষারশুভ্র হিমালয়ের এক গহীন অরণ্যে হঠাৎ স্বামী শুদ্ধাত্মানন্দজীর সাথে ঋষির সাক্ষাৎ হয়ে গেল। ঋষি তো স্বামীজিকে পেয়ে আনন্দে আত্মহারা।

— ঋষি, তুমি কী মনে করে বাংলার পুজোকে পিছনে ফেলে একেবারে হিমালয়ে এসে হাজির ?

— গুরুদেব, মা দুর্গা বাপের বাড়ি এলেও আমাকে পাঠিয়ে দিলেন আপনার সাথে দেখা করতে। কে যেন অন্তর থেকে বলে উঠল — ঋষি, এ পুজোর ছুটি তোর গন্তব্য হিমালয়। তাই আর দেরি না করে পুজোর ছুটিটা হিমালয়েই কাটাবো ঠিক করলাম।

— ছুটি ? তুমি এখন কী করো ঋষি ?

— গুরুদেব আমি এখন একটি কলেজে পড়াই। পিএইচ.ডি.ও করে নিয়েছি।

— সাবাস্‌ বেটা সাবাস্‌! এইতো চাই। তাহলে ঈশ্বর যা করেন মঙ্গলের জন্যই করেন। কী বলো ?

— কিন্তু গুরুদেব আমার যে এতগুলো বছর নষ্ট হয়ে গেল।

— না ঋষি, ওই বছরগুলো তোমার নষ্ট হয়নি। ওই অমূল্য সময়কে তুমি খরচ করোনি।

— সে কী ? ওই অমূল্য সময় তো আমার খরচই হয়েছে।

— না। ওই সময়কে তুমি ইনভেস্ট করেছো। সে এবার রিটার্ন দিতে শুরু করেছে। কী ? রিটার্ন দিচ্ছে না ?

— হ্যাঁ বাবা। আমি তো এভাবে ভাবিনি। এ তো কয়েকগুণ করে রিটার্ন পাচ্ছি।

— ইনভেস্ট করেছিলে বলে রিটার্ন পাচ্ছো। খরচ করলে কোনো রিটার্ন পেতে না। দেখো ঋষি, আজ থেকে ঠিক বারো বছর আগে তুমি আমার কাছে খুব আক্ষেপ করেছিলে তোমার জীবনের নানা ক্ষয়ক্ষতি নিয়ে। আজকে যে জায়গায় তুমি দাঁড়িয়ে আছো সেটা কিন্তু ঐ সব ক্ষয়ক্ষতিগুলোর জন্যই সম্ভব হয়েছে। তোমার জীবনের যে সকল ঘটনা ঘটেছে সব তোমার ভালোর জন্যই ঘটেছে।

— আচ্ছা বাবা, আপনি বরাবরই খুব দৃঢ়তার সাথে বলছেন যে, ঈশ্বর যা করেন মঙ্গলের জন্য। এটা আমার ঠিক বোধে আসছে না। এটা একটু ব্যাখ্যা করে বলবেন ?

— শোনো ঋষি, আমরা যারা সাধারণ মানুষ তারা ভবিষ্যৎ দেখতে পাই না। তাই বর্তমানে যা ঘটছে সেটার ওপর নির্ভর করেই সব কিছুকে ব্যাখ্যা করি। কিন্তু বর্তমানে অনেক কিছুই ঘটে আমাদের জীবনে এবং প্রকৃতিতে যার অনেকটাই ভবিষ্যতের গর্ভে নিমজ্জিত থাকে, যেটা আমাদের সাধারণের বোধের বাইরে। তাই সাধারণ মানুষ যা ঘটেছে সেটাই দেখে এবং বোঝে। এর ফল ভবিষ্যতে কী হ'তে পারে তা তার বোধে আসে না। আপাত তার চোখে খারাপ কিছু ঘটলে বিলাপ করে এবং ঈশ্বরকে দোষারোপ করে। আবার আপাত তার বোধে ভালো কিছু ঘটলে সে ঈশ্বরকে ধন্যবাদ দেয়। কিন্তু ভবিষ্যৎ ভালোর জন্য হয়তো আপাত খারাপ কিছু ঘটে এবং ভবিষ্যৎ খারাপ কিছুর

জন্য আপাত ভালো কিছু ঘটে। সেজন্য ঈশ্বরের ওপর ভরসা রাখাটাই শ্রেয়। আর ঈশ্বরের পথের পথিকের কোনোদিনই খারাপ কিছু হ'তে পারে না। ঋষি, তুমি যদি শ্রীমৎ স্বামী শুদ্ধানন্দ ব্রহ্মচারীজীর 'শিবকল্প মহাযোগী বাবা লোকনাথ' ও বাংলার কৃতী সাহিত্যিক এবং জীবনীলেখক শ্রী বিভুপদ কীর্তি মহাশয়ের অতি মনোজ্ঞ লীলাগ্রন্থ 'আমি সেই পরমাত্মা লোকনাথ' নামক পুস্তক দুটি পড় তাহলে মহামায়ার পরীক্ষা ও লীলা সম্বন্ধে সম্যক উপলব্ধি করতে পারবে। শাস্ত্রের বিধান অনুযায়ী দ্বাদশ বর্ষ সন্ন্যাসজীবন অতিবাহিত করার পর আজন্ম ব্রহ্মচারী দুই শিষ্য লোকনাথ ও বেনীমাধবকে জন্মভূমি দর্শনের জন্য নিয়ে আসেন গুরু ভগবান গাঙ্গুলী। কিন্তু মহামায়ার মায়া কে বুঝবে? সন্তানকে পরম কৃচ্ছ্রসাধনের মধ্য দিয়ে যে মহামায়া নির্বিঘ্নে সাধনার উচ্চভূমিতে পৌঁছে দিয়েছেন সেই তিনিই আবার ব্রহ্মচারী লোকনাথকে বাল্যজীবনের খেলার সাথী এক বালবিধবার সাথে ইন্দ্রিয়জীবনের সুখভোগের পথে এগিয়ে দিয়েছেন। গুরু ভগবান গাঙ্গুলী সব দেখেও না দেখার ভান করেন। প্রকারান্তরে মৌন উৎসাহই যেন যুগিয়ে যান। কয়েক মাস এই ইন্দ্রিয়ভোগের জগতে থেকে লোকনাথ একদিন ক্ষেপে গিয়ে হাতে লাঠি নিয়ে গুরুর দিকে ছোটেন। বলেন, ''তুমি সব দেখেও আমাকে অধঃপতনের রাস্তা থেকে সরিয়ে নিয়ে আসোনি। আজ তোমাকেও খুন করব, নিজেও খুন হবো।''

বৃদ্ধ গুরু দৌড়ে পালিয়ে প্রাণে বাঁচেন। পরে শিষ্য লোকনাথকে বলেন, ''তুমি ভোগকে ছেড়েছিলে, কিন্তু ভোগ তোমাকে ছাড়েনি, আজ ছেড়েছে। তাই তুমিই সেখান থেকে পালাবার জন্য প্রাণপণ গুরুর শরণাপন্ন হয়েছো। চলো, এবার যোগসাধনার মহাপীঠ পুণ্যতীর্থ হিমালয়।'' গুরু সুকৌশলে শিষ্যের জন্মান্তরের সকল সংস্কার মুক্ত করেন। শিষ্যের প্রারব্ধজাত উপভোগের তৃষ্ণা, প্রয়োজনে ভোগের মাধ্যমে কাটিয়ে দেন। গুরু ভগবান গাঙ্গুলী জানতেন ভোগ ফুরালেই লোকনাথের মধ্যে সহজাত তীব্র বৈরাগ্য তাঁকে পরমপ্রাপ্তির চরম কৃচ্ছের পথে সহজেই নিয়ে যাবে।

ঋষি মন্ত্রমুগ্ধের মতো এতক্ষণ শুনছিল শুদ্ধাত্মানন্দজীর কথাগুলো। কথা শেষ হ'তে যেন সম্বিৎ ফিরলো ঋষির। সে বলল, 'গুরুদেব, এতো অদ্ভুত কথা শোনালেন। ভবিষ্যতে উন্নতির চরম শিখরে পৌঁছাবার জন্য ঈশ্বরতো আমাদের নরককুণ্ডেও হাবুডুবু খাওয়াতে পারেন। লোকনাথ বাবা অধ্যাত্ম জীবনে কী উন্নত শিখরে পৌঁছেছেন তা তো আমরা সকলেই জানি।'

—শোনো ঋষি, নরককুণ্ডের কথা যখন বললে তাহলে শ্রীরামকৃষ্ণ দেবশর্মনঃ-এর লেখা 'হ্লাদিনী শক্তির উৎস সন্ধানে' বইটি থেকে কিছু অংশ তোমাকে শোনাই। এক মহাত্মা এক সময় এক মহাযোগীর চরণতলে আশ্রয় লাভ করেন। মহাযোগী ওই মহাত্মাকে দীক্ষা দানের পর বললেন যে, মহাত্মার আরও তিন জন্ম লাগবে মুক্তিলাভ

করতে। তো মহাত্মা ওনার ওই গুরুজীকে বলেছিলেন যে, এমন কোনো কি পন্থা নেই যাতে ইহজীবনে মুক্তি লাভ করতে পারেন। তখন মহাযোগী বলেছিলেন যে, আছে। কিন্তু মহাত্মা পারবে কি? বারো বৎসর পঙ্ককুণ্ডে থাকতে হবে। মহাপাতকীদের সেবা করতে হবে। নরককুণ্ড ঘাঁটতে হবে। কিন্তু মুহূর্তের বিচ্যুতি মহাত্মাকে সোজা নরকে নিয়ে যাবে। সেখানে মহাত্মাকে কোটিজন্ম অতিক্রান্ত করতে হবে। মহাযোগীর পদযুগল স্পর্শ করে মহাত্মা বলেছিলেন যে, গুরুজীর মঙ্গলহস্ত তাঁর শিরে থাকলে তিনি নিশ্চয়ই পারবেন। গুরুজী মহাত্মার দিকে কিয়ৎক্ষণ তাকিয়ে থেকে বলেছিলেন যে, তাঁর পূর্বাপর জন্মের যা প্রারব্ধ বাকি আছে, তা ক্ষয় করতে বারো বৎসরই লাগবে। মহাত্মাজীর কপালে বিভূতির টীকা দিয়ে গুরুজী বললেন যে, তিনি সদৈব তাঁর উপর নজর রাখবেন এবং তাঁকে শহরে চলে যেতে বললেন। শহরে অনেক নরককুণ্ড তিনি খুঁজে পাবেন এবং বারো বৎসরের শেষ দিনে আবার গুরুজীর সাথে দেখা হবে। তার মধ্যে যেন গুরুজীর সাথে মহাত্মা যোগাযোগ করার চেষ্টা না করেন। বারো বৎসর যাবৎ ওই মহাত্মাজী আদিম খেলার খেলোয়াড়দের সেবা শুশ্রূষা করে গেছেন। বারো বৎসর অতিক্রান্ত হ'লে মহাত্মার গুরুজী স্বয়ং এসে মহাত্মাকে নিয়ে গেলেন। মুক্তির জন্য আর প্রারব্ধ ক্ষয়ের জন্য ওই মহান মহাত্মাকেও বারো বৎসর পঙ্ককুণ্ড ঘাঁটতে হ'লো। তাহলে সাধারণ মানুষকে কী করতে হবে বুঝে নাও।

— এবার আমি বুঝেছি বাবা, ঈশ্বর যা করেন তা আমাদের মঙ্গলের জন্যই করেন।

আশিসকুমার পাত্র

উত্তর নেই

সুনির্মলের স্ত্রী, পুত্রকন্যা নিয়ে ভরা সংসার। তবু মানুষের মনপ্রাণ ভরে না যে। আরও কিছু চায় সে। এ সংসার মন্দিরে যেন কিছু একটা নেই। তাই মন্দিরাকে চাই-ই চাই।

মন্দিরার শুধু মন ভরালেই তো চলবে না, কোলও ভরাতে হবে। মন্দিরা একটি কন্যাসন্তানের জন্ম দিল। দু'বাড়িতেই সকলের যাতায়াত। মন্দিরার মেয়েও সুনির্মলের বাড়ি যায়, আর সুনির্মলের ছেলেও মন্দিরার বাড়ি আসে।

এই আসা যাওয়া কি শুধুই আসা যাওয়া? না। যৌবন বড় বালাই গো। কোনও বাধা মানে না। শৌনক একদিন মন্দিরাকে বলল, 'মাসিমণি, আমি মঞ্জীরাকে বিয়ে করতে চাই।' মন্দিরা সেই প্রস্তাব সুনির্মলের কানে তুলল। সুনির্মল শুধু একটা কথাই মন্দিরাকে বলল, 'মন্দিরা, তুমি সব জেনেশুনে কীভাবে এ বিয়েতে রাজি হচ্ছো?'

— আমি রাজি হইনি তো। তোমাকে জানালাম মাত্র। এখন ভাবো, কী করবে?

এ ভাবনা তো ঈশ্বরেরও ভাবনার অতীত। ভাবা উচিত ছিল তো অনেক পূর্বে। মহাপুরুষদের কথা তো আমরা কেউ শুনি না। শৌনককে ডেকে সুনির্মল বললো, 'শৌনক, এ বিয়ে হবে না।'

— কেন বাবা, সমস্যাটা কোথায়? আমি মঞ্জীরাকে ভালোবাসি। মঞ্জীরাও আমাকে ভালোবাসে। তাহলে তোমরা বিয়েটা দেবে না কেন? মাসিমণি তো না করেননি।

— তোমার মাসিমণি না করেনি। কিন্তু তারও এ বিয়েতে মত নেই।

— কারণটা জানতে পারি বাবা?

— কারণটা জানতে চেয়ো না।

সুনির্মল, ঘরে সতীসাধ্বী স্ত্রী থাকা সত্ত্বেও তুমি বিধবা মন্দিরার প্রেমে পড়লে। আবার মেয়ের বাবাও হ'লে। তোমার ছেলে যদি এখন প্রেমে পড়ে তুমি আটকাবে কীভাবে? নান্যঃ পন্থা। ভেবে ভেবে কি কোনো পথ মিলবে?

পথও নিঃসঙ্গ আজ। পথের শেষে আর কোনও নতুন পথ মেলেনি। সুনির্মল আর মন্দিরা দু'জনেই আজ নীরব হয়ে গেছে। একদিন অভিধান খুঁজে খুঁজে জীবনের কত মানে খুঁজেছে। আজ অভিধানও যেন সব মানেগুলো ঘষে ঘষে নিঃশেষে মুছে ফেলেছে।

বিয়ে দিতে ওরা বাধ্য হ'লো। সুনির্মলের স্ত্রীও জানেনা যে, ভাইবোনে বিয়ে হচ্ছে। বাধ্য হয়ে সবাই মেনে নিলেও বিধাতা মেনে নেয়নি। বিয়ের কিছুদিনের মধ্যেই শৌনক ক্যান্সারে আক্রান্ত হ'লো। শত চেষ্টাতেও কিছু করা যায় নি।

শৌনক তার বাবার কাছে জানতে চেয়েছিল, কেন বিয়েটা হবে না। কোনও উত্তর পায়নি। আজ যখন মঞ্জীরার মায়া কাটিয়ে চলে যেতে হচ্ছে তখনও কোনও উত্তর পায়নি। শেষবারের

মত সবার মুখের দিকে বিহ্বলভাবে তাকিয়েছিল। মৃত্যুর পরও সে সত্যি এমনভাবে তাকিয়েছিল যেন কোনও প্রশ্নের উত্তর খুঁজছে সবার মুখমণ্ডলে। প্রশ্নপত্রটা ছিল। উত্তরপত্রটা ছিল সাদা।

মন্দিরা আবার মেয়ের বিয়ে দেবে। জামাতা পাবে। সুনির্মল কী পাবে? সুনির্মল রাধামাধবের সামনে মাথা ঠুকছে আর বলছে — কী যন্ত্রণা নিয়ে নিজের ছেলের সাথে নিজের মেয়ের বিয়ে দিয়েছি তা তো তুমি জানো রাধামাধব। আমার একমাত্র পুত্রকেও কেড়ে নিলে? আমি এখন কী নিয়ে বাঁচবো ঠাকুর?

কর্তব্য সাধিতে

রবীন প্রায়ই দেখে মনোমোহনবাবু সুযোগ পেলেই পাশের বাড়ির চন্দ্রনাথবাবুর নাতিকে মাথায় হাত বুলিয়ে বলেন, 'হ্যাঁরে বাবা, ভালো করে পড়াশোনা করছিস তো? অঙ্কটঙ্ক আটকে গেলে দেখিয়ে নিবি। পড়াশোনাই একমাত্র তোকে গন্তব্যে পৌঁছে দিতে পারে বাবা। তাই বলি, লেখাপড়ায় একদম ফাঁকি দিবি না। শিক্ষাই তোকে মানুষের মতো মানুষ তৈরি করতে পারে।'

একদিন আর থাকতে না পেরে রবীন মনোমোহনবাবুকে বলেই ফেলল, 'হ্যাঁ গো দাদা, আপনি তো বেশ লোক!'

— কেন?

— চন্দ্রনাথবাবু তো আপনার চরম শত্রু। উনি তো আপনার ক্ষতি ছাড়া কোনওদিন ভালো করেননি। আর তারই নাতির মাথায় হাত দিয়ে পরম স্নেহের সুরে তাকে মানুষের মতো মানুষ হওয়ার পরামর্শ দিচ্ছেন আপনি। এ যে একেবারে আজব ব্যাপার দেখছি। এরকমটা আপনি ছাড়া আর কেউ করবে বলে মনে হয় না।

— তুমি ভুল করছো রবীন।

— কেন? আমি তো আপনার কিছুই বুঝে উঠতে পারছি না।

— শোনো তাহলে। আচ্ছা ভাই, তুমি আমার একটা প্রশ্নের উত্তর দাও তো ভালো করে ভেবেচিন্তে।

— বলুন, কী প্রশ্ন?

— তোমার পাশের বাড়িতে চোর, গুণ্ডা, শয়তান, বদমাইস, খুনে না হয়ে একজন সাধু হ'লে তুমি খুশি হবে না হতাশ হবে?

— আমি হতাশ হবো কেন? খুশিই হবো।

— এটা তুমি ঠিকই বললে। কিন্তু এরকমভাবে তুমি এর আগে কখনোই ভাবোনি। ভাবলে আর আমাকে এরকম প্রশ্ন তুমি করতে না।

— আপনি কি দাদা দিনরাত ওই পুবের জানালাটার ধারে বসে বসে এই সব দার্শনিক চিন্তাই করে যান?

— চিন্তাটা যেমন তুমি দার্শনিক বলছো, তেমনই বাস্তবিকও। দেখো রবীন, বিবেকানন্দ বলেছেন, 'জন্মেছো যখন একটা দাগ রেখে যাও।' তার চেয়েও বড় কথা, সমাজে যত মানুষ জন্মাবে তাতে তো সমাজেরই মঙ্গল হবে। তুমি, আমি সব সামাজিক জীব। এতে আমাদেরও মঙ্গল।

— আপনি যেভাবে ভাবেন সেভাবে আর ক'জন ভাবছেন বলুন।

— তোমার কথাই মানুষকে ভাবাবে রবীন। লীলা মজুমদার একটা কথা বলেছিলেন —জীবনে এই তিনটি কাজের একটি অন্তত করে যাবেন। একটি গাছ লাগান। সেই গাছের ছায়ায় কত পশু, পাখি, মানুষ আশ্রয় পাবে। একটি বাড়ি করুন। কেউ কেউ সেই বাড়িটাতে আপনি চলে যাবার পরও বসবাস করবে। একটি বই লিখুন। আপনার বর্তমানে বা অবর্তমানে কেউ না কেউ সেই বই পড়বে।

— আপনি দাদা খুব সুন্দর সুন্দর কথা বলেন।

— দেখো, কথাটা সুন্দর বলে আমি কিন্তু বলিনা। কথাটা কাজের বলেই বলি। পরন্তু সেটা যদি সুন্দর হয়ে যায় তাহলে তো কথাই নেই। এই যেমন আমার স্ত্রী বলে, 'তুমি খুব বকবক করো।' কেন করি জানো ?

— কেন দাদা ?

— ধরো আমি কাউকে একশোটা কথা বললাম। যার নিরানব্বইটা কথা হয়তো তার কোনো কাজে লাগবে না। কিন্তু তার মধ্যে ঐ একটি কথা হয়তো তার জীবনের একটি বড় সমস্যার সমাধান করে দেবে, যেখানে তার জীবনের স্রোতটা আটকে গিয়েছিল।

— এ আপনি খুব দামি কথা বলেছেন।

— আমি আমার ছাত্রছাত্রীদের পরামর্শ দিই মাঝে মধ্যে। একদিন এক ছাত্রের বাড়িতেই আমি পরামর্শ দেওয়ার সূত্রে আমার লেখা একটি গল্প বলি। গল্পটা অনেকটাই বড়। গল্পটি শেষ হ'তে আমার ছাত্রের মা, যিনি একটি উচ্চবিদ্যালয়ের শিক্ষিকা, আমাকে বললেন, 'দাদা, আপনার পা দু'টো দিন।' আমি বললাম, 'না, একজন ব্রাহ্মণের ঘরের বউ হয়ে আপনার আমার পায়ে হাত দেওয়া যাবে না।' উনি বললেন, 'না, আপনি আমার দাদা। আপনাকে আমি প্রণাম করবোই।' কী আর করা যায়। অগত্যা বোনের প্রণাম নিতেই হ'লো। তারপর উনি একটা কথা বললেন — দাদা, এই গল্পটা শুনে আমার ছেলের কী হ'লো আমি জানি না। তবে আমার যে কী হ'লো তা আমিই বুঝেছি।

তার মানে, এই গল্পের কথাগুলো শুনে ওনার জীবনের কোনও বড় সমস্যার সমাধান হয়ে গেল।

কালের বিচার

ঋতময়বাবু জেলা জজসাহেব। আজ ওনার জীবনে এক অগ্নিপরীক্ষা। ওনার একমাত্র বন্ধুপুত্র ধর্ষণের দায়ে আসামি। অনেক শুনানির পর আজই চরম শাস্তি ঘোষণার দিন।

বিষয়টা আর পাঁচটা সাধারণ ঘটনার মতোই। বান্ধবী কবিতার সাথে সেই কলেজ জীবন থেকেই জিৎ-এর ভালোবাসা। সে সম্পর্ক শেষমেশ বিয়ে পর্যন্ত গড়ায় নি জিৎ-এর মায়ের অনিচ্ছাতে। দু'পরিবারে অনেক টানাপোড়েন চলে। কেউই নিজের জায়গা থেকে এক ইঞ্চিও সরবেন না। আর জিৎ মায়ের কথার অবাধ্য হবেন না। ওনাদের অভিজাত্যে ঘা পড়বে এই মেয়ের সাথে জিৎ-এর বিয়ে হ'লে। জিৎও এই টানাপোড়েনের মাঝে পড়ে বড় অসহায়।

একদিন কৌশল করে কবিতা জিৎকে কাছে টেনে নেয়। জিৎ কিছু বুঝে ওঠার আগেই যা হবার তা হয়ে গেছে। তারপর কবিতা জিৎকে রীতিমতো শাসানি দিয়েই বললো, 'জিৎ, আমি কিন্তু তোমার বিরুদ্ধে ধর্ষণের অভিযোগ নিয়ে আসবো।'

— তুমি তো স্বেচ্ছায় ধর্ষিতা হয়েছো। এতে আমার কী দোষ ?

— দোষ কি দোষ নয় — এ বিষয়টা আইন বলবে।

মেডিক্যাল রিপোর্ট জিৎ-এর বিরুদ্ধে যায়। আগের দিন জজসাহেব জিৎকে দোষী সাব্যস্ত করেন। কারণ জিৎকে নির্দোষ প্রমাণ করার কোনও উপায় ছিল না। উভয় পক্ষের উকিলের লড়াই-এর মাঝে পড়ে জজসাহেব বড় অসহায়।

সারারাত ধরে জজসাহেব কয়েক পাতার রায় লিখলেন। শেষে শাস্তি লিখলেন ফাঁসি। এই রায় উনি নিজে আদালতে পড়তে পারবেন না। তাই আর্দালিকে ডেকে সরকারি উকিলকে রায়টি পাঠিয়ে দিলেন। সাথে একটি পত্র লিখলেন।

মাননীয় শান্তিবাবু,

এই রায় আমার পক্ষে আদালতে পড়া কোনোদিনই সম্ভব নয়। আর রায়টা অন্যরকমভাবে দেওয়াও সম্ভব নয়। আমি বিচারক। নিজের ক্ষেত্রে বিচারকে তো আমি নিজের মতো করে করতে পারি না। তাই ক্যাপিট্ল্ পানিশ্মেন্ট্-ই দিলাম আমার একমাত্র বন্ধুপুত্রের। রায়টা আপনি দয়া করে পড়ে দেবেন আদালতকক্ষে।

— নমস্কারান্তে,
ঋতময় ব্যানার্জী,
জেলা জজসাহেব

আর্দালি রায়টি নিয়ে আদালতে চলে গেলেন। জিৎ-এর কেসটি ওর বাড়ি যে জেলায় সেই জেলা আদালতে ছিল। সেই জেলার জেলা জজসাহেব ওর বাবার পরমপ্রিয় বন্ধু। জিৎ-এর বাবা অন্য এক জেলার জেলা জজসাহেব অগ্নীশ্বর রায়। অগ্নীশ্বরবাবু পরিষ্কার বলে দিয়েছিলেন ঋতময়বাবুকে, 'ভাই, খোদার ওপর খোদকারি কোরো না। তুমি মহামান্য ধর্মাবতার। সর্বোচ্চ যা সাজা সেটাই দিও। এটা তোমার প্রতি আমার আদেশ নয় — একান্ত অনুরোধ। সর্বসাধারণের আদালতে বিচারকে যেন প্রহসনে পরিণত কোরো না।'

রায় শোনার পর অগ্নীশ্বরবাবু আর দেবযানীদেবী একই দড়ির দু'প্রান্তে নিজেদের ফাঁসিও নিয়ে নিলেন।

জমিদারি চাল

মেজদাকে এই শহরের প্রায় সকলেই চেনে। ওনার একটি বহু পুরোনো লেদ আছে। কোথাও যে যন্ত্র সারানো যাবে না, সেটা মেজদা সারাবেনই। শাটার তৈরির তো উনি মাস্টারমশাই। কিন্তু উনি যে হোমিওপ্যাথি চিকিৎসায় ধন্বন্তরি তা আমি জানতাম না।

বয়স হয়েছে, এখন আর শাটার তোলা নামা করতে পারি না। একদিন মেজদার কাছে গেলাম। ওনার ভাইয়েদের মধ্যে উনি মেজো। তাই আমরা মেজদা বলি। শাটারের সামনে একটা গ্রিল গেট বানাতে হবে। আমি টুলে বসে আছি। মেজদা আমার হাতটা টেনে নিয়ে বললেন, ‘একটু ওষুধ খাবেন?’ আমি তো কোনো চিন্তা না করেই বললাম, ‘অবশ্যই খাবো।’

আমার চুয়াল্লিশ বছরের রোগ কোনও ডাক্তারবাবু সারাতে পারেননি, মেজদা সেটা সারিয়ে দিলেন। আমার বাবারও ওই রোগ ছিল। একটা জীন-ঘটিত রোগ উনি সারিয়ে দিলেন দু’বছরের হোমিওপ্যাথি চিকিৎসায়। শহরের প্রথিতযশা হোমিওপ্যাথিক ডাক্তারবাবু পনেরো বছর ধরে পারেননি রোগের কোনও কিনারা করতে। তারপর অ্যালোপ্যাথির নামকরা চর্মরোগ বিশেষজ্ঞকে দিয়ে বারো বছর কোনওরকমে রুখে দেওয়া গেল। তারপর আবার শুরু। আবার এক হোমিওপ্যাথিক ডাক্তারবাবুর কাছে তিন বছর। কোনও উন্নতি হয়নি। আর একজন হোমিওপ্যাথিক ডাক্তারবাবুর কাছে আট বছর। পুরোপুরি সারল না। আমার হোমিওপ্যাথিক ডাক্তারবন্ধুর কাছে দু’বছর। পুরোপুরি সারেনি। তারপর মেজদা।

আমার কাছে মেজদা হোমিওপ্যাথি চিকিৎসায় জাদুকর। আমার ছাত্রীর মা যিনি শহরের মেডিসিন বিভাগের পয়লা নম্বর ডাক্তারবাবুর স্ত্রী। চলতে পারেন না। হাঁটু পালটাবেন। চার লাখ টাকা বাজেট করে বাপের বাড়িতে শুয়ে আছেন। ফোনে বললাম, ‘দিদি, এক পুরিয়া খাবেন?’ উনি বললেন, ‘মাস্টারমশাই, নিয়ে আসুন।’ উনি হাঁ করলেন। আমি পুরিয়ার ওষুধটা ওনার মুখে ফেলে দিলাম। পরের দিন ফোন করলাম — দিদি কেমন আছেন? ওপার থেকে উত্তর এল — আমি বাজার গেছি। একে ম্যাজিক বলবেন না তো কী বলবেন?

এই কয়েকদিন আগের ঘটনা। আমার এক ছাত্রীর মায়ের পা দু’টো দেখি যেন গাছের গুঁড়ি। ‘ফাইলেরিয়া’। শহরের ডাক্তারবাবুরা বলে দিয়েছেন এরোগ সারাবার কোনও ওষুধ নেই। দেখে খুব কষ্ট হ’লো। মেজদাকে বললাম। ওষুধ লিখে দিলেন। তিনদিন পর

গিয়ে দেখি অন্তত ত্রিশ শতাংশ কমে গেছে। মেজদা বলেছেন, পুরোপুরি সেরে যাবে। অর্শের মতো কঠিন রোগকে সাতদিনে সারাচ্ছেন। হোমিওপ্যাথিতে সারেনা এমন রোগ নেই। কিন্তু ওষুধ লিখবে কে?

একদিন উনি বললেন — অ্যালোপ্যাথির বিখ্যাত ডাক্তার কেন্ট সাহেবের স্ত্রীর রাত্রে কিছুতেই ঘুম হচ্ছে না। শত চিকিৎসা করেও কোনও সুরাহা হয়নি। একজন বললেন, 'ডাক্তারবাবু, আপনি যদি একজনের কাছে যেতে পারেন তাহলে এ রোগ সারবেই। দেখবেন, একমুখ দাড়ি নিয়ে খ্যাপার মতো একজনকে। কেন্ট সাহেব গেলেন তাঁর কাছে। নিয়ে এলেন তাঁকে। তিনি সব দেখে শুনে মাত্র দুটি পুরিয়া দিলেন। বললেন, এক পুরিয়াতেই ঘুমিয়ে যাবেন। না হ'লে দ্বিতীয়টি খাওয়াবেন। পাশে বসে থাকা একদল অ্যালোপ্যাথিক চিকিৎসকেরা হো হো করে হাসলেন। আশ্চর্য হলেও সত্যি কেন্ট সাহেবের স্ত্রী এক পুরিয়াতেই ঘুমিয়ে গেলেন। দ্বিতীয়টি আর লাগেনি। এতক্ষণ হ্যানিম্যান সাহেবের কথা বললেন উনি। এই ঘটনার পর কেন্ট সাহেব হোমিওপ্যাথিক চিকিৎসক হয়ে গেলেন।

ওষুধ নেওয়ার সূত্রেই একদিন গল্প করতে করতে উনি এক অত্যাশ্চর্য গল্প বললেন। জিজ্ঞাসা করতে উনি বললেন, গল্পটি উনিও ট্রেনে নিত্যযাত্রী হিসেবে যেতে যেতে একজনের কাছে শুনেছেন।

এক দোর্দণ্ডপ্রতাপ জমিদার ছিলেন পূর্ণেন্দুশেখর রায়। ওনার জমিদারিতে ভিক্ষাবৃত্তি নিষেধ। বটতলায় এক কানা ভিখারি ভিক্ষা করছে। উনি শুনে তো প্রচণ্ড রেগে গেলেন—ডাক শুয়োরটাকে। ভিখারি ডাক পেয়ে হাতজোড় করে দাঁড়ালো।

— এই শুয়োর, তুই জানিস না? আমার জমিদারিতে ভিক্ষা করা চলে না? তা তুই কেন ভিক্ষা করছিস?

— বাবু, আর বয়েস হয়েছে। খাটতেও পারি না। কী খাবো বাবু?

— এই কে আছিস? ওকে এক মুঠো চাল আর একটা বেগুন দিয়ে দে।

জমিদারবাবুর বড় শখ একটা ভালো ঘোড়া কিনবেন। জমিদারিতে ঢেঁড়া পিটিয়ে দেওয়া হ'লো — কার ভালো ঘোড়া আছে নিয়ে এসো। অনেক ঘোড়া এলো। কিন্তু চেনা যাবে কীভাবে যে, কোন্টা ভালো ঘোড়া? জমিদারের এক কর্মচারী বলল, 'বাবু, সেই বটতলার ভিখিরিটা ভালো ঘোড়া চেনে।'

— ডাক তাকে।

ভিখারিটা এসে বলল, ‘আমাকে একটা শক্ত জায়গায় বসাও আর ঘোড়াটাকে ওই শক্ত জায়গাটি দিয়ে হাঁটাও।’ ঘোড়াগুলি একের পর এক ওই শক্ত জায়গা দিয়ে হাঁটতে লাগলো। একটি ঘোড়া হাঁটার পরেই ভিখারি বলল, ‘বাবু, এই ঘোড়াটাই আপনি যেমন চাইছেন সেই ঘোড়া।’

— তা, তুই চিনলি কী করে?

— ঘোড়া চেনা যায় চলে বাবু।

— এই, একে এক মুঠো চাল দিয়ে দে। একটা আলুও দিবি।

তারপর একদিন বাবু হীরে কিনবেন। আবার সেই ভিখারিকে তলব। ভিখারি বলল, ‘আমাকে এক বাটি জল দিন বাবু।’ ভিখারি যথারীতি হীরে জলে ফেলে বলে দিল হীরের গুণাগুণ।

— হ্যাঁরে, তুই হীরে চিনলি কেমন করে?

— হীরে চেনা যায় জলে বাবু।

তারপর একদিন ভিখারি দেখল, এলাকার সব লোক দলে দলে জমিদার বাড়ির দিকে যাচ্ছে। ভিখারি তাদের জিজ্ঞাসা করল, ‘তোমরা সবাই কোথায় যাচ্ছো?’ তারা বলল, ‘তুই কীরে? জানিস না, আজ জমিদারবাবুর বাবা মারা গেছেন।’

— যিনি মারা গেছেন উনি জমিদারবাবুর বাবা নন।

— এই জানিস? জমিদারবাবু জানলে তোর গর্দান নেবেন?

— যাও, তোমরা বলোগে। আমি এর উত্তর দেবো।

— এরপর জমিদাবাবুর কানে কথাটা পৌঁছালো।

— এই, কে আছিস? শুয়োরটাকে ডাক এখনি।

ভিখারি হাত জোড় করে শেরেস্তার সামনে দাঁড়ালো।

— এই শুয়োর? তুই কী বলেছিসরে?

— বাবু, আমি বলেছি যে, যিনি মারা গেছেন উনি আপনার বাবা নন।

— তোর এতবড় স্পর্ধা? বলিস কি না, উনি আমার বাবা নন? জানিস, এতে তোর প্রাণদণ্ড হবে? তাহলে আমার বাবা কে?

— ওই যে, গাছতলায় মুচিটা বসে জুতো সেলাই করছে ও আপনার বাবা।

— তুই তোর কথার প্রমাণ দিতে পারবি?

— আপনি দয়া করে আপনার মায়ের কাছে যান। উনিই আপনাকে সব বলবেন।

এর পর জমিদারবাবু অন্দরমহলে দৌড়ে যান।

— মা, মা যিনি মারা গেছেন উনি আপনার কে ?

— উনি আমার স্বামী ?

— আমার বাবা কে ?

— ওই যে, গাছতলায় জুতো সেলাই করছেন, উনি তোমার বাবা।

— মা, মাগো কেন কেন ?

— জমিদারবাবু আমাকে কোনও সন্তান দিতে পারেননি। কিন্তু সন্তান না হ’লে এত সম্পত্তি সব বিফলে যাবে। তাই উনিই নিজে উদ্যোগ নিয়ে সব ব্যবস্থা করেছিলেন। একথা আমরা তিনজন ছাড়া কেউ জানে না।

জমিদারবাবু তখন ওই ভিখারিকে জিজ্ঞাসা করলেন, ‘তুমি কী করে জানলে যে, আমি জমিদারপুত্র নই ?’

— বাবু জমিদার চেনা যায় চালে।

— মানে ?

— আপনার আমাকে ভিক্ষে দেওয়ার ধরণ দেখেই আমি বুঝেছিলাম যে, আপনার ধমনীতে জমিদারি রক্ত বইছে না।

— এসব তুমি কোথায় শিখেছো ?

— আমার বাবা এসব বিষয়ে খুব ওস্তাদ ছিলেন। উনি বলতেন, ‘ঘোড়া চিনবি চেলে। হীরে চিনবি জলে। আর জমিদার চিনবি চালে।’

<h2 align="center">ডক্টরেট চাকর</h2>

ব্যানার্জী বাড়িতে রোজ রাত্রে ভূতুড়ে ব্যাপার ঘটছে। সোনাই অঙ্কে অনার্স পড়ে। পড়ার ঘরের টেবিলে রোজ রাত্রে খাতা ভর্তি করে কে যেন ওর না পারা অঙ্কগুলো করে দেয়। আজ তিনদিন এরকম হ'লো। সোনাই কিছুতেই ধরতে পারছে না ভূতকে। সেদিন রাত্রে হঠাৎ সোনাই শোবার পর আর একবার পড়ার ঘরে চলে আসে। দেখে কাজের লোক অপু টেবিলে যেন কী করছে।

— অপুদা, কী করছো ওখানে ?

— তোমার পড়ার টেবিলটা গুছিয়ে দিচ্ছি দিদিমণি।

— কই দেখি ? এই খাতায় অঙ্কগুলো কে করলো ?

— তা, আমি কীকরে জানবো বলো ?

— আমি শোবার আগে এই অঙ্কগুলো পারিনি। আর এখন দেখছি সেগুলো কে কষে দিয়েছে। ভূতে কষলো ?

— তা হবে হয়তো। ছোটবেলায় সেই ভূতের জামা তৈরির গল্প পড়োনি ?

— হ্যাঁ, এবার ভূতের জামা আমি তৈরি করছি। চলো, তোমার ঘরে চলো।

— কেন ? আমার ঘরে কী করবে ?

— চলো না, তারপর জানতে পারবে।

সোনাই অপুকে নিয়ে তার ঘরে গেল। তার ব্যাগ খুললো। সেখানে দেখলো অপু আর কেউ নয় — ড. অপরেশ মুখার্জী, এম. এস. সি. (ম্যাথ), পিএইচ. ডি.।

— অপুদা, এটা কী হ'লো ?

— কেন, দিদিমণি ?

— দিদিমণি নয়, বলুন সোনাই। আপনি অঙ্কে ডক্টরেট করে আমাদের বাড়িতে চাকর-এর কাজ করছেন ? লজ্জা করে না আপনার ? ছি-ছি-ছি !

— কী করবো সোনাই ? বাবা সেদিন তোমার মতোই বললেন, অঙ্কে পিএইচ. ডি. করে বুড়ো বাবা-মাকে দু'টো পয়সা এনে দিতে পারো না যখন, লোকের বাড়ি চাকর খাটোগে। বাকিটা তো সবই জানো তুমি।

— বাবা ? ভূ-ত।

— আবার দাদাবাবুকে ডাকছো কেন ?

সেই মধ্যরাত্রে ব্যানার্জীবাবুও উঠে এসেছেন। ঘরে হুলস্থুল কাণ্ড।

— কী হয়েছেরে সোনাই? কোথায় ভূত? তুই অপুর ঘরে কেন?

— অপু নয়। বলো ড. মুখার্জী ভূত।

— মানে?

— মানেটা এই দেখো।

সার্টিফিকেটগুলো সোনাই সব টেবিলে মেলে ধরলো। ব্যানার্জীবাবু ধপ করে মেঝেয় বসে পড়লেন সব দেখে। অপু বললো — দাদাবাবু, এত হতাশ হচ্ছেন কেন? আমরা ভারতবাসী। তখন কলেজে পড়ি। কলেজের বোটানি বিভাগের এক আংশিক সময়ের অধ্যাপক আমাকে একদিন দুঃখ করে বললেন, 'অপরেশ, এবার ভাবছি একটা মনিহারি দোকান করবো। আর আমার পিএইচ. ডি.'র সার্টিফিকেটটা দিয়ে প্রথম খরিদ্দারকে চানাচুর দেবো।'

দশ পয়সার ভালোবাসা

মতিলালবাবুর স্ত্রী চাকরিসূত্রে বাইরে থাকেন। যোগাযোগের মাধ্যম শুধু ফোনটুকু। ফোনে কথা বলার জন্য যে পয়সা দেন তাতে ষাট সেকেণ্ডে দশ পয়সা লাগে। স্ত্রী কণিকার বিদেশী কুকুরের শখ। তা আর কী করা যায়, মতিবাবু একটি অ্যাল্সেশানের বাচ্ছা নিয়ে এলেন।

কণিকাদেবী তো বাইরে, তাই মতিবাবুরই দায়িত্বে জিম থাকে। জিমের মাঝে মধ্যে শরীর খারাপ হলে ডাক্তার দেখিয়ে নেন। একদিন মতিবাবুর খুব জ্বর। কোনওরকমে সামান্য শুকনো মুড়ি খেয়ে শুয়ে পড়েছেন। ওপার থেকে ফোন।

—হ্যালো, শুয়ে পড়েছো?

—হ্যাঁ।

—আমার জিম কেমন আছে?

—ভালো।

—ও ঠিক ঠিক খাচ্ছে তো?

—হ্যাঁ।

— ক'দিন আগে তো ওর শরীরটা একটু খারাপ হয়েছিল। ঠিক ঠিক ডাক্তার দেখিয়েছিলে তো?

—হ্যাঁ, হ্যাঁ।

—ওষুধগুলো ঠিক খাইয়েছো তো?

—হ্যালো, হ্যালো, হ্যালো?

ওপারের ফোনে কোনও সাড়া নেই। উনষাট সেকেণ্ড হয়ে গেছে। ষাট-এর রিস্কটা আর নেননি কণিকাদেবী। মতিবাবু কেমন আছেন সেটা না জানলেও চলবে।

ধর-শম

কালো কাপড়ে সর্বাঙ্গ আবৃত লাখো মানুষের মিছিল রানিমার অন্দর মহলের দিকে এগোচ্ছে। সেই মিছিলকে বাধা দেবার কেউ নেই। কারণ যে বাহিনী রানিমার অন্দরমহল রক্ষার জন্য নিয়োজিত তা এই মিছিলের কাছে অতি নগণ্য। এ মিছিল নীরব মিছিল। কারও মুখে কোনো কথা নেই। হাতে শুধু একটি করে প্ল্যাকার্ড। তাতে লেখা — 'রানিমা, এ নারকীয় ধর্ষণ এবার বন্ধ হোক।'

রানিমা সর্বাঙ্গে শ্বেতশুভ্র বসনে আবৃতা। তিনি সভামঞ্চে এসে সিংহাসনে উপবিষ্ট হলেন। তিনি অতি বিনয়ের সাথে করজোড়ে দাঁড়িয়ে বললেন, 'বলুন জনগণ, আপনাদের জন্য আমি কী করতে পারি।'

একজন জনপ্রতিনিধি সামনে এগিয়ে গিয়ে হাতজোড় করে বললেন, 'রানিমা, রাজ্যে যে হারে ধর্ষণ হচ্ছে তাতে তো এ রাজ্যে আর থাকা যাবে না।'

— আরে, আপনারা যেটা বলছেন তার বানানটা একটু অন্যরকমভাবে ভাবুন না। তাহলেই সব ঠিক হয়ে যাবে।

— রানিমা, আপনি কী বলছেন আমাদের তো বোধগম্য হচ্ছে না।

— শুনুন, ওটাকে বলুন 'ধর-শম'।

একজন বাংলার অধ্যাপক এসে বললেন, 'রানিমা, আপনি কি ব্যাকরণগতভাবে ঠিক বলছেন?'

— কেন? এর মধ্যে বেঠিক কী হ'লো? আর আমার রাজ্যে বৈয়াকরণ, বৈদান্তিক, বৈজ্ঞানিক এসব চলবে না। আমি যা বলবো সেটাই হবে। শুনুন, আমি এটার শাস্ত্রসম্মত ব্যাখ্যা দিচ্ছি আপনাদের কাছে।

— বলুন, মহারানিমা।

— 'ধর-শম' মানে যে ধারণ করে আছে তার শান্তি বা নিবৃত্তি। অর্থাৎ ধারণকারীর কামক্রোধাদির উপশম। ধারণকারীর চিত্তের স্থিরতা বা সংযম। তার বাসনার নিবৃত্তি। এভাবে ভাবলে কোনো সমস্যাই নেই।

এবার তো অধ্যাপকের একেবারে ভিরমি খাওয়ার অবস্থা। তিনি বললেন, 'রানিমা, আপনি যেটা বললেন তা তো অভিধানে নেই।'

— বললাম তো আমার সাম্রাজ্য অভিধানের বাইরে। মানুষের যা মঙ্গল হবে, কল্যাণকর হবে তাই-ই হবে আমার সাম্রাজ্যে।

— যেটা হচ্ছে সেটা মানুষের কী কল্যাণ করছে রানিমা?

—কেন ? পুরুষ মানে তো ঈশ্বরও হয়। পরব্রহ্মও হয়। তার শাস্তি হচ্ছে। আর যে নারী এর সাথে জড়িত তারও শাস্তি হচ্ছে।

—রানিমা, আপনি বলছেন সেই নারীরও শাস্তি হচ্ছে এই নারকীয় ঘটনায়?

— এ রাজ্যকে আপনি নরক বলছেন? যদি স্বর্গ কোথাও থাকে তা তো আমার এই রাজ্য। প্রকৃতিই বলুন, আর ঈশ্বরই বলুন তার সমস্ত নিয়মকানুন এই রাজ্যেই পুঙ্খানুপুঙ্খভাবে মেনে চলা হয়। সারা বিশ্বের মহান মনীষীগণ এরাজ্যে আসছেন এরাজ্যের উখানের কলাকুশল হৃদয়ঙ্গম করতে। কিন্তু আমি অত বোকা নই যে, আমার উখানের কৌশল (secret) সকলকে জানিয়ে দেবো। শুনুন, পুরুষ আর প্রকৃতির মিলনেই তো সৃষ্টি। প্রকৃতি যদি দ্বার রুদ্ধ করে দেয় তাহলে তো সৃষ্টিই হবে না। প্রকৃতি বন্ধ্যা হয়ে যাবে। তা কি বিবেচক মানুষ হিসেবে আমাদের কারও কাম্য? আপনারাই বলুন জনগণমন।

মহারানির আজ্ঞাবহ একদল বশংবদও সভায় হাজির ছিল। তারা সকলেই রানিমার জয়ধ্বনি করে উঠল। রানিমা এরপর জনগণের উদ্দেশ্যে বললেন, ‘সবকিছুর মধ্যে আপনারা নেগেটিভ দেখেন কেন? সবকিছুকে পজিটিভের দিকে ঘুরিয়ে দিন। পজিটিভ ভাবুন। দেখবেন সব পজিটিভ হচ্ছে।’

রানিমা একটু চিন্তিত হয়ে বললেন, ‘আমার তো প্রবল সন্দেহ হচ্ছে এরাজ্য আবার পুরুষতান্ত্রিক হয়ে যাবে। আবার নিজেদের সভ্য বলে পরিচয় দিয়ে ওরা এরাজ্য দখল করতে চাইছে।’

জনগণের একজন বলে উঠল, ‘তাই কি আপনি এভাবে পুরুষদের পারিতোষিক বিতরণ করছেন রানিমা?’

রানিমা কড়া বার্তা দিলেন, ‘এই একে বন্দি করো। জেলে পাঠাও।’

এবার অধ্যাপক বললেন, ‘রানিমা, আপনি মুখে সাম্যবাদের কথা বললেন। আর স্বেরতান্ত্রিক আচরণ করেন কেন?’

রানিমা প্রচণ্ড রেগে বললেন, ‘এই প্রফেসর, তুই সাম্যবাদের কী বুঝিসরে? একরত্তি ছেলে নয়, গাল টিপলে দুধ বেরোবে, আবার আমাকে সাম্যবাদ শেখাচ্ছে। সাম্যবাদ আর স্বেরতন্ত্র কয়েনের এপিঠ ওপিঠ। সাম্যবাদের সাথে স্বেরতন্ত্রের কোনো দ্বন্দ্ব নেই। আদিম সাম্যবাদী সমাজের কথা ভাব। ইতিহাস পড়িসনি? সেখানেও এরকমই ছিল।’

— আপনি কি আবার এই সভ্যতাকে আদিম যুগে ফিরিয়ে দিতে চান?

— আমি ফিরিয়ে দেবার কে? প্রকৃতিই সব। এই যেমন আমি কি ক্ষমতায় এসেছি? প্রকৃতিই আমাকে ক্ষমতায় এনেছে। হয়তো অন্য কোনো সভ্যতা আসবে। কিন্তু এই হরপ্পা সভ্যতার কথা ইতিহাসে লেখা থাকবে। ছাত্রছাত্রীদের পাঠ্য হবে।

—আমাদের আগের রাজামশাই তো এরকম ছিলেন না ?

—তাই তো রাস্কেলটাকে নির্বাসনে পাঠিয়েছি। আর এরাজ্যে পুরুষতন্ত্র আসবে না কোনও দিন। মাতৃতান্ত্রিক সমাজ এখন থেকে আমার সাম্রাজ্যে।

সভাকক্ষে দুন্দুভি বেজে উঠল ডমডম ডম ডম...ম...ম...ম।

নিয়মী

পুত্র মল্লিনাথ ও স্ত্রী মল্লিকাকে নিয়ে শিবনাথবাবুর ছোট পরিবার। মল্লিকা বেশ কিছুদিন ধরেই দুরারোগ্য ক্যান্সারে ভুগছিলেন। সেদিন সকালবেলা চা-টিফিনের পর মল্লিকা শেষবারের মতো শিবনাথবাবুর হাতদু'টো ধরে বলেছিলেন, 'কীগো? আজ স্কুল যাবে না?' শিবনাথবাবু বলেছিলেন, 'হ্যাঁ যাবো।'

—মল্লি, ক'টা বাজলো রে, বাবা?

—ন'টা চল্লিশ, মা।

—যাও, যাও, বাসটা ফেল করবে যে।

তারপর হাতদু'টো তাঁর শিথিল হয়ে যায়। মল্লিকা তাঁর সংসারের মায়া কাটিয়ে একেবারে স্বধামে চলে গেলেন।

শিবনাথবাবুর তো স্কুল কামাই করা চলবে না। শিবনাথবাবু এমনিতেই কোনও ছুটি নেন না। এমনকী সি. এল. গুলোও সব নষ্ট হয়। তবুও হেডমাস্টারমশাই বলেছেন — এখন কোনও ছুটি চলবে না। ছুটি নিলে বোর্ড-কাউন্সিলে গিয়ে জবাবদিহি করতে হবে।

অগত্যা দৌড়াতে দৌড়াতে বাসটা আর পেলেন না। পরের বাসটাই ধরতে হ'লো। ন'বছরের ছেলেকে বলে এলেন, 'মায়ের কাছে বসে থাক। আমি স্কুল থেকে ফিরে তবে দাহকার্যের ব্যবস্থা করবো।'

শিবনাথবাবু বাস থেকে নেমে দৌড়াতে দৌড়াতে একবার তো পড়েই গেলেন। আবার উঠে দৌড়াতে শুরু করলেন। কিন্তু উনি হাজিরা খাতায় সইটা করার ঠিক আগেই ঘণ্টা পড়ে গেল। সই আর হ'লো না। শিবনাথবাবুর অবস্থা দেখে তো অন্যান্য শিক্ষকরা খুব হাসাহাসি করলেন। একজন তো বলেই ফেললেন, 'শেষ রক্ষা হ'লো না রে।'

শিবনাথবাবু হেডস্যারকে বললেন, 'একটা অনুরোধ ছিল স্যার।'

— না-না সই হবে না। ঘণ্টা পড়ার আগে সই করতে হবে। এটা স্কুলের নিয়ম। আপনার জন্য এই স্কুলের নিয়ম ভাঙতে আমি পারবো না।

—আমি সেকথা বলিনি স্যার।

— তবে কী বলছেন? বলাবলির কী আছে? বাড়ি যান, মিসেসকে তবু আজ একটু বেশি সময় দিতে পারবেন।

— স্যার, ছেলেমেয়েগুলোর সামনেই পরীক্ষা। তাই আজ ক্লাসগুলো আমার খুব জরুরি।

— শিবনাথবাবু, এটা আপনি কী বলছেন? বললাম তো আপনার জন্য আমি নিয়ম ভাঙতে পারবো না। আর আপনার মতো মানুষের কাছে আমি অন্তত এটা আশা করি না।

শিবনাথবাবু খুব লজ্জিত হয়ে বললেন, 'মাস্টারমশাই, আমি তা বলিনি।'

— তাহলে আপনি কীভাবে ক্লাস নেবেন? সই তো আপনি করতে পারবেন না।

— না মাস্টারমশাই, আমি সই করতে চাইনি। শুধুমাত্র ক্লাসগুলো করবো। আমার আজকের তারিখে এম. এল. বসিয়ে দেবেন।

— তা হ'তে পারে। যান, আপনি ক্লাসে যান।

এদিকে স্টাফরুমে তো অন্যান্য শিক্ষকদের ফিসফিসানি — বোধ হয় সইটা করলেন। একজন তো বললেন, 'ওই দেখ ক্লাসে যাচ্ছেন চক ডাস্টার নিয়ে। আজ ওনার তো পিণ্ডি চটকাবো, হেডমাস্টারেরও।'

হেডমাস্টারমশাই তো স্কুলের কাজে ব্যাঙ্কে বেরিয়ে পড়লেন। শিক্ষকদের মধ্যে গুঞ্জন দেখে উনি বলে গেলেন, 'আমি এখন ব্যাঙ্কে যাচ্ছি। এসে আপনাদের সাথে আলোচনা করবো।'

শিক্ষকদের কিন্তু সত্যটা জানবার কোনও আগ্রহ জাগেনি। ধৈর্যও ধরেনি। ওনারা স্কুলের শিক্ষক এবং ছাত্রছাত্রীদের নিয়ে রীতিমতো একটা মিছিল বের করে দিলেন।

শিবনাথবাবু যথারীতি সব ক্লাসগুলো করলেন। বারো ক্লাসের ছেলেমেয়েরা তো বলল, 'স্যার, আপনি অত ঘামছেন কেন?'

— কই, কই ঘামিনি তো। আর যা গরম।

— আমাদের শীত লাগছে। আর আপনি স্যার বলছেন গরম।

— তাহলে হয়তো শরীরটা একটু খারাপ।

শিবনাথবাবু আর বলতে পারলেন না, উনি খিদেতে ঘামছেন। সাড়ে চারটে বেজে গেল। হেডস্যার বললেন, 'মাস্টারমশাই, আপনি যখন রয়েই গেলেন আজ একটা জরুরি মিটিং ছিল। সেটাতে একটু থাকুন।'

— ঠিক আছে স্যার।

মিটিং-এর মাঝে একসময় হরিবাবু দেখলেন — শিবনাথবাবুর চোখে জল।

— কী হয়েছে স্যার? আপনি কাঁদছেন কেন?

— না, না কাঁদবো কেন?

— বললেই হ'লো? ওই তো আপনার চোখে জল।

— ও বালিটালি কিছু পড়েছে হয়তো।

— শিবনাথবাবু, এই স্কুলে একজন মাস্টারমশাই কোনও দিন মিথ্যা বললেন না। আর তিনি হচ্ছেন শিবনাথ চ্যাটার্জী। বলুন, কী হয়েছে?

— তোমার বৌদি আজ সকালে সব সময়ের উর্দ্ধে চলে গেলেন। আর হেডমাস্টারমশাই যখন বললেন, আমার তো আজ সই না হওয়ার জন্য স্কুল হবে না,

তাই কথা না বাড়িয়ে তাড়াতাড়ি বাড়ি গিয়ে তোমার বৌদিকে যেন একটু বেশি সময় দিই, তখন সেই কষ্টটা হয়তো হৃদয় নিতে পারেনি — ফোঁটা ফোঁটা অশ্রু হয়ে ঝরে পড়ছে।

হরিবাবু আর থাকতে না পেরে উঠে দাঁড়িয়ে বললেন, 'মিটিংটা বন্ধ করুন স্যার। আজ আর কিছু বলছি না। কাল কথা হবে।'

শিবনাথবাবু বাড়ি যাবার সময় শুধু শিক্ষকদের বলে গেলেন — আপনারা এটা না করলেই পারতেন। আমি কিন্তু কোনও অন্যায় করিনি। শিক্ষকরা বললেন, 'অন্যায় করেননি মানে? আপনার মতো একজন অন্যায়াচারীর কাছে আমাদের ন্যায় অন্যায় শিখতে হবে? যা করেছেন, করেছেন। কাল থেকে স্কুলে হয় আপনি থাকবেন, না হয় আমরা থাকবো। এর একটা হেস্তনেস্ত করবো তবে ছাড়বো।'

পরের দিন হেডমাস্টারমশাই প্রার্থনা সভায় একটি চিঠি পড়লেন।

মাননীয় সম্পাদক মহাশয়,

যেখানে বিশ্বাস হারিয়েছে সেখানে থাকা যায় না। অবিশ্বাস আর ঘৃণা নিয়ে পাশাপাশি বাস করা যায় না। গতকাল শিক্ষক মহাশয়দের আর ছাত্রছাত্রীদের চোখে মুখে যে ঘৃণা আর অবিশ্বাস আমি দেখেছি এরপর আমি আর আপনার স্কুলে থাকতে পারলাম না। চললাম। জানি না, কোনোদিন আর দেখা হবে কি না। ভালো থাকবেন। পদত্যাগপত্রটি গ্রহণ করে বাধিত করবেন। আর শিক্ষক মহাশয়দের বলবেন— ওনারা রাজনীতি করছেন করুন, দুধের শিশুগুলোর ভবিষ্যৎ যেন নষ্ট না করেন।

—ইতি

শিবনাথ চট্টোপাধ্যায়

এরপর হেডমাস্টারমশাই হাজিরা খাতাটা খুলে দেখালেন যে শিবনাথবাবু গতকাল মেডিক্যাল লিভ নিয়ে ক্লাস করেছেন ছাত্রছাত্রীদের কথা ভেবে। আর মৃত স্ত্রীর পাশে ন'বছরের ছেলেকে বসিয়ে রেখে স্কুলে এসেছিলেন উনি গতকাল। খালি পেটে সারাদিন স্কুলে ছিলেন।

নিরর্থক কলহ

তারিণী খুড়ো প্রাতর্ভ্রমণে বেরিয়েছেন। বাড়ি ফেরার পথে উনি দেখছেন, দু'বন্ধু ঝগড়া করতে করতে প্রায় মারপিট করার উপক্রম। খুড়ো লাঠিটি নিয়ে একটু কাছাকাছি দাঁড়ালেন। বললেন, তোদের সমস্যাটা কীরে?

— দেখোনো খুড়ো, আমি বলছি যে, রমলার ছেলে হবে। আর মদনা বলছে কী মেয়ে হবে। খুড়ো তুমি বলোতো রমলার ছেলে হবে না মেয়ে হবে?

খুড়ো দু'জনাকে লাঠির বাড়ি মেরে বললেন, হারামজাদারা ঝগড়া, মারপিট থামিয়ে যে যার বাড়ি যা। রমলা বন্ধ্যা।

মদন আর কমলের মতো আমরা অনেকেই এরকম হরেক নিরর্থক বিষয় নিয়ে অহরহ তর্কাতর্কি ও আলোচনা করে চলেছি, যে সবের আসলে কোনো মানে হয় না।

আশিসকুমার পাত্র

নিরামপুরি

বীরেনবাবু প্রায়শই লক্ষ করেন, যখনই সত্যবতী নিরামিষ খায় ঠিক তার আগের দিনও সে নিরামিষ আহার করে। একদিন সত্যবতীকে জিজ্ঞাসা করলেন, 'হ্যাঁগো, তুমি তো আগামীকাল নিরামিষ খাবে। তাহলে আজও নিরামিষ খাচ্ছো কেন?' সত্যবতীর খুবই সোজা সরল উত্তর — আগামীকাল ভোর থেকে আমার পেটেও আমিষ কিছু থাকবে না।

— আচ্ছা, আচ্ছা, বুঝেছি।

— কী বুঝেছো?

— আগামীকাল তোমার পুরীষটাও নিরামিষ হবে।

নির্লিপ্ত

অনঙ্গমোহনবাবু গৃহশিক্ষকতা করেন। ছাত্র-ছাত্রীদের ফাইনাল পরীক্ষার আগে কমবেশি একমাস তারা পড়ে না। টেস্ট পরীক্ষার জন্য তৈরি হয়। তারপর তারা যখন পড়া শুরু করলো তখন অভিভাবকরা ওনাকে যথারীতি সম্মান দক্ষিণা দিলেন। কিন্তু অভিভাবকরা খুবই আশ্চর্য হলেন ওনার কাণ্ডকারখানা দেখে। উনি একে একে সকলকে টাকা ফিরিয়ে দিলেন।

অভিভাবকরা একটু অপ্রস্তুত হলেন।

— আপিনি কি আর পড়াবেন না ? ছেলেমেয়েরা কি কোনো অপরাধ করেছে ?

— না, না এসব কী বলছেন ?

— তাহলে ?

— এ টাকাগুলো আমার না।

— এ টাকা তো আপনারই। আমরা আপনার সম্মান দক্ষিণা দিলাম। আপনার কি টাকার কোনও প্রয়োজন নাই ?

— আমার টাকার খুবই প্রয়োজন। কিন্তু অর্জিত অর্থ ছাড়া আমি কিছু গ্রহণ করি না। গত একমাস ছেলেমেয়েরা আমার কাছে পড়েনি।

— অন্যান্য স্যারেরা সব তাগাদা দিয়ে টাকা আদায় করছেন। আর আপনি ফিরিয়ে দিচ্ছেন।

— দেখুন, এটা আমার আপনাদের মতো সরকারি চাকরি নয় যে, কাজ না করলেও মাসের শেষে মোবাইলে মেসেজ ঢুকে যাবে স্যালারির। আমি পরিশ্রম করি, টাকা পাই। একমাস পরিশ্রম করিনি, টাকা নেওয়া যাবে না। আর প্রশ্নটা ন্যায় নীতির। প্রয়োজন অপ্রয়োজনের নয়। ন্যায় নীতি বোধটা তো কাউকে বলে আনা যাবে না। এটা ভিতর থেকে, অন্তর থেকে আসে। এটা ঐশ্বরিক দান। রামকৃষ্ণদেবের কথায় — চিনির আস্বাদনের পর আর কেহ চিটেগুড়ের সন্ধানে যায় না। আর গুরুদেব তো বলেছেন —

"যে ধনে হইয়া ধনী   মণিরে মান না মণি

তাহারি খানিক

মাগি আমি নতশিরে।"   এত বলি নদীনীরে

ফেলিল মানিক।

আসলে মানুষের সমস্যা কী জানেন — সে যেটা পারে না, ভাবে সেটা বুঝি কেউ-ই পারে না। তাহলে এ সংসারে বুদ্ধ, যীশু জন্মাতেন না। কোটিতে একটিও তো জন্মায়। এই যেমন আমি যে কোনো কারনেই হোক সরকারি চাকরি করি না। কথায় কথায় একদিন আমি বলি, সরকার যে স্যালারি দেয় এখন সেটা যদি ভাগ করে আরও চাকরিজীবীর সংখ্যা বাড়িয়ে দিত তাহলে ঠিক করতো। আমার এক আত্মীয় বললেন, 'আঙুর ফল টক।'

আশিসকুমার পাত্র

পথের খোঁজে

পুঁজি বলতে একটি ভাঙা সাইকেল, একটি রেশন ব্যাগ আর একটি কলম। একমুখ দাড়ি নিয়ে ধুতি পাঞ্জাবী পরা মাঝবয়েসী লোকটি রাজ্যের মাঠে ঘাটে, গ্রামেগঞ্জে ঘুরে বেড়াচ্ছেন। কোনও গ্রামে ঢুকেই ছাত্র খুঁজছেন। সম্মান দক্ষিণা ষোলো আনা। কোন্‌ ক্লাসের ছাত্র চাই? কে. জি. টু পি. জি.। তাজ্জব ব্যাপার! কোন্‌ বিষয়ের ছাত্র চাই? সব বিষয়ের। অবিশ্বাস্য ব্যাপার! পরীক্ষা প্রার্থনীয়। পরীক্ষাই শুরু হ'লো।

প্রথম সিটিং। অনার্স, এম. এস. সি., উচ্চমাধ্যমিক সব ক্লাসের ছাত্রছাত্রীরাই হাজির হ'লো। পাশাপাশি অভিভাবকরা সব উঁকিঝুঁকি দিতে লাগলেন। পড়ানো শেষে তো সকলে বাক্‌রুদ্ধ। হাজারো প্রশ্নের মুখোমুখি মাস্টারমশাই।

— আপনার নাম কী?

— জানি না।

— একজন মানুষের তো বাবা মায়ের দেওয়া একটা নাম থাকবে।

— হ্যাঁ, আপনারা ঠিকই বলেছেন। কিন্তু আমার কথাগুলো মন দিয়ে শুনলে আপনাদের সকল প্রশ্নের উত্তর পেয়ে যাবেন।

— হ্যাঁ, হ্যাঁ বলুন। আপনার পড়াশোনা কতদূর, বাড়ি কোথায়, সবই বলুন।

— আমার যখন প্রথম জ্ঞান ফিরলো, তখন আমি একটি হাসপাতালের বেডে। আমিই আপনাদের মতো ডাক্তারবাবুকে জিজ্ঞাসা করেছি, আমি কে? ডাক্তারবাবু সব পরীক্ষা করে জানালেন, কেউ বা কারা নদীর চর থেকে মৃত ভেবে আমাকে হাসপাতালে নিয়ে গিয়েছিল। মাথায় লাঠি বা রডের আঘাতে জ্ঞান হারিয়েছিলাম। স্মৃতিশক্তি নেই। শুধু পড়াশোনার বিষয়টা ঠিক আছে।

— কারা মারলো আপনাকে?

— ডাক্তারবাবু বললেন, এখানে নির্বাচন হয়েছে। আর আমি নির্বাচন পরবর্তী হিংসার বলি।

— আপনি তো ভোটও দিয়েছেন দেখছি।

— তা হয়তো দিয়েছি। কিছুই মনে নেই।

পড়িয়ে যে দশটি টাকা পেয়েছিলেন তা দিয়ে পাশের চায়ের দোকানে চা আর রুটি খেয়ে মধ্যাহ্নভোজ সারলেন। শিবমন্দিরে একটু গড়িয়ে নিলেন। সন্ধ্যায় একজন ইংরেজি অনার্সের ছাত্র এসে বললো, 'মাস্টারমশাই, আমাকে একটু পড়া বুঝিয়ে দিন।'

পড়ানো হয়ে গেলো। ছাত্র অবাক দৃষ্টিতে মাস্টারমশাই-এর দিকে তাকিয়ে রইলো।

—স্যার, আপনার সাব্‌জেক্ট্‌ কী ?

—তা তো জানিনা বাবা। কেন ?

—ওবেলা অঙ্ক পড়ালেন ? এখন ইংরেজি। তাহলে আপনি কোন্‌ বিষয়ের শিক্ষক ?

—শোনো বাবা, পড়ার জন্য মাস্টারমশাই লাগে না। আর শেখার জন্য‌ও স্কুল, কলেজ লাগে না। একজনকে লাগে।

—কাকে ?

—তোমাকে।

—এটা স্যার ঠিকই বলেছেন। আপনি যেভাবে পড়ালেন, এরপর বাকিটা আমি নিজেই পড়ে নিতে পারবো। আপনাকে স্যার মা একবার ডেকেছেন। আর রাতের খাবারটা আমাদের বাড়িতেই খাবেন। মা রান্না করেছেন।

—আমার কাছে তো বাবা আর কোনও পয়সা নেই। তোমরা সবাই যে দশ টাকা দিয়েছিলে তা ওবেলাই শেষ হয়ে গেছে। থাক্‌, রাত্রে কিছু না খেলেও চলে যাবে।

—আপনি চলুন তো। তারপর যা ভালো বোঝেন করবেন।

মাস্টারমশাই ছাত্রটির বাড়ি গিয়ে সদর ঘরে বসলেন। ভিতরের ঘর থেকে খাবারের ডাক এলো। মাস্টারমশাই ছাত্রটির বাবাকে বললেন, 'দাদা, আমার কাছে কোনও পয়সা নেই। ঋণ বাড়িয়ে কী লাভ বলুন তো ?'

—ছি! ছি !, এ কী কথা বলছেন ? আপনি আমার ছেলের মাস্টারমশাই, অতিথি।

—অতিথি বলছেন যখন, আর না করা যাবে না। চলুন।

ছাত্রের মা মাস্টারমশাইকে নিবিড়ভাবে লক্ষ করছিলেন। খাওয়া শেষে উনি যখন বসলেন, তখন আর নিজেকে সংযত করতে পারলেন না।

—দাদা, তুমি ?

—কাকে কী বলছেন ? আমি আপনার দাদা হ'তে যাবো কীভাবে ? এমনি দাদা বলেন ঠিক আছে।

—আপনার বাঁ হাতটা দেখি তো। এই কাটা দাগটাই প্রমাণ করছে আপনি আমার দাদা। বোন হয়ে তার নিজের দাদাকে চিনতে পারবো না ? যা শুনলাম, তোমাকে মারধোর করার ফলে তুমি স্মৃতি হারিয়েছো। আর তোমার পড়াশোনা আমি জানি না ? এভাবে পড়াতে তুমি ছাড়া এই রাজ্যে কেউ পারবে না। একেই বলে ঈশ্বর। আসবে তো আসবে সেই আমার গ্রামেই। যাও, শুয়ে পড়। কাল গল্প হবে। অভি, মামাকে নিয়ে শুয়ে পড়।

পরদিন প্রত্যুষেই তরুণবাবুর ঘুম ভেঙ্গে গেল। চা, জলখাবার খেয়ে নিয়েই উনি কর্ম শুরু করে দিলেন। পড়ানোর অবসরে ছাত্রছাত্রীদের ও অভিভাবকদের সাথে সমাজ, দেশ নিয়ে বিভিন্ন কথাও উনি বলেন। একজন অভিভাবক বললেন, 'মাস্টারমশাই, একটা কথা বলবো?'

—— হ্যাঁ, হ্যাঁ বলুন।

—— আজকাল মানুষ বড় অকৃতজ্ঞ হয়ে গেছে কেন মাস্টারমশাই?

—— দেখুন, এটা মৌলিক শিক্ষার অভাব। সেই শিক্ষার শুরুটাই হয় নিজের বাড়ি থেকে। বাবা মায়ের কাছ থেকে। পরিবারের কাছ থেকে।

—— কৃতজ্ঞতা নিয়ে কিছু বলুন।

—— উপকারীর উপকার মনে রাখা ও স্বীকার করাকেই কৃতজ্ঞতা বলে। কৃতজ্ঞতা একজন মানুষের জরুরি চারিত্রিক বৈশিষ্ট্য। এটা না থাকলে মানুষ যে কত নীচে নেমে যায় তার উদাহরণ কুকুর-বেড়াল। একটা কুকুরকে বা একটা বিড়ালকে একটু ডাকলে, একটু খাবার দিলে কুকুর লেজ নেড়ে, বিড়াল ম্যাও, ম্যাও করে তাদের কৃতজ্ঞতাই প্রকাশ করে। কৃতজ্ঞতা একজনের অস্তিত্বকেই পরোক্ষভাবে টিকিয়ে রাখে। একজন তার উপকারীকে যদি মনে না রাখে, স্বীকার না করে, উপকারীও তাকে মনে রাখবে না, স্বীকার করবে না। এ তো অকৃতজ্ঞ বা কৃতঘ্নের অস্তিত্বেরই সংকট।

—— আমরা তো সেটাই এই সমাজে এবং প্রকৃতিতে দেখতে পাচ্ছি।

—— যেমন, এই পৃথিবী কি শুধু মানুষের জন্য? না। এ পৃথিবী সবার জন্য। এখানের মানুষ, উদ্ভিদ, পশুপাখি, জল, মাটি, আকাশ-বাতাস সবার। এখানের কারও উপকার যদি কেউ স্বীকার না করে, উল্টে তার ক্ষতি করে, পরোক্ষে কিন্তু সে নিজেরই কবর নিজে খুঁড়ছে। আজ আমরা আকাশ-বাতাস, মাটি, জল সবকে দূষিত করছি। বনজঙ্গল সব নিঃশেষ করছি। ভাবছি পৃথিবী বুঝি কেবল মানুষেরই জন্য। কিন্তু এটা করে কি আমরা নিজেদের সংকটই ডেকে আনছি না?

—— আজকাল তো তরুণ প্রজন্মের সামনে কোনও আদর্শও নেই, লক্ষ্যও নেই।

—— নবযৌবনপ্রাপ্তকেই তরুণ বলে। এখন তার স্বপ্ন দেখার সময়, কাজ করার সময়, প্রার্থনা করার সময়। কিন্তু প্রশ্ন হ'লো, কী স্বপ্ন দেখবে, কী কাজ করবে, কী প্রার্থনাই বা করবে। এই তরুণের স্বপ্ন, কাজ আর প্রার্থনার ওপর নির্ভর করে একটা দেশের, একটা সমাজের, একটা জাতির ভবিষ্যৎ। তরুণরাই সৃষ্টি করবে নতুন ইতিহাস। কোনও একটি জাতির, দেশের বা সমাজের উত্থান বা পতন সবটাই নির্ভর করে সেই জাতির, সেই দেশের বা সেই সমাজের তরুণকে কী স্বপ্ন দেখতে শেখানো হয়েছে, তাদেরকে কী

প্রার্থনা করতে শেখানো হয়েছে তার ওপর। হ্যাঁ, সেই তরুণ স্বপ্ন দেখবে নিজে বাঁচবো, অপরকে বাঁচাবো। সে প্রার্থনা করবে, যেন সে নিজে বটবৃক্ষ হয় এবং অনেকে সেই বটের ছায়ায় আশ্রয় পায়। আজ পৃথিবীতে বড় প্রাসঙ্গিক, তরুণকে সেই স্বপ্ন দেখানো, সেই প্রার্থনা শেখানো যা পৃথিবীকে একটি সংসার করে তুলবে। পৃথিবীতে একটাই জাত থাকবে মানুষ, পৃথিবীটা একটাই দেশ হবে। পৃথিবীটা সবার বাসযোগ্য হবে।

—আচ্ছা, মানুষের এই দুরবস্থা কেন?

— আমাদের সমাজটা মানুষের সমাজ। এখানে নিয়ম আছে, আইন আছে, আদালত আছে। কিন্তু এত সব কীসের জন্য?

— সে তো মানুষের জন্যই — মানুষের কল্যাণের জন্যই।

— কিন্তু তা যদি মানুষের কল্যাণ না করে তবে তা কীসের আইন, কীসের ব্যবস্থা, কীসের গণতন্ত্র? সরকার কোনও দিন সেই ব্যবস্থা করেছে যে ব্যবস্থা জনসাধারণের মঙ্গল করবে? প্রতিযোগিতা—কীসের প্রতিযোগিতা? এই পোড়া পেটটা চালাবার জন্যে তো কুকুর, বেড়াল, শিয়াল, বাঘ, ভালুক এই সব বনের পশুরাও প্রতিযোগিতা করে। তাহলে মানুষের সমাজে নতুন কী হ'লো? পার্টি, সরকার এসব কীসের জন্য? কিছু থাকবে না। শুধু থাকবে একটা ব্যবস্থা যাতে মানুষ পশু, গাছপালা সবাই থাকবে সকলের জন্য। প্রকৃতির কোলে বেঁচেবর্তে থাকার ব্যবস্থা থাকবে। কাড়াকাড়ি চলে পশুদের মধ্যে—মানুষের মধ্যে নয়। আগে মানুষ হতে হবে, তারপর পার্টি, সরকার। যদি তা না হয় তাহলে পার্টিটা, সরকারটা কী দিয়ে তৈরি হবে? অমানুষ দিয়ে? রাজতন্ত্র, গণতন্ত্র, ধনতন্ত্র, সমাজতন্ত্র যাই বলুন না কেন, সবই নির্ভর করছে সেটা পরিচালিত হচ্ছে কাদের দ্বারা তার ওপর। আমরা সম্রাট অশোককেও দেখেছি, রাশিয়ার সমাজতন্ত্র দেখেছি।

—রাশিয়ার সমাজতন্ত্র তো ধ্বংস হয়ে গেলো।

—নেতারা দাবি করছেন যে, তাঁরা মানুষের জন্য লড়াই করছেন। সাধারণ মানুষের পর্যায়ে নেমে এসে কেউ কি লড়াই করছেন? আর তা যদি না হয় তাহলে সেই লড়াইটা গুণগতভাবে ও নীতিগতভাবে কতটা ঠিক হচ্ছে বলতে পারেন? ইতিহাস ঘেঁটে দেখুন —মার্কস, লেনিন, মাও-৭-সেতুঙ্ কী পর্যায়ে নেমে লড়াইটা করেছিলেন। তাই সাফল্য পেয়েছিলেন। তারপর যেই এই ধরনের মানুষগুলোর হাতে লড়াই-এর ঝাণ্ডাটা এলো তখন থেকেই অধঃপতন শুরু হ'লো এবং দেশগুলো সর্বনাশের অতলে তলিয়ে গেলো। রাশিয়ার আজ এই অবস্থা হ'লো কেন? লেনিন বিপ্লব করলেন। কিন্তু সেটা টিকিয়ে রাখার মতো মানুষ বলুন, নেতৃত্ব বলুন কোনোটাই তৈরি হ'লো না। তাই

ধ্বংস হয়ে গেলো সেই স্বপ্নের সমাজতন্ত্র। মানুষ ও নেতৃত্বের মধ্যে ভোগ-এর লিপ্সা ক্রমশ বেড়ে বেড়ে অন্তিম পর্যায়ে এই অবস্থা। যদি বীজ হয় বিষবৃক্ষের তবে সে বীজ মাটিতে পুঁতবেন না।

অভি দৌড়াতে দৌড়াতে এসে বলল — মামা, মা ভাত দিয়েছে।

— যাইরে বাবা। এ বেলার মতো তাহলে এই থাক। কী বলুন ?

— না, না, স্নান, খাওয়া সেরে নিন। অভি, যাও বাবা। মামাকে নিয়ে যাও।

স্নান, খাওয়া সেরে তরুণবাবু দুপুরে বিশ্রাম নিলেন। বিকালবেলায় চা খেতে খেতে তপতী বলল, ‘দাদা, তোমাকে একবার শহরে নিয়ে যাবো।’

— কেনরে ?

— একজন ভালো মনোবিদকে দেখাবো।

—আবার ওসব কেন করছিস ?

— তুমি কি স্মৃতি হারিয়েই সারাজীবন থাকবে না কি ? কালকেই গাড়ি বলে দিয়েছি।

— চল ঘুরেই আসি।

সন্ধ্যায় আবার তরুণবাবু পড়াতে বসলেন। যে যা পড়া দেয় তাই উনি ভালোভাবে বুঝিয়ে দেন। আর প্রত্যেককে শিক্ষক ছাড়া কীভাবে পড়তে হয় সেই গুরুমারা বিদ্যেটা শিখিয়ে দেন নিপুনভাবে। এখন সারা গ্রামের কাছে তরুণ রায় সাক্ষাৎ ভগবান। ইতিমধ্যে তরুণ স্যার মানুষকে একটা বার্তা দিলেন — কেউ ভুলেও রাজনীতি করবেন না। মিটিং বা মিছিলে যাবেন না। কোনও নেতা বা নেত্রী এলে বলবেন, ‘আমরা আছি, চিন্তা করবেন না।’ ব্যস ওই পর্যন্তই। বাকি মনে যা ভেবে রেখেছেন করবেন।

বোনের সাথে তরুণবাবু কয়েকবার শহরে মনোবিদকে দেখিয়ে প্রায় স্মৃতিশক্তি ফিরে পেয়েছেন। ইতিমধ্যে তরুণবাবু ওনার বোনের গ্রাম ছাড়াও অনেক গ্রামেই ঘুরে ফেলেছেন। সব জায়গাতেই ওনার জনপ্রিয়তা তুঙ্গে। কারও ছেলেকে পড়ালেন। তারপর ছেলের মাকে বললেন, ‘কী দিদিভাই, একমুঠো অন্ন জুটবে না কি ?’ এতে কে খুশি হবে না বলুন ?

গ্রামের সাধারণ মানুষদের কাছ থেকেই একদিন প্রস্তাব এলো, ‘মাস্টারমশাই, সামনের নির্বাচনে নির্দল থেকে কাউকে দাঁড় করালে হয় না ?’

— হ্যাঁ, তা মন্দ প্রস্তাব নয়। সেটাই তাহলে সকলে মিলিতভাবে করতে হবে।

দল একটা তৈরি হ’লো — The Rising Sun (TRS)। দলের নির্বাচনী প্রতীক হ’লো লাল সূর্য। প্রকাশ্যভাবে দলটির কথা কেউ জানে না। এ দলের কর্মীদেরও কেউ চেনে না। তরুণবাবুর সোজা সাপটা যুক্তি — নির্বাচনে হারজিৎ হ’লো সরল

পাটিগণিত। ধরো, একশো জন ভোট দিয়েছে। দুটো দল। যে একান্ন পাবে জিতবে। যে উনপঞ্চাশ পাবে হারবে। তুমি কিন্তু এই একান্ন জনকে ঠিক সনাক্ত করতে পারবে না। ছত্রিশ জনকে সনাক্ত করতে পারবে। পনেরো জন দোদুল্যমান। তাদের প্রতি গভীর মনোযোগ দিতে হবে। তারাতো শেষ পর্যন্ত তোমাকেই ভোট দিয়েছে। আবার অপর পক্ষেরও পঁয়ত্রিশ জনকে সনাক্ত করতে পারবে। চৌদ্দ জন দোদুল্যমান। তুমি কিন্তু একশোজনের সাথেই হেসে কথা বলবে। সবাই তোমার আত্মীয়। অযথা কাউকে শত্রু বানাবে না। তোমার লক্ষ্য তো নির্বাচনে জেতা। রোগ হবে, ডাক্তার দেখাবো, ওষুধ খাবো। এর চেয়ে রোগ হবে না এমন অবস্থায় থাকাটা ভালো নয় কি?

রাজ্যে এমন কোনও গ্রাম নেই যেখানে তরুণ মাস্টার যাননি। বিভিন্ন পার্টি উৎসর্গীকৃত কর্মী তৈরি করে। তরুণ মাস্টার উৎসর্গীকৃত ভোটার তৈরি করেছেন। পৃথিবী ঘুরতে ভুলে যাবে, কিন্তু ওই ভোটার তরুণ মাস্টারের পর্টিকেই ভোট দেবে। কারও স্বামী ভোট দিচ্ছে অন্য জায়গায়, কিন্তু স্ত্রী ভোট দিচ্ছে লাল সূর্যে। দেখা গেল, কোনও পরিবারের একজন যেখানে বলবে সবাই সেখানেই ভোট দেবে। তাকেই ধরো। প্রতি একশো ভোটার পিছু একজন কর্মী। কিন্তু ভূতেও টের পায়নি যে, সে টি. আর. এস.-এর কর্মী। কারও বাড়িতে পড়াতে যাচ্ছে। কারও বিয়েবাড়ির বাজার করছে। কারও শ্মশানে, কারও কবরে, কোথায় নেই সেই কর্মী? গোটা রাজ্যে কোনও রাস্তায় কেউ এদের মিছিল করতেও দেখেনি, কোনও মাঠে জমায়েতও চোখে পড়েনি। এরা নেই, কিন্তু আছে — হৃদয়ের গভীরে। এরকম অসম্ভব সম্ভব হয় কীভাবে? না, তরুণ মাস্টার অসম্ভবকে সম্ভব করতে ময়দানে নামেননি। উনি সম্ভবকেই অসম্ভব হ'তে আটকেছেন মাত্র। কাউকে লাল সূর্যে ভোট দিতে বলেননি। অথচ ভোট পড়বে লাল সূর্যে। রামকৃষ্ণ যেমন নরেনকে স্পর্শ করে বলেছিলেন, 'দেখ, দেখ্ তুই কে?' তরুণ মাস্টারও সেই কাজই করেছেন একটু অন্যভাবে। মানুষকে সত্যের দিশা দেখিয়েছেন। চিনির আস্বাদনের পর আর কেউ চিটেগুড়ের সন্ধানে যাবে?

তরুণ মাস্টারের কড়া নির্দেশ — কোনও মানুষ বিপদে পড়লে কখনও দল দেখবে না। ছুটে যাবে তাকে সাহায্য করতে। কিন্তু আমার সাধের সোনার রাজ্যে আমরা কী দেখছি এখন? ওষুধের দোকানে ওষুধ কিনতে গিয়ে পাশের দোকানে জিজ্ঞাসা করছেন, 'দোকানদার কোন্ পার্টির সমর্থক?' বোনের বিয়ের জন্য পাত্র দেখতে গিয়ে প্রথমেই জিজ্ঞাসা করছেন, 'আপনারা কোন্ পার্টির পক্ষে?' এখানে সোনা ফলা তো দুরস্ত, আগাছাও জন্মাতে ভয় পাবে। আপনি ছেলের পড়াশোনার ব্যাপারে শহরে বাড়ি ভাড়া নিয়েছেন। ঘরে ঢুকতে গিয়ে দেখছেন, তালা ঝুলছে। পাড়ার দাদাকে পাঁচ হাজার টাকা দিতে হবে। পরে চেষ্টা করে একটা বাড়ি কিনেছেন। গৃহপ্রবেশ করতে গিয়ে

দেখছেন, সেখানেও তালা ঝুলছে। দাদাকে পঁচিশ হাজার টাকা দিতে হবে। বাবা রিকশা চালায়। ছেলে কলেজে পড়বে। মেরিট লিস্ট-এ নামও উঠেছে। কলেজেই প্রশ্ন, 'কোন্ পাড়ায় বাড়ি? অমুক দাদার কাছে লিখিয়ে আনো। তবে ভর্তি হবে।' দাদার কাছ যেতেই দাদা বলল, 'আট হাজার টাকা চাই, তবে লিখে দেবো।' অত টাকা দেওয়া একজন রিকশাওলার পক্ষে সম্ভব নয়। ভর্তি হ'লো না। চাকরির পরীক্ষায় সাদা খাতা জমা দিলে চাকরি নিশ্চিত। নরক দর্শনের জন্য অন্য কোথাও যেতে হবে? পরিস্রুত জল পেলে মানুষ কেন, কুকুরেও নর্দমার জল খাবে না। দেখো, পৃথিবীর তিনভাগ জল, একভাগ স্থল। আমাদের জীবনেও তিনভাগ দুঃখ, একভাগ সুখ। আমরা সকলে দুঃখের সমুদ্রে সুখের চরে বাস করছি। তাই কেউ কেউ দুঃখের ভাত সুখ করে খায়। আবার কেউ কেউ সুখের ভাত দুঃখ করে খায়। আমাদের রাজ্যে সেটাই চলছে এখন।

তরুণ মাস্টার এবার শহরেও পড়ানো শুরু করেছেন। একবার কাউকে পড়ালে তার গোটা পরিবার তরুণ মাস্টারের অন্ধ ভক্ত হয়ে যাচ্ছেন। ছাত্রছাত্রীরা বলে, 'স্যার জাদু জানেন। এরকম স্যার আমরা জীবনে পাইনি। এনাকে আমরা ছাড়ছি না।'

একজন অভিভাবক বললেন, 'মাস্টারমশাই, আপনার বহুমুখী প্রতিভা। আমরা ভাগ্যবান তাই হঠাৎ করে না চাইতেই আপনাকে পেলাম। পড়ানো তো হয়ে গেছে। চলুন, খেয়ে নেবেন।

—— হ্যাঁ, ওই দোকানটায় একটু চা আর পাউরুটি খেয়ে নিচ্ছি।

—— আপনি যা বলেছেন, বলেছেন। আর একবারও ওরকম কথা বলবেন না।

—— ঋণ বাড়িয়ে কী লাভ বলুন। আমার জীবনটাই তো এরকম।

—— আর কথা বাড়াবেন না, চলুন। আপনার বোন একথা জানতে পারলে তাঁর চোখে জল পড়বে। আমরাও তো খাবো। অতিথিকে অভুক্ত রাখা গৃহস্থের অকল্যাণ।

বিভিন্ন শহরের বিভিন্ন পাড়ায় তরুণ স্যার খুব তাড়াতাড়ি ভগবান হয়ে গেলেন। সারা রাজ্যের পুরো ভোটার লিস্ট তরুণ স্যারের হাতে। একজন টি. আর. এস. কর্মীর ওপর শুধুমাত্র একশো ভোটারের দায়িত্ব। সাধারণ মানুষ মজ্জাগতভাবে সৎ। অসৎ নয়। নীতিহীন রাজনীতি ওদের অসৎ বানিয়েছে। বাঘের বাচ্চাটা ভেড়ার পালে ঢুকে ঘাস খাচ্ছিল। তার ঘাড়ে ধরে যেই জলে মুখের ছবিটা দেখানো হ'লো আর রক্তের স্বাদ পেলো, তখন সে বুঝলো সে কে। তরুণ স্যারও সাধারণ খেটে খাওয়া মানুষকে তাদের আসল স্বরূপপত্র চিনিয়ে দিলেন। তরুণ স্যার বুঝিয়ে দিলেন, এই খেটে খাওয়া মানুষ না থাকলে সমাজ অচল। তারাই সমাজের চালিকাশক্তি। সমাজটা চলছে তারা চলছে বলে। যেদিন এই মানুষগুলো চলা থামিয়ে দেবে, সেদিন সমাজটাও স্তব্ধ হয়ে যাবে। তাই তোমরা ওই আফিমের নেশা ছেড়ে একবার জেগে ওঠো। একবার অন্তরের দৃষ্টি

প্রসারিত করো। দেখো, ওই পাষাণ মূর্তির ভিতর প্রাণ নেই। তোমাদের ভিতরেই আছে সেই প্রাণ। জাগাও প্রাণের আলো। দেখো লাল সূর্য উঠছে। এই সূর্যই তো পৃথিবী নামক গ্রহটার সব শক্তির উৎস। একজন নেতা বা নেত্রীর ওই দুটো হাতে কত শক্তি? আসল শক্তি তো তোমাদের। জনগণই সকল শক্তির উৎস। নেতা বা নেত্রী কিছু নয়। তোমরা নেতা বা নেত্রীকে কোনওদিন সেলাম করবে না। যদি সেলাম করতেই হয় ওরা তোমাদের সেলাম করবে এবার থেকে। রুখে দাঁড়াও। নেতা বা নেত্রী পালিয়ে যাবে।

তরুণ স্যারের সাহোদরা বোন একটি। কিন্তু এখন ওনার বোনের সংখ্যা গুণে শেষ করা যাবে না। এখন পর্যন্ত উনি মেয়ে মানেই হয় বোন, না হ'লে দিদি বলেছেন। বৌদি কাউকে বলেননি। আর বয়স্কা হ'লে মা বলেছেন। ওনার মা ডাকে অনেক সন্তানহারা মা তাঁর সন্তানকে ফিরে পেয়েছেন। ছাত্রছাত্রীদের প্রতি ওনার কড়া বার্তা — প্রেম-পিরিতি কেউ কোরো না। এসব হ'লে সমাজে কোনো কাজে মেয়েরা এগিয়ে আসতে কুণ্ঠাবোধ করবে। আর সমাজটা তো নারী-পুরুষের। মেয়েরা এগিয়ে না এলে অর্দ্ধেক সমাজকে তোমরা দেখতে পাবে। বিবেকানন্দের আদর্শে উদ্বুদ্ধ হও। মেয়ে মানেই মা বা বোনের মতো দেখবে। প্রেম-পিরিত বলে কিছু নেই। আছে নিখাদ ভালোবাসা আর কর্তব্য। কাউকে ভালোবাসা মানে তার জন্য ঠিক ও ভালো কিছু করা। আর যদি ভালোবাসতেই হয় নিজেকে ভালোবাসো। আজ থেকে নিজের জন্য ঠিক ও ভালো কিছু করো। মানেটা হ'লো মানুষ হও। বাকি সব হয়ে যাবে। আর দেশমাতাকে ভালোবাসো। দেশের জন্য নিজেকে উৎসর্গ করো। বিবেকানন্দের চব্বিশ ঘন্টা আদ্যশ্রাদ্ধ করে বিবেকানন্দ পুজো কোরো না। বিবেকানন্দ যে আদর্শের জন্য জীবনপাত করেছিলেন নিজ জীবনে সেই আদর্শকে লালন করো। আর মানুষ সবচেয়ে ভালোবাসে নিজেকে। মিথ্যার পিছনে না দৌড়িয়ে সত্যকে প্রতিষ্ঠা করো জীবনে। যেটা ঠিক সেটা করবে, যেটা বেঠিক তা করবে না। ভালো বা মন্দ বিচার করে কোনও কাজ করবে না। ঠিক বা বেঠিক বিচার করে করবে। বিবেকানন্দ বলেছেন, 'আদর্শের জন্য সবকিছু ত্যাগ করা যায়। কোনও কিছুর জন্যই আদর্শকে ত্যাগ করা যায় না।' এখনকার নেতা নেত্রীরা ক্ষমতায় আসার আগে পর্যন্ত আদর্শ মেনে চলার ভান করে। ক্ষমতায় এসে গেলে আর আদর্শের ধারও ধারে না। এটা জেনে রাখো জনগণ, গুণ্ডামি আর কারচুপি করে বেশিদিন টিকে থাকতে কেউ পারে না। আর আদর্শ ত্যাগ করে যদি কেউ কিছু পাবার আশা করে তাহলে আদর্শ তো ত্যাগ করেই দিয়েছে, যেটা পাওয়ার আশায় আদর্শ ত্যাগ করেছে সেটাও পাবে না কিন্তু।

এক বোনের বাড়িতেই দুপুরের আহার সারলেন তরুণ মাস্টার। সন্ধ্যায় আবার পড়ানো শুরু। পড়ানো শেষে একজনকে তাঁর গ্রামের খবর নেওয়ার সময় দেখলেন,

তাঁর আদি বাড়ি তরুণ স্যারের পাশের গ্রামে। এইভাবে গোটা রাজ্যই তরুণ স্যারের আত্মীয়, পরিজন, প্রতিবেশী হয়ে যেতে লাগলো। এ বন্ধন ছিন্ন করার শক্তি কারও নেই। তরুণ স্যারের পরিষ্কার বক্তব্য — অতীতে শহর বলে কিছুই ছিল না। সবই ছিল গ্রাম। তাই গ্রামকে ভুলে যাওয়া মানে নিজের মাকে ভুলে যাওয়া। শিকড়কে অস্বীকার করা। গ্রাম ভুলে গেলে ছিন্নমূল হয়ে যাবেন।

এক ভদ্রলোক বললেন, 'দেখুন স্যার, আজকাল শিক্ষকতা আর চিকিৎসার সাথে যুক্ত মানুষকে সমাজ তেমন শ্রদ্ধাভক্তি করে না আগের মতো। এর কারণ কী স্যার ?

— দেখুন, ছোটোবেলায় আমরা ডাক্তার ও শিক্ষককে সমাজের দুটো মূল স্তম্ভ বলেই জানতাম। কিন্তু ওনারাই ওনাদের সম্মান হারিয়েছেন। কারণ সম্মান, শ্রদ্ধা কেউ কাউকে দিতেও পারে না, আর কারও কাছ থেকে কেড়েও নিতে পারে না। এগুলো অর্জন করতে হয়। আর অর্জিত জিনিস যদি নষ্ট হয়ে যায়, তা ফিরে পাওয়া খুব আয়াসসাধ্য ব্যাপার। মৃত মানুষকে ভেন্টিলেশনে রেখে দিয়ে রোগীর বাড়ি থেকে পয়সা নিচ্ছে। শিক্ষকতা পেশায় যুক্ত থেকে কাজে ফাঁকি দিচ্ছেন অনেকে। আসলে সমস্যা মূলে। এদেশে তো মনিটারের বড় অভাব। রাস্তার কুকুর, বেড়ালটাও পেট চালায়। এই পোড়া পেটটার জন্য দুর্নীতি করতে হয় ? এই যেমন অনেকে বিপ্লব, বিপ্লব বলে চেঁচাচ্ছে। দেখুন, বিপ্লব করার জন্য মার্কস-এর 'দাস ক্যাপিটাল' পড়ার প্রয়োজন পড়ে না। সৎ হলেই হয়, আর মানুষকে ভালোবাসলে হয়। ও দুটোর যে বড় আকাল। এদেশে বিপ্লব তাহলে কীভাবে হবে বলো ? মার্কস ওনার 'ক্যাপিটাল'-এ নতুন কিছুই বলেননি। আমাদের দেশে কর্মীর বড় অভাব। তাত্ত্বিক নেতা প্রচুর দেখতে পাবেন। তত্ত্বকথা আওড়াতে তো পয়সা লাগে না। আবার নেতা মুখে যা বলছেন, নিজের জীবনে তা পালন করেন না। আমিও আপনাদের নতুন কোনও পথের কথা বলছি না। মানুষকে ভালোবাসুন। আপদে, বিপদে মানুষের পাশে থাকুন। সৎভাবে জীবনযাপন করুন। দেখবেন, মোটা ভাত কাপড়ের অভাব হবে না। আর মিথ্যাবাদীদের ফাঁদে পা দেবেন না। কোনও নেতা, নেত্রী আপনার সামনে সত্যটা প্রকাশ করবে না। মিথ্যা, মিথ্যা, মিথ্যা। হিটলারের প্রচার সচিব গোয়েবলস-এর সেই তত্ত্ব — একই অসত্য বারবার বলো, সেটাই সত্য বলে প্রতিভাত হবে। কিন্তু মিথ্যাচারিতা, কুৎসা, অভিনয় মানুষ ধরে ফেলেছে। সত্যটাকেই চোখে আঙুল দিয়ে এতদিন কেউ দেখায়নি জনগণকে। সেই সত্যের সন্ধান এখন তারা পেয়েছে। মিথ্যাকে তারা সভ্যতার আঁস্তাকুড়ে ছুঁড়ে ফেলে দেবেই ! আজ স্বাধীনতার এতগুলো বছর পেরিয়েও মিথ্যা দিয়ে ভোটে জিততে হয়। বিশ্বাসঘাতককে একবার যদি মানুষ চিনতে পারে, তাহলে জীবনে

আর কখনও বিশ্বাস করবে না। ধর্ম, জাত-পাত, ভাষার নামে মানুষকে ভাগ করা হচ্ছে। ইংরেজ আর নেই। কিন্তু শাসনপদ্ধতি সেই একই রকম — ভাগ করো, শাসন করো।

পরের দিন তরুণ স্যার পাশের স্কুলে গিয়ে হাজির। প্রধান শিক্ষক মহাশয়কে জিজ্ঞাসা করলেন, 'ড. দত্ত আছেন ?'

— না, না আমার স্কুলে কোনও ডাক্তার নেই।

— আমি স্যার ডাক্তারের কথা বলছি না।

— তাহলে ?

— আমি ফিজিক্সের ড. দত্তর কথা জিজ্ঞাসা করছি।

— আমার স্কুলে ফিজিক্সের কোনও ডক্টরেট নেই।

— ওই তো, ড. দত্ত।

— মানে ?

— উনি ফিজিক্সে পিএইচ. ডি. করেছেন। আমার বন্ধু।

— এ কী বলছেন আপনি ? সেদিনতো একটা ফাইল না এনে দিতে পারায় আমি ওনাকে গাধা বলে ফেললাম।

— সেটা আপনার ব্যাপার স্যার। আজ ভাগ্যের পরিহাসে উনি আপনার স্কুলের পিওন।

— তরুণদা, আমার চাকরিটা আপনি খাবেন ?

— নারে ভাই। তোমার শহরে এসেছি। তোমার সাথে দেখা করবো না ?

হেডমাস্টারমশাইতো ড. দত্তর হাত দুটো ধরে ক্ষমা চাইছেন। ব্যাপারটায় স্কুলে হইহই পড়ে গেলো। আর পরের দিন থেকে ড. দত্তর জায়গা হ'লো একাদশ ও দ্বাদশ শ্রেণির ক্লাসরুমে। তরুণ স্যার দু'একটা ব্যক্তিগত কথা বলে চলে গেলেন।

সন্ধ্যায় তরুণ স্যার এক মুসলিম পাড়ায় পড়াতে গেলেন। সেখানে গিয়ে দেখলেন, ছাত্রছাত্রীরা মাস্টারমশাইয়ের অভাব অনুভব করছে খুব। উনি তো একেবারে ঢেঁড়া পিটিয়ে দিলেন রীতিমতো — কে. জি. টু পি. জি. সব ক্লাসের ছাত্রছাত্রী চলে এসো। পড়ানো শেষে পুরো মসজিদ চত্বর শুনশান। কারও মুখে কোনও কথা নেই।

— কীগো ছাত্রছাত্রীরা ? পড়ানো ঠিক আছে তো ?

— স্যার আমরা ভাবছি, আপনি মাস্টারমশাই না জাদুকর। আর এটাও ভাবছি, আমাদের পাড়ায় আর কেউ অশিক্ষিত থাকবে না।

— আচ্ছা, আপনারা ছেলেমেয়েদের চাকরি ও শিক্ষা চান, না ভিক্ষা বা ভাতা চান ?

— আমরা চাকরি ও শিক্ষাই চাই স্যার।

— আপনার মেয়ের নামে একবার পঁচিশ হাজার টাকা ব্যাঙ্কে জমা হ'লো। অপরদিকে আপনার মাসে পঞ্চাশ হাজার টাকা মাইনের চাকরিটা খোয়া গেল। কোন্‌টা নেবেন ?

— আমার চাকরিটাই নেবো স্যার।

— ছেলেমেয়েদের কমপক্ষে দশ-পনেরো মিনিট করে ধ্যান করাবেন। নামাজও কিন্তু একরকম ধ্যান। সেটাই খুব একাগ্রতার সাথে করাবেন। তাহলেই হবে। কারণ ধ্যানে একাগ্রতা বাড়ে। আর একাগ্রতা ছাড়া পড়াশোনা সম্ভব নয়। একাগ্রতার মজা হচ্ছে, চার ঘণ্টার পড়া এক ঘণ্টায় হয়ে যাবে। ধ্যানে যত সময় দেবেন, অন্য কাজে সময় বেঁচে যাবে। আর আপনারা প্রথমে মানুষ, তারপর মুসলমান। আপনাদের যদি প্রথমেই কেউ মুসলমান ভাবে তাহলে সাবধান কিন্তু। আর এই দেশটা হিন্দুরও নয়, মুসলমানেরও নয়। দেশটা সকলের। সকলে আমরা ভারতবাসী। আমাদের দেশ আমাদের মা। আর মায়ের সন্তানেরা নিশ্চয় চাইবে না, তাদের কোনও কাজে মায়ের ক্ষতি হোক। ছেলেমেয়েদের মানুষের মতো মানুষ করুন। বাকি আর কিছু ভাবতে হবে না। আল্লার পথে চলবেন। সে পথ একটাই — মানুষের মঙ্গলের পথ। আল্লাহ্‌ আক্‌বর উপাসনা করেও পরমেশ্বরকে পাওয়া যায়। আবার হরে কৃষ্ণ, হরে রাম করেও পাওয়া যায়। রামকৃষ্ণদেবকে দেখেছেন তো, উনি মন্দির, মসজিদ, গীর্জা সব জায়গায় গিয়ে সাধনা করেছেন। আর সাধনা শেষে বলেছেন — যত মত, তত পথ। তরুণ স্যার এবার বললেন, 'কী মুজিবর ভাই, বহিনের হাঁড়িতে এই অভাগা ভাই-এর জন্য একমুঠো ভাত জুটবে না কি ?'

— সে কী বলেন স্যার ? এই শামশুল, মাকে বোলো স্যারের জন্যও ভাত বাড়তে। আপনি আপনার বোনের হাঁড়িতে ভাত খাবেন এতো আমাদের পরম সৌভাগ্য স্যার। সে রাত্রে ভাত খেয়ে মুজিবর ভাই-এর কুটিরেই রাত্রিযাপন করলেন তরুণ স্যার।

তরুণ স্যার ওনার কর্মীদের নিয়ে একটি লজে সভা করলেন। টি. আর. এস.-এর এই সভার কথা সাধারণ মানুষ কেউ জানে না। অন্যান্য পার্টির তো কেউ জানেই না। জানার কথাও না। কারণ টি. আর. এস. নামে যে একটি পার্টি আছে তাই তো কেউ জানে না। রাজ্যে যে কয়েক কোটি ভোটার আছেন তাঁদের প্রত্যেকের সাথেই টি. আর. এস. কর্মীদের কেউ না কেউ যেন সাক্ষাৎ করেন। তিনি টি. আর. এস. প্রার্থীকে ভোট দেন বা না দেন। ছুঁৎমার্গ চলবে না। কোনও মিথ্যাচারিতা, অপপ্রচার, কুৎসা, ব্যক্তি আক্রমণ চলবে না। বিরোধী পার্টির কথা মুখেও আনবেন না। কোনও পোস্টার বা দেওয়াল লিখন চলবে না। মানুষের হৃদয়ে পোস্টার মারবেন। আর কোনও ভোটারকে লাল সূর্যে ভোট দিতে ভুলেও বলবেন না। আপনার প্রার্থী কে, তার চিহ্ন কী নিশ্চয় বলবেন।

কেবল রাজ্যের সার্বিক পরিস্থিতিটা ভোটারের সামনে তুলে ধরবেন। তাঁদের ভালো কীসে, মন্দ কীসে, সত্য কী, মিথ্যা কী সেটা বুঝিয়ে দেবেন। যাকে খুশি ভোট দিতে বলবেন। একটা কথা কানে শুধু বলে দেবেন, 'তরুণ মাস্টারের দল'। ম্যাজিকটা গণনার পর দেখে নেবেন। একজন কর্মী তো কেবল মাত্র একশো জন ভোটারের কাছে যাবেন। সেটা কি খুব অসম্ভব কাজ? তরুণ স্যার এবার একটু গল্প করতে শুরু করলেন — একবার এঙ্গেলস একটি সভায় কর্মীদের প্রশ্ন করেন, 'কমরেড, রোয়ার খবর কী?' কর্মীরা বললেন, 'চাষ দেওয়া হয়ে গেছে।'

— কমরেড রোয়ার খবর কী?

— সার দেওয়া হয়ে গেছে।

— কমরেড রোয়া হয়েছে?

— না।

— তাহলে জেনে রাখুন, কিছুই হয়নি।

তরুণ স্যার বললেন, 'এঙ্গেলস-এর কথার মানেটা বুঝলেন?'

— হ্যাঁ, প্রতি কাজেরই একটা মূল বিষয় থাকে। সেটা না হ'লে কিছুই হ'লো না।

— ঠিক। একজন টি. আর. এস. কর্মী হেঁটে যাবেন। ওই কর্মীটিই পার্টির বিজ্ঞাপণ। তাঁর কর্মই তাঁর পার্টির প্রচার। আমি আবারও বলছি, সৎভাবে জীবনযাপন করা যায়। তখন কলেজে পড়ি। একজন জি. এস. করলো কী, ইউনিয়নের সারা বছরের খরচের হিসাব কলেজ ম্যাগাজিনে ছেপে বের করে দিল। সেখানে জি. এস., অধ্যক্ষ, বিভাগীয় অধ্যাপক সকলের সই ছিল। সারা ভারতে ওই ধরনের হিসাব বোধহয় প্রথম দেওয়া হয়েছিল। ইউনিয়নের স্বচ্ছতা নিয়ে জনমানসে সে কী প্রতিক্রিয়া চিন্তা করতে পারবেন না। আপনি যদি আমাকে একশো টাকা দিয়ে বাজার পাঠান তাহলে আমার কাজ ভাউচার, ফেরৎ টাকা ও জিনিস আপনাকে বুঝিয়ে দেওয়া। এটা কোনও শক্ত কাজ নয়। চাই মানসিকতা। লোক চুরি করে কিন্তু অভাব থেকে নয়, স্বভাব থেকে। সৎ পথে থেকেও জীবনযাপন করা যায় এই মানসিকতাই আপনাকে সৎ রাখবে। এই যেমন তখন পঞ্চায়েতের সাথে যুক্ত ছিলাম। টাকাগুলো নিয়ে গ্রামে একটা কমিটি তৈরি করে সব দিয়ে দিলাম। আর চোর সাজাবে কে আমাকে? আমিতো টাকা ছোঁবোই না। এক সন্ধ্যায় ওই জি. এস. এক মন্ত্রীর জি. বি. মিটিং-এ ছিল। ওর চোখ ছিল মঞ্চে, কিন্তু কান ছিল পিছনের দিকে। সেখানে ছাত্র নেতা মিলনকে যুবনেতা সুশান্ত বলছে, 'হ্যাঁরে, জি. এস. যে পাই পয়সা হিসাব ছেপে বের করে দিল, তোরা কেউ দেখিসনি?' মিলন বলছে, 'কী করবো দাদা? জি. এস. তো কারও কথা শোনে না।' এরপর পার্টির রাজ্য সম্পাদক যখন হাতে ম্যাগাজিন পেয়ে হিসাবের খুব প্রশংসা করলেন তখন ওদের সে কী উন্মাদনা।

তখন বলছে, ঘটনাটা ওরাই ঘটিয়েছে। আজতো পার্টিটাকে চোখে দেখাই যায় না। নীতিই প্রথম কথা, নীতিই শেষ কথা হওয়া উচিত। নীতি চলে গেলে আর কিছুই থাকে না। সাধারণ মানুষ ষড় রিপু দ্বারা আক্রান্ত। তার বাইরে তারা যেতে পারছে না। আর কেউ কখনও তাকে তার বাইরে বের করতে গেলেই মুশকিল। তখন সত্যকে তাদের মিথ্যা বলে প্রতিভাত হবে। আর মিথ্যাকে সত্য বলে। একজন মানুষ হিসেবে উচিত আরেকজন মানুষকে সঠিক পথ দেখানো — সঠিক পথের সন্ধান দেওয়া। আজ ভারতবর্ষে সে কাজটা প্রায় সর্বক্ষেত্রেই ব্যাহত হচ্ছে। দেশটা তো স্বাধীন হয়েছে অনেক বছর। এখনও জন্ম নিয়ন্ত্রণকে কোনও আইনী বাঁধনে বাঁধতে পারা গেল না। মানেটা পরিষ্কার — বাঁধা হ'লো না। কারণ সেই ভোট। যদি কোনও ধর্মে আঘাত লাগে — সেই গোষ্ঠী বেঁকে বসবে। দেশ বড় — না ধর্মের অন্যায় আবদার বড়? এক দেশ, এক জাতি — এক নিয়ম থাকবে। কারও পছন্দ না হ'লে অন্যভাবে ভাবতে পারে। জনগণ যদি জানতো যে, যে দলই ক্ষমতায় আসুক অন্যায় বরদাস্ত করবে না — তাহলে কেউ অন্যায় আবদার করার সাহস পেতো না। অমুকের দশটা ছেলে মেয়ে। তো সরকারকে বলে কয়ে কি ছেলেমেয়েগুলোর জন্ম দিয়েছিলেন ভদ্রলোক যে, সরকারকে তার সমস্ত দায়িত্ব নিতে হবে? এদেশে একজন পুরুষ বা একজন মহিলার একটি ছেলে বা মেয়ে থাকা উচিত। সেটাই আইন করে সাংবিধানিক করা উচিত এবং সেটা বাস্তবে যথাযথ প্রয়োগ হচ্ছে কি না দেখভাল করা দরকার। কিন্তু এটা কেউ প্রস্তাব দিলে সে পাগল! প্রশ্ন যদি করি — একটা রাষ্ট্র কেন? তার উত্তর কি হবে মজা দেখার জন্য — মন্ত্রী হওয়ার জন্য? হ্যাঁ, দেশটার স্বাধীনতার বয়স যত বছর সেটা কি একটা দেশকে গঠন করার পক্ষে যথেষ্ট নয়? ধরলাম জন্ম নিয়ন্ত্রণ করা যায় নি। কিন্তু দেশের কোটি কোটি হাতগুলোকে কি সৎকাজে লাগানো যেতো না? পরোক্ষে হাতগুলোকে পঙ্গু করার ব্যবস্থা পাকা। এখন আবার সরকারি কাজের হিরিক হয়েছে। হ্যাঁ, দেশের খেটে খাওয়া সাধারণ মানুষগুলো কাজ পাক, দু'মুঠো অন্নের ব্যবস্থা হোক। কিন্তু তাদের পঙ্গু করার ব্যবস্থা হোক এটা নিশ্চয়ই কেউ চান না। নাম সই করেও এই কার্যটি কখনও কখনও সমাধা হয়ে যাচ্ছে। তাহলে আমরা সাধারণ মানুষকে ফাঁকি দেওয়া শেখাচ্ছি। শিক্ষার মান নিয়ে তো কিছু বলার নেই। আমাদের সময় এরকম ছিল — তিনটি প্রশ্নের উত্তর করতে বলা হ'লে কেউ যদি চারটি প্রশ্নের উত্তর করতো তাহলে যে প্রশ্নের উত্তরে সে বেশি নম্বর পেতো সেটা বাতিলের নির্দেশ থাকতো। এখন নির্দেশ — খুঁজে দেখুন কোন্‌টা শূন্য বা সবচেয়ে কম নম্বর পেয়েছে। সেটা বাতিল করুন। ফেল করানো যাবে না। এটা সুনাগরিক গড়ার রাস্তা নয়। কুঁজোর চিৎ হয়ে শোয়ার ইচ্ছে হতেই পারে। কিন্তু পিঠে কুঁজ নিয়ে সে কীভাবে চিৎ হয়ে শোবে বলতে পারেন?

— তাহলে মুক্তির পথ কী ?

— ভারতবর্ষের এই বর্তমান পরিস্থিতিতে মুক্তির একমাত্র উপায় জনগণকে সবকিছুর দায়িত্ব নিতে হবে। তবে একটা ব্যাপার আছে। এই দায়িত্ব নিতে গিয়ে নিজেদের অনেক ক্ষেত্রেই নিরাপত্তাহীনতায় ভুগতে হবে। কিন্তু এটাও ঠিক, আমরা সকলে যদি ভাবি আমরা নিরাপদ থাকবো তাহলে কিন্তু কোনোদিনই মুক্তি আসবে না। এ পথটা অনেক সময় হঠকারী মনে হতে পারে। কিন্তু এছাড়া মুক্তির নান্যঃ পন্থা। যে কেউ হোক না কেন সে পুলিশ, মন্ত্রী, নেতা, আমলা, শিক্ষক, ডাক্তার যখনই কারও অন্যায় দেখবেন প্রতিবাদ করুন, মুখ বুজে থাকবেন না। প্রতিবাদ না করলে আরও বিপদ। স্বদেশিরা যদি প্রত্যেকে বলতেন, আমার নিরাপত্তা থাকবে যথাযথ আবার স্বাধীনতাও আসবে তাহলে সে স্বাধীনতা কোনোদিন আসতো না। অনেকে প্রাণ দিয়েছে, তাই আজ অনেক প্রাণ বেঁচেছে। এখনও সেই পরিস্থিতি। আজ আপনার মেয়ে হয়তো ধর্ষিতা হচ্ছে। কিন্তু আপনার পাশের বাড়ির ওই মেয়েটিকে আর কোনোদিন ধর্ষিতা হতে হবে না। আজ আপনার বাড়ি আগুন লাগাবে। কিন্তু সারাজীবন আর কেউ আগুনকে ভয় পাবে না। জোর করে ভাবতে হয়। জোর করে কাউকে শুরু করতে হয়। যখন প্রতিবাদ করবেন — ভাববেন ভুজের মতো কোনও ভয়াল ভূমিকম্পে আপনি, আপনার পরিবার শেষ হয়ে গেছে। এই যে আপনি শুরুটা করে দিলেন না, দেখবেন দাবানলের মতো সেটা বিস্তার করে যাবে এক মন থেকে আর এক মনে। এটা সংক্রমক ব্যাধির মতো। প্রতিবাদ এমনই বিষয়, দেখবেন শয়ে, শয়ে, হাজারে, হাজারে, লাখে, লাখে মানুষ সেই প্রতিবাদের সামিল হচ্ছেন। রাজাকে পাটাগুদ্ধ বিসর্জন দেবে। অধিকার কেড়ে নিতে হয়। অধিকার লড়ে নিতে হয়। অধিকার কেউ কাউকে দেয় না। স্বাধীনতা, অধিকার এসব দয়াদাক্ষিণ্যের ব্যাপার নয়। তিলকতো বলেছিলেন — স্বরাজ আমার জন্মগত অধিকার এবং এটা আমি অর্জন করবোই। আর এই যে নেতাদের দেখছো, এরা বড় বেশি নিরাপত্তাহীনতায় ভোগে। আর ওটাই হচ্ছে তোমার অস্ত্র। ওর দুর্বলতা — তোমার শক্তি। ভাবো সব ভাবো। দেশটাকে নেতাদের করালগ্রাস থেকে বাঁচাও। দেশমাতৃকা এক ভয়ানক সংকটে — মাকে বাঁচাও। মায়ের পুণ্যবেদিমূলে নিজেকে বলি দাও। এটাই তোমার শ্রেষ্ঠ মাতৃপূজা। স্বৈরাচারীর কণ্ঠে যখন গণতন্ত্রের কথা শুনবে তখনই জানবে দেশে ঘোর সংকটময় পরিস্থিতির সৃষ্টি হয়েছে এবং সেটাই এখন চলছে। এইমাত্র নারী ধর্ষণ করে এসে নারীমুক্তির মঞ্চে বক্তৃতা দিচ্ছে।

— আজকাল মানুষ খুব অসহিষ্ণু হয়ে গেছে। কারও কোনও ধৈর্য নেই।

— দেখুন, সহিষ্ণুতা ব্যক্তির ও জাতির এবং স্বাভাবিকভাবেই সময়ের নিরিখে তার টিকে থাকা ও প্রগতির সহায়ক এবং মাপকাঠিস্বরূপ। আজ যদি আমরা ইতিহাস

পর্যালোচনা করি তাহলে এই কথারই পদধ্বনি শুনতে পাই। কোনও অসহিষ্ণু সে ব্যক্তি, জাতি বা দেশ যাই হোক না কেন সে হয়তো সাময়িকভাবে টিকে যায় কিন্তু দীর্ঘ সময় ধরে তার টিকে থাকাটা প্রকৃতির নিয়মের বিরুদ্ধে। তার অসহিষ্ণুতা একজনের অস্তিত্বের পরিপন্থী। সে তার অস্তিত্বের লড়াইয়ে সামিল হবে আর তা অসহিষ্ণুর অস্তিত্বকে এক কঠিন প্রশ্নচিহ্নের সামনে দাঁড় করাবে। একটা কথা খুব প্রচলিত — 'যে সয়, সে রয়, যে না সয় সে নাশ হয়।' অর্থাৎ না সইলে টেকাটাই দায়। সহ্যগুণের মতো আর গুণ নেই। কেউ যদি ভাবে, রাজনীতিগতভাবে বা ধর্মীয়ভাবে বা যেকোনওভাবে তার মতটাই সব বাকিদের মতের কোনও দাম নাই তাহলে তা অবৈজ্ঞানিক। প্রাকৃতিক নিয়মকে গুরুত্ব না দিয়ে প্রকৃতির বিরুদ্ধে গিয়ে আজ মানব সভ্যতাই বিপন্ন। মানুষ ভুলে যায় প্রকৃতি শুধু তার জন্য নয়। এই চলো সব বারান্দায় বসে চা খাওয়া যাক আর শীতের বিকেলবেলায় সূর্যাস্তের ছবি দেখি। সারাটা দিন পৃথিবীর বুকে আলো আর তাপ ছড়িয়ে প্রতিটি প্রাণীকে উজ্জীবিত করে, প্রতিটি উদ্ভিদকে খাবার দিয়ে এই গ্রহের একমাত্র শক্তির আধার তার ক্লান্তিহীন পরিক্রমা শেষ করে ফিরে যায় পৃথিবীর অপর অর্দ্ধাংশে। কিন্তু যাবার বেলায় যে মনোরম পরিবেশের সৃষ্টি করে যায়, পশ্চিম আকাশে যে নৈসর্গিক দৃশ্যের আগমন হয় তা যেন সূর্যদেবের অনুপস্থিতির বেদনাকে ছাড়িয়ে এক স্বপ্নালু আবেশ উপহার দেয় আমাদের। কত কবি তাঁর সৃষ্টিতে মেতে ওঠেন এই সময়। দূর আকাশে বলাকার সারি, টুকরো টুকরো মেঘরাশি সিঁদুর রঙে নিজেদের রাঙিয়ে নিয়ে আমাদের যেন আকাশে নানা রঙের পাহাড়, সমুদ্র উপহার দেয়। পশ্চিম আকাশ যেন এই সময় হোলি খেলায় মেতে উঠেছে। বাতাস ভরে যায় পাখিদের কাকলিতে। ওদের তখন ঘরে ফেরার সময়। পক্ষিশাবকেরা বোঝে সারাদিনের অপেক্ষার শেষ তাদের। মায়েরা ঘরে ফিরবে। এই গোধূলি বেলায় রাখাল বালকেরাও ঘরে ফেরে তাদের গোচারণ শেষে। মায়েরা এখন তুলসীতলায় প্রদীপ জ্বালায়। এত আলো আর রঙে প্রকৃতি বুঝি অন্য কোনও ঋতুতে ভরে যায় না যেমন ভরে শীতে। আর মানুষ ও পশুপক্ষী এবং অরণ্যানী ও লতাগুল্ম বুঝি প্রভাত সূর্যের জন্য এমন অপেক্ষা অন্য কোনও কালে করে না। এত নীলাকাশ আর কবে পাবো শীত ছাড়া। আকাশ ভরা তারা যেন এক মনোরম পরিবেশ উপহার দেয় আমাদের এই সময়ে। মাঠ ভরা সবুজের সমারোহ, চাষীদের কণ্ঠভরা জীবনের গান আর কোনও সময় এতটা শোভাময় নয়। মাঠে সোনালী ফসলও এই সময়েই হয়। এত শোভা পায়। জ্যোৎস্নারাতের শোভা শীতেই সবচেয়ে বেশি। সূর্যও যে স্নিগ্ধ হতে পারে তা যেন শীতেই বোঝা যায়। শীত ছাড়া এত রঙবেরঙের ফুলের শোভা আর কোনও কালে পাওয়া যায় না। মানুষ

সবচেয়ে বেশি ফুলের বাগানের শখ মেটায় এই শীতে। এত বর্ণ ও গন্ধময় ফুলের শোভায় জীবনও বর্ণে ও গন্ধে শোভিত হয়ে যায়।

রাজ্যে ভোটের বাজনা বেজে গেছে। গোটা রাজ্যের প্রার্থী তালিকা তরুণ স্যার তৈরি করে ফেলেছেন। সব প্রার্থীকে বলে দিলেন, নিজ নিজ উদ্যোগে মনোনয়ন দাখিল করে দেবেন। উনি আরও বললেন — দেখুন, ভারতবর্ষে প্রকৃত অর্থে বিপ্লব এখন হবে না। তাই সংসদীয় গণতন্ত্রে থেকেই ভোট বিপ্লব করে সাধারণ খেটে খাওয়া চাষী, শ্রমিক, মজুরকে জীবনে যতটা স্বস্তি দেওয়া যায় দিতে হবে। বেইমানি শব্দটায় কিন্তু আমার অ্যালার্জি আছে। সেটা আপনারা ভালোভাবেই অবগত আছেন। সেইভাবেই কিন্তু চলবেন। কারও পছন্দ না হ'লে এখনই চলে যেতে পারেন। পরে ভাবার আর কোনও পথ নাই। যে যার নিজ নিজ এলাকায় ফিরে গেলেন পরের দিন। ফিরে নির্বাচন পূর্ববর্তী কাজকর্ম সব সেরে ফেললেন।

এ এক অভূতপূর্ব নির্বাচন। সাধারণ জনগণের মধ্যে কোনও উৎসাহ, উদ্যম নেই। যে যার নিজ নিজ কাজকর্মে ব্যস্ত। নেতারাই নাচছে। নেতারাই গাইছে। নির্বাচনের দিনতো মনে হচ্ছে যেন শোক মিছিল। নীরবে মিছিল করে মানুষ ভোটকেন্দ্রে যাচ্ছে। ভোট দিচ্ছে, চলে আসছে। ভোটকক্ষে তৃতীয় ব্যক্তি কেউ থাকলে তাকে ঘাড় ধরে ভোটারই বের করে দিচ্ছে। ভোট শেষ হয়ে গেল। এত নীরবতা পূর্বের কোনও ভোটে মানুষ দেখেনি। এ কোনও ঝড়েরই যেন পূর্বাভাস।

গণনা কেন্দ্র নয়, যেন পিস্ হেভ্‌ন্ (শান্তিনীড়)। সারা দেশ হতবাক। এ দলেরতো নামই কেউ কোনওদিন শোনেনি। অথচ এদল রাজ্যকে বিরোধী শূন্য করে দিল। রাজ্যের শাসক দল দশ শতাংশের কম আসন পেয়ে বিরোধী দলও হ'তে পারেনি। টি. আর. এস. বলে দলের নাম কেউ কস্মিনকালেও শোনেনি। অথচ মোট আসনের একানব্বই শতাংশ আসন পেয়েছে। দেশে এ ঘটনা কোনওদিন ঘটেনি। আর যে নয় শতাংশ আসনে হেরেছে সেখানে কোথাও আটশ, কোথাও এগারোশো ভোটে হেরেছে। জেতা আসনগুলো জয়ের ব্যবধানতো পঞ্চাশ হাজারের নীচে নেই। গতবারের ভোটে শাসক দল রাজ্যকে প্রায় বিরোধী শূন্য করেছিল। গীতার বাণী অক্ষরে অক্ষরে মিলে গেছে। দলতো হেরেছেই, মুখ্যমন্ত্রী নিজেও হেরেছেন। ধর্মের গ্লানি এবং অধর্মের অভ্যুত্থান এমন পর্যায়ে পৌঁছেছে যে, সাধুগণের পরিত্রাণ, দুষ্টদিগের বিনাশ এবং ধর্ম সংস্থাপনের জন্য এমনটাই হওয়া বাঞ্ছনীয় ছিল। টি. আর. এস.-এর কর্মীদের মধ্যেও কোনও উচ্ছ্বাস নেই। তরুণ স্যারের কড়া নির্দেশ। ভোটে জিতে উচ্ছ্বসিত

হওয়ারতো কিছু নেই। বরং নীরব হয়ে যাও। যে গুরুদায়িত্ব জনগণ দিয়েছেন তা পালন করার চিন্তা কর।

রাজ্যপাল মহাশয় যথাসময়ে তরুণ স্যারকে মুখ্যমন্ত্রী হিসেবে শপথ পাঠ করালেন। তরুণ স্যার মন্ত্রীসভা গঠন করলেন। কিন্তু আশ্চর্য হলেও সত্যি বিভিন্ন দপ্তরে বিরোধী সদস্যদের এবং সমাজ থেকে সাধারণ যোগ্য মানুষদের তুলে এনে ঠাঁই দিলেন। কে কোন্ দলের দেখেননি। ওনার বক্তব্য পরিষ্কার — দলাদলি করেই যদি সময় কাটাবো তাহলে মানুষের কাজ করবো কখন ? আর আমিতো সকলের মুখ্যমন্ত্রী। আমাকে কেউ ভোট না দিলে যদি আমি অখুশি হই তাহলে বুঝতে হবে আমি ব্যক্তি স্বার্থে মুখ্যমন্ত্রী হয়েছি, জনগণের স্বার্থে নয়। রাজনীতির মানেতো এটাই। জনগণ যদি বলেন যে, রাজ্য ঠিক চলছে না, তাহলে এখনি আমি পদত্যাগ করবো।

মুখ্যমন্ত্রীকে অফিসে বেশি পাওয়া যায় না। গ্রামে গ্রামে, শহরের অলিতে গলিতে ঘুরে বেড়াচ্ছেন মানুষের সুবিধা অসুবিধা দেখতে। কারও বাড়িতে পোস্ত, ডাল, ভাত খাচ্ছেন। কখনও রাস্তার কলে চান করছেন। পুকুর ধারে বসে গল্প করছেন খেটে খাওয়া মানুষের সাথে। মুখ্য সচিবকে নিজের চেয়ারে বসিয়ে নিজে একটি সাধারণ চেয়ারে বসছেন। বক্তব্য পরিষ্কার — এ জন্মে আপনার উচ্চতায় আমি আর পৌঁছাতে পারবো না। আর রাজ্যটা তো চলছে আপনাদের বুদ্ধিতে। একজন আই. পি. এস. অফিসার তরুণ, তরুণ বলে ডাকছেন। সারা অফিস থমকে গেছে। এদিকে মুখ্যমন্ত্রী বলছেন, বলুন কবীর ভাই।

— তোমার সাথে একটা প্রোজেক্ট নিয়ে আলোচনা ছিল।

— চলুন না, আপনার অফিসেই আলোচনা সেরে ফেলি।

পরে জানা গেল, ওনার চেয়ে যাঁরা বয়সে বড় তাঁদের উনি নাম ধরে ডাকতে অনুরোধ করেছেন। শহরের সেই মুসলিম পাড়ায় গিয়ে মুজিবর ভাইয়ের বাড়িতে হাজির — কী দিদিভাই, দু'টো ভাত জুটবে না কি ?

— আসুন মাস্টারমশাই। কইগো ভাত দাও। আজ আমাদের বাড়িতে রাজ্যের মুখ্যমন্ত্রী ভাত খাবেন। শামসুল, পাড়ায় খবর দে। সবাইকে ডাক। সবাই দেখুক, রাজা কাকে বলে।

মুজিবর ভাই, যদি রাজ্য চালাতে গিয়ে কোনও অন্যায় দেখো তাহলে আমার কান ধরে মসজিদ চত্বরে নিয়ে গিয়ে বিচার করবে।

সকলে হতবাক। এ কোন্ মুখ্যমন্ত্রী ?

— বড় বড় আই. এ. এস., আই. পি. এস. অফিসারদের সাথে দিনরাত রাজ্যের উন্নতি নিয়ে পরামর্শ করে চলেছেন। দেশ, বিদেশ থেকে বহুজাতিক সংস্থা রাজ্যে আসছে কারখানা করতে। প্রধানমন্ত্রীর পা ছুঁয়ে প্রণাম করে বললেন — আপনি আমার এবং আমার রাজ্যের অভিভাবক। যেমন চালাবেন তেমন চলব। আমি জনগণকেও এই কথাই বলে দিয়েছি।

— তরুণ, তুমি কোন্ জাদুবলে রাজ্য দখল করলে ?

— ভালোবাসা আর সত্যের জাদু। দাদা, গল্পের জন্য সরকার আমাকে জেলে পাঠিয়েছিল। রাজধানীর রাজপথে দাঁড়িয়ে, 'আমি ভুল লিখেছি' স্বীকার করে সব বইগুলো নিজের হাতে পোড়াই। তবে সরকার আমাকে মুক্তি দেয়। কিন্তু আশ্চর্যের বিষয়—কিছু বই তো কারও না কারও কাছে বা কোনও লাইব্রেরিতে ছিলই। সেখান থেকে লাখো লাখো বই মানুষ নিজ হাতে লিখে নিয়েছিল। ভালোবাসা আর সত্যের জাদু বুঝুন দাদা।

ইতিমধ্যে পঞ্চায়েত নির্বাচন এসে গেছে। তরুণ মাস্টারের দলের কর্মীরা ধরে ধরে বিরোধীদের দাঁড় করাচ্ছেন ভোটে। কেউ দাঁড়াতে চাইছে না। কিন্তু তরুণ মাস্টারের কড়া নির্দেশ — সব বিরোধীরা দাঁড়াও। কিন্তু বিরোধীদের বক্তব্য — তরুণ মাস্টারের বিরুদ্ধে যাওয়া আর ভগবানের বিরুদ্ধাচরণ করা সমান। উনি রাজনীতির মানেটাই বদলে দিয়েছেন। উনি নিজে এখনও ছাত্র পড়িয়ে খান। একদিন ওনার বাড়ি গিয়ে দেখি, উনি নেই। তারপর দেখি, দুটো পোড়া রুটি নিয়ে ফিরছেন। এই হ'লো একজন মুখ্যমন্ত্রীর জীবন। মুখ্যমন্ত্রী হিসেবে নিজের প্রাপ্য টাকাটাও কোনওদিন অফিস থেকে এখনও তোলেননি। পড়িয়ে কখনও কখনও মাইনে না নিয়ে ছাত্রের বাড়িতে এক মুঠো ভাতই খেয়ে নেন। ভোট পরবর্তী হিংসা বলে এরাজ্যে কিছু নেই। দুর্নীতি শব্দটাইতো অভিধান থেকে কেটে দিতে হবে মনে হচ্ছে। অন্তত এই রাজ্যেতো এখন দুর্নীতি বলে কিছু দেখছি না আমরা। উনি নিজে কিছুই চালান না। সব জায়গায় সাধারণ মানুষ, অফিসার ও বিরোধীদের বসিয়ে রেখেছেন। একদিন ওনাকে সাংবাদিকরা জিজ্ঞাসা করেছিলেন, 'আপনাকেতো মেরে নদীর চরে ফেলে দিয়েছিল। সেই আপনি অথচ এত বিপুল ভোটে ক্ষমতায় এসেও কোনও প্রতিশোধ নিলেন না ?' এর উত্তরে উনি বললেন

— আজকাল মোবাইলে অনেকে গল্প পাঠায়। আমার এক বন্ধু একদিন একটি গল্প পাঠিয়েছিল — ''দীর্ঘ সাতাশ বছর জেল খাটার পর ছাড়া পেয়ে নেলসন ম্যাণ্ডেলা প্রেসিডেন্ট হয়ে বন্ধুদের নিয়ে একদিন শহর দেখতে বের হয়েছিলেন। খিদে পেলে একটি রেস্তোরাঁয় ঢুকে টেবিলে বসে অল্প দূরে এক ভদ্রলোককে দেখলেন। ওয়েটারকে

বলে একটি চেয়ার এনে ওনার টেবিলেই ভদ্রলোককে খাওয়ালেন নিজে হাতে করে। ভদ্রলোকের হাত, পা কাঁপছিল। ম্যাঙ্গেলা নিজে ওনাকে উঠতে সাহায্য করলেন এবং সহকর্মীকে বলে দরজা পর্যন্ত এগিয়ে দিলেন। সহকর্মীটি বললেন, 'এতো অসুস্থ শরীর নিয়ে উনি বাড়ি পৌঁছাতে পারবেন না।' এই সময় ম্যাঙ্গেলা বলতে শুরু করলেন — আসলে উনি অসুস্থ না। আমি জেলের যে সেলে বন্দি ছিলাম উনি ছিলেন সেই সেলের গার্ড। প্রচণ্ড মার খেয়ে আমার খুব তৃষ্ণা পেতো। পিপাসায় কাতর আমি যতবার জল জল বলে আর্তনাদ করতাম, ততবার উনি আমার সমস্ত শরীরে প্রসাব করে দিতেন। আজ আমি দেশের প্রেসিডেন্ট। দেশের সবচেয়ে ক্ষমতাশালী মানুষ হওয়ার পর আমি ওনাকে আমার টেবিলে একসাথে খাওয়ার জন্য আমন্ত্রণ করেছি। তাই সেই সব দিনগুলোর কথা মনে করে উনি খুব ভয় পেয়েছেন। কিন্তু ক্ষমতাবান হয়েই ক্ষমতাহীন মানুষকে শাস্তি দেয়া তো আমার আদর্শের পরিপন্থী। এটা আমার জীবনের এথিক্সের অংশ নয়। তাই শাস্তি পাওয়ার পরিবর্তে উনি ভালোবাসা পেয়েছেন। আমার মুখে আর শরীরে উনি প্রসাব করেছেন। কিন্তু ওনার মুখে আমি খাবার তুলে দিয়েছি। আমি আপনাদের যেমন প্রেসিডেন্ট, তেমনি ওনারও প্রেসিডেন্ট। প্রতিটি নাগরিককে সম্মান জানানো আমার নৈতিক দায়িত্ব। শুধুমাত্র প্রতিশোধ নেয়ার মানসিকতাই একটি তৈরি রাষ্ট্রকে ধ্বংস করে দিতে পারে। আর সহনশীলতার মানসিকতা একটি ধ্বংস হয়ে যাওয়া রাষ্ট্রকে তৈরি করতে পারে।"

পরিমিতি বোধ

সদানন্দবাবু একজন ফলবিক্রেতা। বছরের বিভিন্ন সময়ে সময়োচিত ফল উনি বিক্রি করেন। আমের সময় আম, কাঁঠালের সময় কাঁঠাল, আনারসের সময় আনারস।

একদিন প্রফেসর চ্যাটার্জীর কাঁঠাল খাওয়ার খুব শখ হ'লো। প্রফেসর বাজার গেলেন থলি হাতে। গিয়েই দেখলেন — সদানন্দবাবু উঠি, উঠি করছেন।

— কী সদানন্দবাবু, এখনই উঠে পড়ছেন যে ?

সদানন্দবাবুর কথা শুনেতো প্রফেসর অবাক।

— দেখুন মাস্টারমশাই, আজকে আমার যা প্রয়োজন তা হয়ে গেছে। আর বসে কী করবো বলুন ? বাড়ি যাই। মা মরা ছেলেটা বাড়িতে একাই আছে। একটু তবু আমার সঙ্গ পাবে। আবার রান্নাবান্নার কাজও আছে।

— তা আমাকে অন্তত একটা কাঁঠাল দিন।

— এগুলো তো সব আপনাদের জন্যই আছে মাস্টারমশাই। এ তো আমি আর বাড়ি ফিরিয়ে নিয়ে যাবো না।

সদানন্দবাবু একটা কাঁঠাল প্রফেসরবাবুর থলিতে ভরে দিলেন।

এবার প্রফেসরের আরও অবাক হওয়ার পালা। সদানন্দবাবু কাঁঠালের দাম কিছুতেই নেবেন না। প্রফেসরবাবুও দাম না দিয়ে যাবেন না।

সদানন্দবাবুর অকাট্য যুক্তি — আমার গুরুদেব বলেছেন, 'প্রয়োজনের অতিরিক্ত কিছু করবি না।'

শেষে অনেক বাক্‌বিতণ্ডার পর প্রফেসরকে হার মানতে হ'লো।

প্রফেসরবাবু একসময় বললেন, 'সদানন্দবাবু, আপনার ছেলে পড়ে কীসে ?'

— আনন্দ আপনার কলেজেই অঙ্কে অনার্স পড়ে।

প্রফেসর তো খুব খুশি।

— সদানন্দবাবু, আপনার ছেলেকে আমার কোয়ার্টারে পাঠিয়ে দেবেন। একটু দেখিয়ে শুনিয়ে দেবো। অঙ্কের মতো সাবজেক্ট্ তো। একটু দেখালে সুবিধাই হবে ওর।

সদানন্দবাবুও খুব খুশি।

— আমি আজই সন্ধ্যায় ছেলেকে আপনার কাছে পাঠিয়ে দেবো।

এবার প্রফেসর বাড়ি ফিরলেন। সদানন্দবাবুও বাড়ি ফিরলেন। আনন্দও যথারীতি প্রফেসরের কোয়ার্টারে গেল। একসময় আনন্দ পাশ করল। চাকরির পরীক্ষা দিয়ে হাই স্কুলে শিক্ষকতাও পেল।

প্রাচুর্যের অভিশাপ

অরণি আর অগ্নিমিত্র শৈশব থেকে একসাথেই বড় হয়েছে। একই স্কুলে পড়াশোনা করেছে। অরণির বাবার তো দিন আনা দিন খাওয়া অবস্থা। সেখানে অগ্নিমিত্রের বাবা পুত্রের কিছুই অভাব রাখেননি। না চাইতেই সব পেয়ে যায়। করুণাময় কিন্তু অরণিরও কোনও অভাব রাখেননি। অগ্নিমিত্র যেখানে বাবার টাকায় পড়াশোনা করে, অরণি সেখানে সরকারি পয়সায় পড়ে।

অরণি উচ্চমাধ্যমিক পড়ার সময় বাবার কাছে একটি মোবাইল ফোন আবদার করেছিল। হিমানীশবাবু ছেলেকে বলেছিলেন, 'বাবা, তোকে মোবাইল ফোন কিনে দিতে হ'লে আমাকে জমি বিক্রি করতে হবে। যদি একান্তই প্রয়োজন হয় বল।' অরণি বলেছিল, 'না বাবা, আমার মোবাইল চাই না। অগ্নিমিত্র কিনেছে বলে আমি বলেছিলাম।'

— ফাল্গুনীবাবুর কীসের অভাব বল? মা লক্ষ্মীর আশিস ঝরে পড়ছে ওদের পরিবারে। একটু কষ্ট কর বাবা, ঠিক কেষ্ট মিলবে।

মাধ্যমিকের রেজাল্ট অরণির থেকে অগ্নিমিত্র একটু হলেও ভালো করেছিল। উচ্চমাধ্যমিকে অরণি চতুর্থ স্থান অধিকার করেছিল। অগ্নিমিত্র কোনও স্থান দখল করতে পারেনি।

এরপর অরণি আই.আই.টি. তে পড়ল। অগ্নিমিত্র একটি সাধারণ কলেজে পড়ল। অরণি সরকারি, বেসরকারি ভালো ভালো চাকরি ছেড়ে লস এঞ্জেলেস-এ রিসার্চের জন্য চলে গেল। অগ্নিমিত্র দিনরাত মোবাইল আর টি.ভি.তে বিদেশ ঘুরছে।

অরণি সরস্বতীর আরাধনা করেছিল, আর অগ্নিমিত্র লক্ষ্মীর। দু'বোনের অদ্ভুত সম্পর্ক —অরণির কাছে লক্ষ্মীও এসেছিল, কিন্তু অগ্নিমিত্রকে লক্ষ্মীও ধরা দেয়নি আর। চাকরি অরণির পিছু পিছু দৌড়াচ্ছে। আর অগ্নিমিত্র চাকরির পিছনে ধাওয়া করছে। অরণি দেশ-বিদেশ ঘুরে বেড়াচ্ছে আর অগ্নিমিত্রও বিশ্ব পরিক্রমা করছে — মোবাইলে। বিশ্বটা এখন তার হাতের তালুতে।

আমি আমার অধ্যাপক বন্ধুকে একবার বলেছিলাম, আমার কাছে কেউ পড়তে এলে আমি তাকে দিই চারটি শর্ত — কোনও মোবাইল নয়, কোনও বন্ধু নয়, কোনও আত্মীয় নয়, কোনও কম্পিউটার বা টি.ভি. নয়।

বন্ধু বলেছিল, 'কেন?' আমি বলেছিলাম, 'এই চারটি এখনও পর্যন্ত কারও উপকার তো করেইনি, পরন্তু ক্ষতি করেছে।'

পরে বন্ধু রবীন শর্মার 'WHO WILL CRY WHEN YOU DIE?' বইটি পড়ে বলেছিল, এই বই-এ আমার কথা নিয়ে একটা অধ্যায় লেখা হয়েছে। অথচ আমি যখন কথাটি বলি তখন বইটি বাজারে আসেইনি।

বন্ধ্যা

— রোহিণী, এখনি বাড়ি থেকে বেড়িয়ে যাও। যাও বলছি।

— এ কী বলছেন মা, এই মধ্যরাত্রে আমি কোথায় যাবো ?

— চুলোয় যাও। আমার বাড়িতে তোমার আর কোনো ঠাঁই হবে না। এত বড় স্পর্ধা তোমার যে আমার ছেলের ডাক্তারি পরীক্ষা করতে বলো !

— বিজ্ঞানতো বলছে মা, বাচ্চা না হওয়াটা নারী বা পুরুষ যে কারও ত্রুটি হতে পারে। আবার দুজনেরও হতে পারে।

— রাখো তোমার বিজ্ঞান ! আমি ছেলের মা, তোমার মতো বাঁজা নই। আমাকে বিজ্ঞান দেখিয়ো না। চোরের মায়ের বড় গলা।

রোহিনী সে রাত্রে শ্বশুর বাড়ি ছেড়ে চলেই গেল। শাশুড়ি দেখল। বাধা দেয়নি। মাতৃভক্ত স্বামীও না। রোহিনী কোনোরকমে এক বান্ধবীর বাড়িতে রাতটা কাটিয়ে পরের দিন একটা ভাড়া বাড়ি জোগাড় করে রয়ে গেল। কিছু ছাত্র-ছাত্রীও জোগাড় হ'লো। খুব কষ্ট করে রোহিনী নিজেকে একজন প্রতিষ্ঠিত শিক্ষিকা হিসেবে পরিচয় দিতে পারল। কিন্তু বিধি ডান কি বাম জানি না। এক রাত্রে রোহিনী এক ছাত্রীকে পড়িয়ে বাড়ি ফেরার সময় একদল দুষ্কৃতির পাল্লায় পড়ল। আর আমরাতো এখন সেই সমাজে বাস করি যেখানে মা-মেয়েদের নিরাপত্তা একেবারে তলানিতে গিয়ে ঠেকেছে। তাই যা হবার তাই হ'লো। রোহিনী ধর্ষিতা হ'লো।

ইতিমধ্যে রোহিনীর সাথে ধ্রুবজ্যোতির বিবাহ বিচ্ছেদ হয়ে গেছে। ধ্রুবজ্যোতির মা আবার ছেলের বিয়েও দিয়েছেন। কিন্তু দুঃখের হলেও সত্যি যে, ধ্রুবজ্যোতি এবারও বাবা হ'তে পারেনি। আবার রোহিনীও এক কঠিন সত্যের মুখোমুখি। ধর্ষিতা রোহিনী মা হয়েছে। ছেলের নাম রেখেছে সত্যকাম।

হঠাৎ এক পৌষের প্রত্যুষে রোহিনী দরজা খুলে দেখে দরজার সামনে ধ্রুবজ্যোতি আর তার মা। নিস্তারিণী দেবী করজোড়ে রোহিনীর কাছে ক্ষমা প্রার্থনা করে বললেন, 'রোহিনী, আমাদের ক্ষমা করো। আমরা তোমাকে ফিরিয়ে নিয়ে যেতে এসেছি। আমরা আমাদের ভুল বুঝতে পেরেছি। আমাদের বংশরক্ষা করো মা।' রোহিনী বলল, 'আর তা হয় না মা। তাছাড়া এ সন্তানতো আপনাদের বংশেরই নয়। এ কোনো ধর্ষকের সন্তান। আপনারা ফিরে যান।'

রোহিনী ধর্ষিতা হয়ে প্রমাণ করলো যে সে বন্ধ্যা নয়।

বস্-এর লাশ

একজন সুপারি কিলার দীনবন্ধুবাবুকে মারবার জন্য প্রস্তুত। দীনবন্ধুবাবু বললেন, 'আমাকে বেঁধে ফেল ভাই।' সে যথারীতি বেঁধে ফেলল দীনবন্ধুবাবুকে। দীনবন্ধুবাবু বললেন, 'দেখো ভাই, একজন ফাঁসির আসামির কাছেও তো শেষ ইচ্ছা জানতে চাওয়া হয়। আমাকে তো তুমি এখনি মেরে ফেলবে। আর আমি তোমার কোনও ক্ষতিই এখন করতে পারবো না। আমার একটা শেষ ইচ্ছা ছিল।'

— বলুন।

— ভাই, আমাকে মারার জন্য তুমি কত পাবে ?

— দু'লাখ।

— আচ্ছা, তোমারতো পেশাই এটা। আমি তোমাকে চার লাখ দেবো। তাহলে আমাকে ছেড়ে দাও।

— এটা আমার পেশা। পেশার সাথে আমি বেইমানি করবো না।

— দেখো ভাই, সমাজে আমার পজিশন্টা তুমি ভালোই জানো। আমাকে মারলে কিন্তু সি. বি. আই. হবে। ধরা পড়লে তোমার ফাঁসিও হবে নিশ্চিত।

— কিন্তু বস্-এর কাছে তো আমি কমিটেড।

— তাহলে শোনো, আমি ছাড়া পাবার পর বেমালুম গা ঢাকা দেবো। তার জন্য দু'লাখ পাবে। আর ওকে মেরে দাও। তার জন্য আরও চার লাখ। তাহলে তুমি মোট দশ লাখ পাবে। আর এখনই পাবে।

সুপারিকিলার কিয়ৎক্ষণ কপালে হাত দিয়ে ভাবলো। তারপর বলল, 'ঠিক আছে।'

দীনবন্ধুবাবু একটা ফোন করলেন। সঙ্গে সঙ্গে দশ লাখ টাকা নিয়ে একজন চলে এল। দীনবন্ধুবাবুকে বেশিক্ষণ গা ঢাকা দিতে হয়নি। সেদিন রাত্রের টি. ভি. খুলে দেখা গেল বস্-এর লাশ।

বাঘে ছুঁলে আঠারো ঘা

একদিন রাত্রে হঠাৎ জঙ্গলের মধ্যে গুলির শব্দ। রাত তখনও ভোর হয়নি। থানায় কর্তব্যরত টহলদারি পুলিশ ভোরের আবছা আলোয় দেখে এক বিশাল লাইন করে কে বা কারা যেন থানার দিকে অগ্রসর হচ্ছে। পরে মিছিল কাছাকাছি আসতে দেখে সেগুলো আর কিছু নয়, অন্তত পঞ্চাশ ষাটটি বাঘের একটি দল। তারা আশ্চর্যজনকভাবে কোনও তর্জন গর্জন না করে নীরবে এবং ধীর পায়ে থানার দিকে এগিয়ে আসছে। পুলিশটি তখন অন্য সহকর্মীদের ডাকে। ঘটনার আকস্মিকতায় পুলিশবাহিনী সব হকচকিয়ে যায়। চেঁচামেচিতে দারোগাবাবুও কোয়ার্টার থেকে হাজির হয়ে গেছেন।

কর্তব্যরত পুলিশ রাইফেল তাক করছিল। দারোগাবাবু সঙ্গে সঙ্গে বললেন — নো, নো, স্টপ। অফিসার সাহেব তো বড় পশুপ্রেমিক ছিলেনই, পরন্তু তিনি দেখেন, একটি বাঘের পিঠে আর একটি মৃত ও রক্তাক্ত পূর্ণগর্ভা বাঘিনি।

কোনও দেরি না করে এক ভ্যান পুলিশ নিয়ে অফিসার সাহেব জঙ্গলে চলে যান। দু'পক্ষের প্রচণ্ড গুলির লড়াই চলে। শেষ পর্যন্ত শিকারি দু'জন ধরা পড়ে।

শিকারি দু'জনকে নিয়ে ভ্যান যখন থানায় থামল ঠিক তখনই বাঘের দল ভ্যানটিকে ঘিরে ফেলল।

ভ্যানের দরজা খুলে একে একে পুলিশ বাহিনী সব নামলো। কিন্তু অবিশ্বাস্য হলেও সত্য — কোনও পুলিশের শরীর বাঘগুলো বিন্দুমাত্র স্পর্শও করলো না। যেই মাত্র শিকারি দু'জন নামলো তৎক্ষণাৎ বাঘের দল তাদের ঘিরে ফেলল। বাঘের চোখকে ফাঁকি দেওয়া অত সহজ নয়।

বাঘগুলো একসাথে শব্দ করে কী বলতে চায় — যেন বিচার চাই! পুলিশ বাহিনীর ও পর অফিসার সাহেবের কড়া নির্দেশ — গুলি চালাবে না।

শিকারি দু'জনকে দুটি বাঘের পিঠে তুলে পাশাপাশি পাহাড়া দিয়ে তাদের জঙ্গলে নিয়ে চলে গেল বাঘের দল।

পরে জানা গেল মৎস্যজীবীরা নৌকা থেকে দেখেছে, শিকারি দু'জনকে নৃশংসভাবে বাঘের দল হত্যা করেছে। হত্যা করার পর তাদের মাংস ভক্ষণ না করে একইভাবে পিঠে চাপিয়ে থানায় পৌঁছে দিয়ে শুগেছে।

বোধোদয়

অশেষবাবু নয় নয় করে সাত ছেলের বাবা হলেন। এতেই শেষ নয়। একটি মেয়ে চাইই চাই। লীলাময়েরতো লীলার শেষ নেই। তাই অচলাদেবী শেষ সন্তানটি মেয়েই প্রসব করলেন।

নাম নিয়ে অনেক বাক্‌বিতণ্ডার ইতি টানলো ভাইয়েরাই। সাত ভাই-এর বোনের নাম চম্পাই হ'লো। দাদুতো খুব খুশি হয়ে একটা ভালো সম্পত্তিই নাতনির নামে লিখে দিলেন।

এর অনেক দিন পর। মা, বাবা, দাদু সকলেই একে একে চলে গেছেন। হঠাৎ করে বড় ভাই একদিন সব ভাইদের এবং বোনকে ডেকে বলল, 'এসব সম্পত্তি, ঘর-বাড়িতো আমারই করা, তাই তোমরা যে যার ব্যবস্থা করে নাও। তোমাদের কোনও ভরণপোষণ বা খাওয়া দাওয়ার দায়িত্ব আমি আর নিতে পারব না। এখানে তোমাদের কোনও অধিকার নেই।'

বাকি ভাইয়েরা এবং একমাত্র বোন সব শুনলো নীরবে। বোন বলল, 'একটু সময় দাও। দাদুর দেওয়া সম্পত্তিটা বেচে যে পয়সা হবে তা দিয়ে তোমাকে সব লিখে দেবো।'

বড় ভাই বলল, 'না, না। ও সম্পত্তিও আমার। তোমরা সাতজনে যে এতদিন খেয়েছো তারও তো একটা দাম আছে। সব সম্পত্তি আমার নামে লিখে দাও। খরচ আমি এখন দিচ্ছি। তোমরা খেটে দেনা শোধ করে দিও।

তাই হ'লো। পিতৃগৃহ ত্যাগ করে ছয় ভাই ও চম্পা চলে গেল দূরে এক জঙ্গলে। পাশাপাশি গ্রামে দিন মজুরের কাজ করে তারা দিনাতিপাত করছিল। চম্পাকে তারা তাদের কুটিরেই রেখে দিত।

একদিন এক গৃহস্থ তার পাকা বাড়ি তৈরির জন্য ছয় ভাইকে ডাকল মাটি কাটতে। মাটি কাটতে কাটতে হঠ্যাৎ তারা ঠক্‌ করে একটা শব্দ শুনলো। পরে দেখলো, সেটা একটি ঘড়া। তারা সঙ্গে সঙ্গে বাড়ির মালিককে ডাকল। মালিক মাটি কাটতে বলল। শেষে তারা দেখলো, সেখানে সাত হাঁড়ি মোহর। মালিককে সাতটি মোহরের হাঁড়ি বুঝিয়ে দিয়ে তারা বাড়ি ফিরে গেল।

পরদিন মালিক সব ভাইদের ডেকে একটি মোহরভর্তি হাঁড়ি দিয়ে দিলেন। ওরা নিতে চায়নি। মালিক জোর করেই তাদের দিলেন।

মোহর বিক্রির পয়সায় তারা বাড়ি করলো। ভালো পাত্র দেখে চম্পার বিয়ে দিল। এক রাত্রে একটি টাকাভর্তি থলি পাঁচিল টপকে বড় ভাই-এর ঘরে পৌঁছে দিল।

কিছুদিন পর দেখা গেল, বড় ভাই পাগলের মতো বাকি ভাইদের ও বোন চম্পাকে রাস্তায় রাস্তায় খুঁজে বেড়াচ্ছে। অসুখ ও দেনার দায়ে সে এখন ভিখারি। মানুষ দেখলেই বলছে, 'আমার ভাইদের দেখেছো গো ? আমার চম্পাকে দেখেছো ?'

ভারতবর্ষ সত্যের এক নাম !

প্রফেসর রে বিশ্ববিদ্যালয় যাচ্ছেন ক্লাস নিতে। ওনার নাম অশ্বতর রায়। ইংরেজির অধ্যাপক তো, তাই রায় পছন্দ করেন না। হঠাৎ গাড়ি আটকে গেল। ড্রাইভার বলল — বাবু, গাড়ি আর যাবে না।

— কেনরে, কী হ'লো ?

— সামনে তাকালেই বুঝতে পারবেন বাবু।

প্রফেসর বই থেকে চোখ তুলে সামনে তাকাতেই দেখেন, অর্দ্ধনগ্ন পাগলদের এক মিছিল। সেখানে নারী, পুরুষ সবাই আছেন। মিছিলটা পরিসরে এতটাই বড় যে গাড়ি যেতে পারবে না। কিছুক্ষণ পর প্রফেসর ঘড়ির দিকে তাকিয়ে অধৈর্য্য হয়ে গাড়ি থেকে নামলেন।

সঙ্গে সঙ্গে গাড়িতে কয়েকজন পাগল উঠে পড়লেন। ড্রাইভারকে বললেন — গাড়ি চালাও।

ড্রাইভার দেখে, গাড়ি যাওয়ার রাস্তা ফাঁকা। পাগলরা সব লাইন করে দাঁড়িয়ে। ড্রাইভার একটু আমতা আমতা করে। সঙ্গে সঙ্গে এক পাগল এমন ধমকানি দিলেন যে, ড্রাইভার সঙ্গে সঙ্গে গাড়ি ছেড়ে দিল। ড্রাইভার বলল, 'কোথায় যাবো ?'

— বিশ্ববিদ্যালয়ে।

গাড়ি বিশ্ববিদ্যালয়ের গেটে ঢুকতেই থেমে গেল। দেখা গেল, 'মেরা ভারত মহান' লেখা ভারতবর্ষের জাতীয় পতাকা পরিহিতা এক মহিলা পাগল গাড়ির সামনে দাঁড়িয়ে। সে সকল পাগলদের গাড়ি থেকে নামিয়ে একটা করে জাতীয় পতাকা পরিয়ে দিলেন। তারপর বললেন, যাও তোমরা সকলে ক্লাসে চলে যাও।

কিছুক্ষণ পর দেখা গেল বিশ্ববিদ্যালয় জমজমাট। সব ক্লাসে একজন পুরুষ বা মহিলা পাগল ক্লাস নিচ্ছেন। বাংলা বিভাগ ছাড়া কোনো ক্লাসেই আর পাগলদের মুখে বাংলা ভাষা নেই—শুধু ইংরেজি ভাষা।

ইকনমিক্স্-এর ক্লাসে এক ছাত্র বলল, স্যার একটু বাংলায় বলবেন ? পাগল স্যার বললেন, ঠিক আছে বাংলাতেই বলছি। কিন্তু তোমরা বিশ্ববিদ্যালয়ের সর্ব্বোচ্চ ডিগ্রি নিতে এসেছো এটা মনে রাখবে।

প্রতি ক্লাসের দরজায় অধ্যাপকরা একভাবে দাঁড়িয়ে থেকে ফিরে যাচ্ছেন। অদ্ভুত বিষয় যেটা সেটা হ'লো একজনই পাগল স্যার দিনের সব ক্লাসগুলোই নিয়ে নিলেন। কোথাও কোনো জড়তা নেই। একজন মানুষের পক্ষে একটা বিষয়ের সব অংশই

কীভাবে এত নিপুনভাবে পড়ানো সম্ভব সেটা দেখে ছাত্রছাত্রীরা তো অবাক হয়ে গেল। অনেকক্ষেত্রে বিশ্ববিদ্যালয়ের অধ্যাপকদের থেকে অনেক ভালোভাবে পড়িয়ে দিলেন।

ইংরেজি ক্লাস থেকে পাগল স্যার বেরোতেই দেখেন, প্রফেসর অশ্বতর দাঁড়িয়ে দরজার সামনে। পাগল স্যার বললেন — কীরে অশ্ব? তোর ক্লাসতো আমি নিয়ে নিয়েছি। তা দাঁড়িয়ে আছিস কেন শুধু শুধু? বউকে আজ একটু বেশি সময় দিতে পারতিস।

প্রফেসর বললেন, তোমার সাহসতো কম নয় আমাকে তুই বলে সম্বোধন করছো?

— কীরে অশ্ব চিনতে পারলি না তো? আমি অনিন্দ্য। তোর ইয়ারে ফার্স্ট ক্লাস ফার্স্ট হয়েছিলাম। তুই যে প্যানেলে এখানে এসেছিস সেই প্যানেলে আমিই ফার্স্ট ছিলাম। কিন্তু তোর কাকা এম.এল.এ. ছিলেন। আর, আমার কেউ তো ছিলনা রে। তাই তোদের সমাজের চোখে আমি আজ পাগল। আর তুই প্রফেসর রে। ছোটবেলা থেকেই আমার বাবা আমায় শেখায়নি যে আমি একজন ভারতবাসী। তাই তৈলদান আমার অবশ্য কর্তব্য।

— অনিন্দ্য তোরা এত ভাল পড়াচ্ছিস। কিন্তু তোরা সব উলঙ্গ থাকিস কেন?

এবার অনিন্দ্য রেগেই গেলেন।

— ভারতমাতাকেই যখন তোরা উলঙ্গ করে দিয়েছিস তখন উলঙ্গ মায়ের সন্তান হয়ে আমরা উলঙ্গ থাকবো সেটা আশ্চর্যের কী?

ভূগোলের ক্লাস থেকে শ্রীকান্ত বেরিয়ে দেখলেন, মদালসা ম্যাডাম দাঁড়িয়ে।

— কীরে মদালসা ক্লাসতো আজ আমিই নিলাম। তুইতো এই সুযোগে স্বামী পুত্রকে একটু এক্সট্রা টাইম দিতে পারতিস?

— কে তুমি? আমার সাথে এভাবে কথা বলছো?

— কীরে তোর বিশ্ববিদ্যালয়ে, তোর শহরে সবাই যাকে চেনে তুই তাকে চিনতে পারলিনা? আমি শ্রীকান্ত। তোর ইয়ারের বিশ্ববিদ্যালয়ের ব্রু। এখানে ব্রুর কোনো দাম নেইরে। এখানে কিছুইতো হেডলাইনে হয় না। সবটাইতো বেড লাইনে হয় তোর মতো। তাই তুই এখানে। আর আমি পাগল। মনে রাখিস এটা ভারতবর্ষ তো।

ইতিহাসের ক্লাস থেকে ম্যাডাম বেরোতেই বিশ্ববিদ্যালয়ের অধ্যাপিকা জিজ্ঞাসা করলেন, আপনি কে? এত ভাল পড়ান, অথচ কোনো চাকরি করেন না?

— কীরে চিনতে পারছিস না? দেখ কামমোদিনী, তোদের যা স্ট্যাটাস এখন আমাদের মত রাস্তার পাগলিদের চিনতে না পারাটাই স্বাভাবিক। আমি সর্বজয়া, তোদের ইয়ারের ফার্স্ট ক্লাস ফার্স্ট।

কামমোদিনী অবাক হয়ে বললেন, তোর এদশা কেন সর্বজয়া ? সর্বজয়া তখন একটু উষ্মা প্রকাশ করেই বললেন, তোর মত তো আমি মন্ত্রীর বিছানায় শুতে পারিনি, তাই আমার এ দশা আর তুই সমাজের আজ একজন এলিট।

রাষ্ট্রবিজ্ঞানের ক্লাসে ছাত্রছাত্রীদের সব অবাক করা অবস্থা। প্রথমেই পাগল স্যার জিজ্ঞাসা করলেন, রাষ্ট্রের সংজ্ঞা বলো। ছাত্রছাত্রীরা যে যার মত বই-এ পড়া সংজ্ঞা দিল।

— তোমরা ভারতের মত একটা বৃহৎ গণতান্ত্রিক রাষ্ট্রে আছো। অথচ রাষ্ট্রের সংজ্ঞাটাই ঠিক ঠিক দিতে পারলে না। শোনো, রাষ্ট্র হ'লো জনগণ নামক ভেড়াদের শোষণ করার একটি যন্ত্র যে যন্ত্রটি পুষ্ট হয় ওই ভেড়াদের দুগ্ধ দোহন করে। ছাত্রছাত্রীরাতো রাষ্ট্রের সংজ্ঞা শুনে অবাক। এবার স্যার বললেন — গণতন্ত্রের সংজ্ঞা দাও।

ছাত্রছাত্রীরা যে যার মতো করে বই-এর সংজ্ঞাই দিল।

— ভারতবর্ষের নাগরিক হয়ে তোমরা গণতন্ত্রের সংজ্ঞা জানো না ? শোনো, Democracy is nothing but go as you like. অর্থাৎ গণতন্ত্র হ'লো — তোমার যেমন খুশি তেমন চলো।

ছাত্রছাত্রীরা বললো, স্যার এরকম সংজ্ঞা দিচ্ছেন কেন ?

— যে বিষয়গুলো নিয়ে আমরা আলোচনা করলাম সেগুলো কোনো অলীক বিষয় নয়। বাস্তবের মাটিতে দাঁড়িয়ে সব কিছুর বিশ্লেষণ করা প্রয়োজন। তোমরা ছোট্টবেলা থেকে যে অভিজ্ঞতা অর্জন করেছো তার নিরিখে বিচার করে দেখো ভারতবর্ষের বর্তমান অবস্থায় দাঁড়িয়ে এই সংজ্ঞাগুলো সঠিক না বেঠিক ?

ছাত্রছাত্রীরা একযোগে বলে উঠলো, সঠিক স্যার, সঠিক।

ক্লাস শেষে পাগল স্যার দেখেন একেবারে উপাচার্য সাহেব দরজায় দাঁড়িয়ে। উনি পাগল স্যারকে জিজ্ঞাসা করলেন, আপনি ছাত্রছাত্রীদের এভাবে খেপাচ্ছেন কেন ?

— আরে খেপাচ্ছি কোথায় ? ওরাতো খেপেই আছে। শুধু সলতেটা একটু উসকে দিলাম। ভারতবর্ষে এখন পাগল দরকার, পাগল। তবে দেশটা বাঁচবে।

— পাগল দরকার ?

— হ্যাঁ, হ্যাঁ, পাগলই দরকার। রামকৃষ্ণও তো পাগলই ছিলেন। কিন্তু উনি কি কারও ক্ষতি করেছিলেন কোনোদিন ? পরন্তু বিবেকানন্দের মতো একজন শিষ্য তৈরি করেছিলেন। আর এ পোড়া দেশটাকে বাঁচাতে এখন চাবুক দরকার চাবুক। ইংরেজ সেই ভয়ে পালিয়েছিল। এরা তো শিশু মশাই।

তারপর ছাত্রছাত্রীরা সব হই হই করে বলে উঠল, এরকম পাগল স্যারই আমরা রোজ চাই। অন্য কোনো স্যারের ক্লাস আমরা করবোনা।

আশিসকুমার পাত্র

ভ্রমান্ধ

দেবলবাবু হাওড়ার হাটে যান, কাপড়চোপড় কেনেন, সন্ধ্যায় ফিরে আসেন। নিত্যযাত্রীরা সকলেই জানে, এর মাঝে দেবলের একটি নিত্যসেবার কাজ আছে। গৃহের লক্ষ্মীপ্রতিমা দেবলকে যে সেবা দেন তাতে ওনার মন ভরে না। হাওড়ার সতীলক্ষ্মীর ডেরায় যে একবার যেতেই হয়। ওখানে দেবল কী পান দেবা ন জানন্তি।

একদিন লিলুয়া থেকে ট্রেনটি ছাড়ার পর সেই যে দাঁড়াল, আর ছাড়ে না। অপেক্ষার সীমা ছাড়িয়ে গেলে দেবল আর থাকতে না পেরে হাঁটতে শুরু করলেন। হাঁটতে হাঁটতে লাইনের ধারে কলে এক গামছা পরা মহিলাকে দেখলেন বাসন মাজছে। স্নানও করছে ওই বেশে।

হাট সেরে ফেরার পথে সতীলক্ষ্মীর ডেরায় গেলেন দেবল। বিছানায় বসে সাজগোজে সমৃদ্ধা মহিলাকে দেবল পুঙ্খানুপুঙ্খভাবে দেখতে লাগলেন।

— কী দেখছো গো মিনসে ড্যাবা ড্যাবা চোখ কোরে? মনে হচ্ছে কোনওদিন দেখনি যেন?

দেবল একটি দীর্ঘশ্বাস ছেড়ে বললেন — না, না, তোমাকে তো অনেক দেখেছি। আর নতুন কী দেখবো বলো?

— না! কিছুতো একটা দেখছো। ওরকম কোরেতো কোনও দিন দেখনা। তাই বলছি।

দেবল ব্যাগটি নিয়ে উঠে পড়লেন।

— কী? উঠলে যে বড়। নয়নবাণেই শেষ? রসময় যে আজ রসভঙ্গ দিচ্ছ?

— আজ চলি। একটু তাড়া আছে।

— চলি নয়, বলো আসি।

— না, যাই।

দেবল আর ওই ডেরায় কোনওদিন আসেননি। ট্রেনে বসে শুধু ভাবলেন—ঘরের লক্ষ্মীপ্রতিমাকে অবজ্ঞা করে আমি কোন্ অলক্ষ্মীর পিছনে দৌড়াচ্ছিলাম এতদিন? ওই লাইনের ধারের কলে গামছা পড়ে যে বাসন মাজছিল, স্নান করছিল আমি তার মোহে মুগ্ধ ছিলাম এতদিন? সাজগোজ করলেই কি অলক্ষ্মী লক্ষ্মী হয়ে যায়?

ভ্রামরী মিত্র

মহাদেবের কাছে ললিতবাবু আট লক্ষ টাকা পেতেন। তো একদিন মহাদেবকে ললিতবাবু ডাকলেন এবং বললেন, 'মহাদেব, একদিন তুমি যখন শহরে এলে তখন তোমার তো একটা ভাঙ্গা সাইকেলও ছিল না। নিজের ঘরও ছিল না। এখন তোমার নিজের ঘর হয়েছে, জায়গা জমিও আমার টাকায় হয়েছে, ব্যাঙ্কে টাকা রয়েছে, নিজের ব্যবসা হয়েছে। মেয়ে লেখাপড়া করছে, মেয়ে বউ নিয়ে সুখে সংসার করছো। কিন্তু তোমার এসবের জন্য যে হোতা সে কতটা যন্ত্রণায় আছে সে খবর তুমি রাখো না।'

— সে কী বলছো গো দাদা ? সব খবরই আমি রাখি।

— তা খবর রেখে কী উপকার আমার করেছো তুমি ?

— কিছু উপকার এখনও করতে পারিনি দাদা।

— তাহলে শোনো মহাদেব, তোমাকে আমি তিনটি কথা বলছি। এর একটি কথা তুমি নিজের মুখে শুধু বলবে। তাহলেই তোমার দেনা শোধ।

— কী কথা দাদা ?

— মহাদেব, তুমি আমার কাছে যে টাকাটা নিয়েছো তার তো কোনো প্রমাণ নেই। তাই তুমি বলো যে, টাকাটা নিইনি।

— সে কী বলছো গো দাদা ? এ পাপ আমি করতে পারবো না।

— তাহলে বলো যে, টাকাটা দেবো না।

— এও তো আমি বলতে পারবো না দাদা।

— তাহলে বলো যে, টাকাটা নিয়েছি, কিন্তু দিতে পারবো না।

— দাদা, তুমি তো আমায় খুব সমস্যায় ফেললে। একথা আমি বলতে পারি ?

— তোমার জীবনে আমি এত উপকার করলাম। আর এই কথা তিনটির একটি বলে তুমি তোমার উপকারীর এইটুকু উপকার করতে পারবে না ?

— এতে তোমার কী উপকার হবে দাদা ?

— তুমি যে মুহূর্তে কথাটি বলবে, আমি তৎক্ষণাৎ আমার ডায়েরি থেকে তোমার নামটি মুছে দেবো জীবনের মতো। সকালে ঘুম থেকে উঠে যেন কোনও দিন দেখতে না পাই যে, তোমার কাছে ওই টাকাটা পাবো। এ যে বড় শান্তি গো মহাদেব। কোটি কোটি টাকা দিয়ে মানুষ দুঃখ কেনে। আমি না হয় আট লাখ টাকা দিয়ে একটু শান্তি কিনলাম। আর আমি ডায়েরি থেকে মুছে দিলেও তুমি কিন্তু ওই দেনাটা নিয়েই মরবে মহাদেব। তুমি আমার পয়সা শোধ দেবে বলে নাওনি। আমি জানি তুমি এ টাকা দেবে না। আজ এই শুভ নববর্ষের শুভদিনে আমি ঈশ্বরের কাছে প্রার্থনা করি তোমাকে ঈশ্বর যেন এত পয়সা দেন সৎপথে যাতে তোমাকে আর কারও কাছে দেনা না করতে হয়, কারও পয়সা মেরে খেতে না হয়, চুরি করতে না হয়, ফেরেববাজি করতে না হয়। ভালো থেকো ....

মশকরা

পাশের বাড়ির কান্না আর খোল করতালের আওয়াজে রমাকান্তবাবুর ঘুম ভাঙল।

— কী গো চলুন।

— কোথায় ?

— আপনি জানেন না — পাশের বাড়ির আনন্দমোহনবাবু তো মারা গেছেন।

— জানি।

— তাহলে ?

— তাহলে কী ?

— আপনি যাবেন না ?

— না।

— আপনি সত্যি যাবেন না ?

— না। এখন কি মশকরা করতে যাবো কাছা গুঁজে ?

— আপনি কারও মৃত্যুতে পাশে দাঁড়ানোটাকে মশকরা বলছেন ?

— হ্যাঁ বলছি। তুমি এর পূর্বে আনন্দবাবুর বাড়ি কবার গেছো ?

— তেমন তো প্রয়োজন হয়নি, তাই যাওয়া হয়ে ওঠেনি।

— এখন তোমার প্রয়োজনটা কী ? আর আনন্দবাবুরই বা তোমাকে কী প্রয়োজন ?

— মরার পর আর ওনার কী প্রয়োজন থাকবে ?

— আমি এতক্ষণ ধরে তোমাকে এই সত্যটাই বোঝাতে পারিনি। মানুষ কেন কেউ মারা গেলে যায় আর মরার আগে যায় না জানো ?

— না, তা কী করে জানবো ?

— শোনো, মরার আগে গেলে আনন্দবাবু বলতেন, বাবা, একটু ওষুধ এনে দে। বাবা, একবার হাসপাতালে নিয়ে চল। বাবা, যদি মারা যাই ছেলে মেয়েদের একটু দেখিস। এত ঝক্কিঝামেলা, দায়দায়িত্ব কোনো বুদ্ধিমান লোক জেনেশুনে নেবে ? মরার পর তো আনন্দবাবু আর কথাই বলতে পারবেন না। দায়দায়িত্বেরও কোনো প্রশ্ন নেই। আবার কেরামতি দেখানোও যাবে। অতএব মহাপ্রয়াণে যাওয়াটাই মহারথীর কাজ। মহান নাট্যকার শম্ভু মিত্র মারা যাওয়ার আগে ওনার স্ত্রী ও কন্যাকে বলে গিয়েছিলেন

— আমার মৃত্যু সংবাদ কাউকে যেন দিও না।

— আপনার কাছে আজ যা জানলাম সে তো কঠিন কঠোর সত্য দাদা।

— সত্যটাই তো মানুষ জানতে চায় না রমাকান্ত। এই যে, আমার বন্ধুর মা মারা গেলেন, বন্ধু একটা গভীর দীর্ঘশ্বাস ছাড়লো। যেন একটা কঠিন দায় থেকে মুক্ত হ'লো। আবার দেখো, কেউ মারা গেলে আত্মীয় পরিজনের এত কান্না, শোক কেন বলো তো? এই ক্রন্দন কি শুধু যিনি মারা গেলেন তাঁর জন্য?

— আপনি তো কঠিন কঠিন প্রশ্ন করেন দাদা।

— দেখো রমাকান্ত, আমার নাম কীভাবে আমার কাকা সত্যসুন্দর রেখেছিলেন আমি জানি না। তবে এই নামকরণের সময়েই একটা উদ্দেশ্য সকলের অলক্ষ্যেই থেকে যায়। এ জগতে যা সত্য এবং সুন্দর তার পূজারি আমি। জীবনে যা সত্য বলে জানবো তারই প্রকাশ করে যাবো।

— কিন্তু অপ্রিয় সত্য তো বলা ঠিক নয়।

— এখানে কি তুমি ভুল করছো না রমাকান্ত? সত্য যদিও অপ্রিয় হয় সে সত্য — মিথ্যা নয়। তাকে প্রকাশ না করাটা মিথ্যাচারিতা। তুমি বলতে পারো প্রকাশ ভঙ্গিমাটা অবশ্যই গুরুত্বপূর্ণ। হ্যাঁ, যে কথা হচ্ছিল — যিনি কাঁদেন, যে মানুষটা মারা গেলেন তিনি জীবনে কী পেয়েছিলেন বা পাননি, তাঁর কী অপূর্ণ রয়ে গেল তার জন্য নয়। তাঁর কাছ থেকে যাঁরা বেঁচে রইলেন তাঁরা কী পেতে পারতেন, তাঁদের কী অভাব পূরণ হ'তো সেগুলো মৃতের অবর্তমানে হবে না সেই জন্য।

— দাদা, আপনি খুব কঠিনভাবে বিশ্লেষণ করছেন। এটা ঠিক নয়।

— ধরো, পঁয়ত্রিশ বছর বয়সে একজন বিধবা হলেন। তিনি খুব কাঁদছেন, শোকাকুল হচ্ছেন। কই তাঁর পাশের বাড়ির একজন একই বয়সি মহিলা তো এত শোকাকুল হচ্ছেন না।

— কারণ উনি তাঁর নিজের স্বামী নয় বলে।

— না, না, কারণটা হ'লো ওই মৃত স্বামীর কাছ থেকে তিনি সাংসারিক, জৈবিক, ভৌতিক, আধিভৌতিক অনেক কিছুই পেতে পারতেন। ওনার মৃত্যুর পর আর সেগুলো পাওয়া হবে না। আর কোনও কারণ আছে বলে তো আমার অন্তত মনে হয় না।

মহাপরিনির্বাণ

মহারানিমা জন্মদিন পালন করছেন। দোলায় চেপে রাজ্য পরিক্রমা করছেন। হঠাৎ এক জায়গায় উৎসব দেখে দাঁড়িয়ে গেলেন। দোলা থেকে রানিমা নেমে জিজ্ঞাসা করছেন, এটা কীসের উৎসব হচ্ছে জনগণ?

— এটা মৃত্যুৎসব মহারানিমা!

— হিতৈষীগণ এটা আমায় বুঝিয়ে বল।

— একজন মরছে। তার জন্য উৎসব মাতাজী।

— একজন মরছে। আর তার জন্য তোরা উৎসব করছিস? এতো আমরা ইতিহাসেও কোনওদিন পড়িনি।

— এ রাজ্যে বাঁচার থেকেতো মরাই আনন্দের। ইতিহাসে এমন রাজ্যও তো আমরা কোনোদিন দেখিনি মা জননী!

— এই, দোলা তোল্। আগে চল্।

আবার কিছুদূর গিয়ে রানিমা দেখেন, বহুলোক মাইক লাগিয়ে কান্নাকাটি করছে।

— এই কাঁদছিস কেন সব?

— ছেলে জন্মেছে।

— ছেলে হয়েছে। এতো ভালো খবর। আনন্দ কর।

— এ রাজ্যে যন্ত্রণা ভোগ করার জন্য তো জন্মালো। তাই ওর দুঃখে আমরাও কাঁদছি। ছেলেটাও তো কেমন কাঁদছে দেখুন মা।

— এই, দোলা তোল্। আগে চল্।

আবার কিছুদূর গিয়ে রানিমা দেখেন, একজন গাছের পাতা খাচ্ছে।

— এই গাছের পাতা খাচ্ছিস কেন গরুর মতো?

— গরু তো তবু নিজের খাদ্যই খায়। আমাকে মানুষ হয়ে যে গরুর খাদ্য খেতে হচ্ছে রানিমা।

— কেন খাচ্ছিস তাই বল?

— ব্যাঙ্কে গেলাম। মাসে অন্তত দু'হাজার টাকা পাবার জন্য যে টাকা রাখতে বললো তত টাকা আমার নাই। তাই কী আর খাবো? গাছের পাতাই খাচ্ছি। আর তো খাটতেও পারি না। তাহলে খাওয়া-পরা, জীবনযাপন হবে কীভাবে? তাই গাছের পাতাই সম্বল আচ্ছাদন এবং গ্রাসাচ্ছাদন সবের জন্য।

রানিমা এতক্ষণ খেয়াল করেননি যে, লোকটা গাছের পাতার জামা কাপড় পড়ে আছে। ইতিমধ্যে একটা ছাগল লোকটার পিছনে তাড়া করলো। তার অঙ্গের সব পাতা খেয়ে নিল রানিমার সামনেই। রানিমা তাঁর শ্বেতশুভ্র বসনে চোখ মুখ ঢেকে ফেললেন।

— এই দোলা তোল্। সত্বর রাজপ্রাসাদ ফিরে চল্।

মহাপাতক

রমণীমোহনবাবুর পড়ানো হয়ে গেলে কৃষ্ণাদেবী অভ্রকে বললেন, 'অভ্র, তুমি ঠিক দু'টোর সময় একবার এসোতো।'

— ঠিক আছে কাকিমা।

দু'টোর সময় অভ্র এসে পড়ার ঘরে বসল। একটু পর দেখলো শোবার ঘরের দরজা দিয়ে কৃষ্ণাদেবী মুখ বের করে বললেন, 'এসো অভ্র।'

অভ্র শোবার ঘরে ঢুকেই মুখ চোখ ঢাকা দিল। অভ্র দেখলো, কৃষ্ণাদেবীর অঙ্গে অন্তর্বাস ছাড়া আর কিছুই নেই। কৃষ্ণাদেবী যথারীতি দরজা বন্ধ করে দিলেন।

— অভ্র এতে লজ্জা পাওয়ার কিছু নেই। তুমি তো কোনও অন্যায় করছো না। আমি তোমার কৃপাপ্রার্থিনী। হ্যাঁ, আমাকে তুমি কৃপাই করবে অভ্র। আমি আর পারছি না — আমি অপরাগ।

— কিন্তু আপনাকে আমি কাকিমা বলি। আমাকে আপনি সজ্ঞানে অয়দিপাউস বানাবেন?

— যুদ্ধ, রাজনীতি আর যৌনতায় কোনো নীতি নেই অভ্র।

— স্যারকে আপনি ঠকাচ্ছেন না কাকিমা?

— তোমার মাস্টারমশাই আমাকে কী দিয়েছেন বলো? আমারও তো ওগুলো পেতে ইচ্ছে করে। আমরা তো রামকৃষ্ণ-সারদামণি নই। তোমার হাতে ধরছি অভ্র আমাকে বাঁচাও। তুমি কি চাও আমি আত্মহত্যা করি?

— এ পাপ আমি কোথায় রাখবো কাকিমা?

— আমি স্বেচ্ছায় আমার সব কিছু তোমায় দিচ্ছি। তোমার কোনো পাপ নেই অভ্র। আর তোমার সঙ্গে আমার বয়সের তফাৎ খুব বেশি নয়।

অভ্র বাধ্য হ'লো গুরুপত্নীর সাথে সহবাসে। যাবার সময় কৃষ্ণাদেবী অভ্রকে একটা বাৎসায়নের সচিত্র কামশাস্ত্র বই দিলেন এবং বললেন, 'এটা ভালো করে পড়ে আসবে। কাল তাহলে এই সময়েই চলে এসো।'

পরের দিন দুপুর দু'টোতে অভ্র চলে এল। যথারীতি ওদের রতিক্রিয়া চলতে থাকল। দিনের পর দিন ওদের জীবন এভাবেই চলল। একসময় রমণীমোহনবাবু দক্ষিণে চিকিৎসার জন্য গেলে কৃষ্ণাদেবী অভ্রকে ঘরে রেখে দিলেন এবং দিনরাত পাগলের মতো সম্ভোগের জীবনে মেতে উঠলো দুজনায়।

ইতিমধ্যে রমণীমোহনবাবু দক্ষিণ থেকে চিকিৎসা করে ফিরে এলেন। এসে আর উনি বেশিদিন বাঁচেননি। উনি মারা যাবার পর কৃষ্ণাদেবী অভ্রকে বিয়ের প্রস্তাব দিলেন। অভ্র শুধু বলল, 'এটা আপনি বাড়াবাড়ি করছেন। আমার পক্ষে আপনাকে বিয়ে করা সম্ভব নয়।'

— তুমি তো কাউকে বিয়ে করবে। তাহলে আমাকে নয় কেন ?

— গুরুপত্নীহরণের মতো মহাপাতকের কাজ আমি করতে পারবো না ম্যাম।

— গুরুপত্নীকে সম্ভোগ করতে পারলে, আর বিয়ে করলেই মহাপাতকের কাজ হবে ? আর এখন তো তোমার সন্তানকে আমি লালন করছি আমার গর্ভে। ওকে পিতৃপরিচয় দেওয়ার জন্যও আমাদের বিয়েটা জরুরি।

— ঠিক আছে ম্যাম। আপনি রবিবার আমার মেসে আসুন। কথা হবে।

রবিবার মেসের সবাই গ্রামের বাড়ি যায়। শুধু অভ্র একাই সেদিন রয়ে গেল। কৃষ্ণাদেবী দরজা ঠেলে ঘরে ঢুকতেই সিলিং থেকে দড়িতে ঝোলা অভ্রর পা দু'টো কপালে ঠুকলো। মৃত অভ্রর হাতে একটি চিঠি বাঁধা। কৃষ্ণাদেবী চিঠিটি খুলে নিয়ে চলে গেলেন —

'ম্যাম,

পাপের বোঝা আর বাড়াতে পারলাম না। তাই চলে গেলাম। আপনার যা রূপ আর যৌবন তাতে আপনার বিয়ের অভাব হবে না। আমাকে পারলে ভুলে যাবেন। পারলে এ সন্তানকে ভুলে যান। তাতে আপনারই মঙ্গল। আর আমি তো সব মঙ্গল অমঙ্গলের পারে।'

— পাপিষ্ঠ অভ্র

মহারৌরব

নাগাল্যাণ্ডের এক প্রত্যন্ত পাহাড়ের পাদদেশ। এক মেষপালিকা তার মেষের পালটি নিয়ে বসে আছে একটি পাহাড়ি গাছের ছায়ায়। একজন জওয়ান মেয়েটির পাশে এসে বসল। বেশ কিছুক্ষণ ধরেই সে মেয়েটিকে পরখ করছিল। একথা সেকথার পর সে মেয়েটিকে কুপ্রস্তাব দেয়। মেয়েটি শুধু একটি কথাই বলল — আমার সাথে ওসব করতে এসো না। তোমার দেহটা মরমর করে হাড়পাঁজরা ভেঙ্গে এক টুকরো মাংসপিণ্ডে পরিণত হবে কিন্তু। খুব সাবধান! এর আগে এরকম ঘটনা ঘটেছে। চলে যাও বলছি। চোরা না শোনে ধর্মের কাহিনী।

— কী বলিসরে? এই শরীরটায় কত তাকত আছে বুঝতে পারছিস? তুই সামলাতে পারবি তো?

— তোমাকে আবার বলছি, ফিরে যাও। পরীক্ষা করতে এসো না।

লোকটি আদিম রিপুর তাড়নায় তাড়িত হয়ে রমণীয় মুহূর্তটিকে হারাতে চায়নি। বারবার নিষেধ সত্ত্বেও লোকটিকে বিরত করা যায় নি। শেষে যা হাবার তাই হ'লো। মেয়েটি যখন খুব উত্তেজিত হয়ে যায় তখন সে জওয়ানটিকে এমনভাবে চেপে ধরল যে, জওয়ানটির পাঁজরগুলো মরমর করে ভেঙ্গে দেহটি ভীমের কীচক বধের ন্যায় একটুকরো মাংসপিণ্ডেই পরিণত হ'লো। কৃতকর্মের অনুশোচনা করার মতো কোনও অবসরও সে আর পেল না।

মা

রশ্মি আমার ছাত্রী। জীবনের অনেক চড়াই-উতরাই পেরিয়ে এখন ও একটি মেয়েদের উচ্চ মাধ্যমিক স্কুলে বাংলা পড়ায়। কিন্তু স্কুলে পড়ালে কী হবে, ওর এখনও ছেলেমানুষি যায়নি। ও ভাবে দুপায়ে হেঁটে হেঁটে যারা যায় তারা সবাই মানুষ। এটাকে ছেলেমানুষি বলবেন না তো কী বলবেন বলুন। সকলকেই মনের কথা, প্রাণের কথা উজাড় করে দেয়। আরে মশাই এটা একবিংশ শতাব্দী। তাও আবার বিশ বছর পার হয়ে গেল। ওসব প্রাণের কথা, মনের কথা এখন বিশ বাঁও জলে ডুবিয়ে রাখো বাবা। কোনোদিন কোনও মনের মানুষ পেলে বোলো। না হ'লে ওসব কথা সাগরের নীচে টাইটানিকের স্মৃতির মতো ভাষাশ্ম হয়ে থাক।

স্কুলের শিক্ষিকারা সকলেই ওর থেকে বয়সে বড়। কেউ কেউ ওর মায়ের বয়সিও। তাহলে কী হবে মা, এটা ভারতবর্ষ। আমরা ভালো কিছু করবো না। কিন্তু কেউ করলে সমালোচনা করতেও ছাড়বো না। বিদেশিরা এখন ভারতবর্ষের হাজার হাজার বছরের ঐতিহ্য নিয়ে কত উৎসাহিত। আর আমার ঘরের খবরই আমরা রাখি না। ক'জন জানে যে আমার দেশের উপনিষদই পৃথিবীর আদি গ্রন্থ। আরে বাবা, এটা নেটের যুগ, ফেসবুকের যুগ। কিন্তু কেউ কি জানে কিছুদিন পর আর ওই ফেসটাই কারও থাকবে না। এই বিপুলা বিশ্বে একটাই শক্তি কাজ করছে। সেখানে ঘুষ চলে না, ভেজাল চলে না, বেইমানি চলে না। এ শক্তি শুধু শুদ্ধতা বোঝে, এ শক্তি শুধু মনুষ্যত্ব বোঝে। যে গণিতজ্ঞের খোঁজে আইনস্টাইন থেকে আজকের সব বড় বড় বিজ্ঞানীরাও নিজেদের জীবনপণ করে লড়ছেন। আর আমরা বাবা মেয়ে বাসের অপেক্ষায় পথের ধারে দাঁড়িয়ে থাকলেও সেখানে অশুদ্ধতা খুঁজে চলেছি। তাদের মধ্যে প্রেমিক-প্রেমিকার গন্ধ খুঁজে চলেছি। মৌমাছি, ভ্রমর হ'লে তো মধু খুঁজতো। গুবরে পোকা আর কী খুঁজবে বলুন। রশ্মি ট্রেন ফেল করলে ওরা মজা পায়। স্কুল পরিচালন সমিতির সম্পাদক রশ্মিকে একটু পিতার স্নেহে লালন করলে গুবরে পোকারা সেখানে অন্য কিছু খোঁজে। বড়দি মেয়ের মতো রশ্মিকে ভালোবাসলে রশ্মি হয়ে যায় বড়দির প্রিয়া।

আমি রশ্মিকে একদিন বললাম, 'রশ্মি তোর সাথে কল্যাণের সম্পর্কটা তোর কোনো মঙ্গল করবে না। ও তোকে ভালোবাসে না। তোর পয়সাকে, তোর পরিবারের ঐতিহ্যকে ভালোবাসে। তোর বাবার পরিচয়কে ও কাজে লাগায়। কেউ কর্কট রোগে আক্রান্ত হ'লে তার একটা অঙ্গ তো বাদ দিতেই হবে এই দেহটা থেকে। তখন কি কেউ ভাবে, আহা এই অঙ্গটাকে এতদিন লালন করে এলাম, এটাকে বাদ দেবো ? আরে, ওটা বাদ না দিলে একসময় তো গোটা দেহটাই শেষ যাত্রার জন্য প্রস্তুত করতে হবে। তোর

সহকর্মীরা কেউ কেউ বললেন যে, অঙ্কটাকে রেখে দে রশ্মি। আজ কল্যাণ তোকে পাগল বলছে। কারণ সে চালাক। আর চালাক শেয়ানারা তো ভালো লোকদের পাগল বলবেই। পাগল হওয়া তবু ভালো। চালাক হওয়া নয়। ডি. আই. অফিস যাবে রশ্মি। সংসদ অফিস যাবে রশ্মি। আর ট্রেকারে আগের ট্রিপে যাবে বাকিরা। ওরা সহকর্মী। ওরা সহমর্মী। এটা মানুষের সমাজ তো !'

একদিন আমি পড়াচ্ছি। হঠাৎ ফোনটা বেজে উঠল। দেখি রশ্মির মা ফোন করেছেন। উনি বললেন, 'মাস্টারমশাই এখুনি আসুন। রশ্মি খুব অসুস্থ।' আমি গেলাম এবং রশ্মিকে নার্সিংহোমে ভর্তি করে দিলাম। সেই অবস্থায় আমাকেও রশ্মি অনেক অকথা কুকথা বলেছে। কিন্তু আমি কিছু মনে করিনি। কারণ রশ্মি তখন সুস্থ ছিল না। আর রশ্মির এক জেঠুতো সেই থেকে রশ্মির সাথে কথাই বলে না। রশ্মির মামা, মাসি এবং অন্যান্য আত্মীয়রা তখন অতি ব্যস্ত রশ্মির অসুস্থতার কারণ নিয়ে। রশ্মিকে সুস্থ জীবনে ফিরিয়ে দিতে নয়। রশ্মি একদিন সুস্থ হ'লো। স্বাভাবিক জীবনের ছন্দে ফিরে এলো। একদিন রশ্মি মাকে বলল, 'মা, আমি তোমাকে কত অত্যাচার করেছি। শারীরিক এবং মানসিক ভাবে নির্যাতন করেছি। তবুও তো মা, তুমি আমার দুঃসময়ে আমার পাশে আছো।' রশ্মির মা বললেন, 'আমি যে মা রে। মায়েরা কিনা স্নেহ করে থাকতে পারে। আর তুই যখন ওগুলো করেছিস তখন তো তুই স্বাভাবিক ছিলিস না। একজন শিশুও তো মাকে লাথি মারে। মা কি কিছু মনে করে ? আর সব মেয়েই মা নয়। সস্তায় একজন মেয়ে হওয়া যায়। সস্তায় মা হওয়া যায় না। পেটে সন্তান ধারন করাটাই মা হওয়া নয়। মা হওয়া মুখের কথা নয় — এ সত্যটা জেনে রাখ। তোর সাথে যারা খারাপ ব্যবহার করেছে তারা নিজেদের বিক্রি করে দিয়েছে বিভিন্ন সংস্থায়। কেউ চাকরিতে, কেউ স্বামীর কাছে, কেউ অন্য কোথাও, অন্য কোনওখানে। এই যে দেখছিস, সব দুপায়ে হাঁটছে। সকলেই মানুষ নয় — কেউ কেউ মানুষ। মানের যার হুঁস নেই সে কি মানুষ হয় রে? কোনো দিন যদি বিয়ে করিস তবে একজন মানুষকে বিয়ে করিস। একটা দুপায়ে দানবকে নয়।'

রশ্মি একদিন মায়ের গলা জড়িয়ে ধরে বলছে, 'মা, এই যে লোকে বলে আমি নাকি মানসিক রুগি। কেন বলে মা ?' ওর মা বললেন, 'ও সব লোকের কথায় কিছু মনে করিস না। মনোবিদ্যা বলছে, প্রতিটি মানুষই অস্বভাবী কোনো না কোনো বিষয়ে। কিন্তু সেই অস্বাভাবিকত্ব এমন জায়গায় পৌঁছায় না যে, সবাইকে পাগল বলা যাবে। তোর মধ্যে অস্বাভাবিকত্বটা একটু বেশি মাত্রায় হয়েছিল। তাই চিকিৎসার মধ্য দিয়ে যেতে হ'লো। আর তোর অসুস্থতা নিয়ে অনেকে অনেক কিছু বলেছে। এ নিয়ে কারও প্রতি রাগ করিস না। জেনে রাখ, কেউ কাউকে মানও দিতে পারে না, আর অপমানও করতে পারে না।

আশিসকুমার পাত্র

নিজ কৃতকর্ম ছাড়া মান অপমানের বিষয় আসেই না। তেমনই কেউ কাউকে দুঃখও দিতে পারে না, আর আনন্দও দিতে পারে না। সুখ, দুঃখ, আনন্দ বা বেদনা একান্ত নিজস্ব বিষয়। দাদা জে. পি. বাসওয়ানী কী বলেন জানিস ?'

— কী বলেন মা ?

— উনি বলেন, জ্ঞানবান ব্যক্তি কথা বলেন। আর প্রজ্ঞাবান ব্যক্তি শোনেন। উনি আরও বলেন — অভিযোগ কোরো না, ধন্যবাদ দাও। তুই কি জানিস ওনারা তোর কত উপকার করেছেন ?

— সে কি বলছো মা ? আমার এত সব শারীরিক, মানসিক খারাপ অবস্থার জন্য তো ওনারাই দায়ী।

— না রে মা, এগুলো ওনারা না করলে তুই তো ওনাদের চিনতে পারতিস না। ভবিষ্যতে যে আরও কত বড় ক্ষতি ওদের দ্বারা হ'তো তুই কি তা জানিস ? সেগুলো থেকে ঈশ্বর তো ওনাদের মাধ্যমেই তোকে মুক্তি দিল। এই যে কল্যাণের সাথে তোর বিয়ে হ'লে তোর জীবন তো শেষ হয়ে যেতো রে। আমাদের সমাজে বিয়ে মানে তো বহুলাংশে পরাধীনতার আর দাসত্বের নাগপাশ। তা থেকে তুই মুক্তি পেলি মা। দেখিস খুব ভালো জায়গায়, ভালো ছেলের সাথে তোর বিয়ে হবে। তোর খারাপ দিকগুলো থেকে তুই মুক্তি পেয়ে গেছিস। Dada J. P. Vaswani আরও অনেক কথা বলেছেন। উনি বলেছেন — It is only the strong who can forgive. The sleeping pill is a clear conscience. The past is a cancelled cheque. When God closes one door, he has already opened another. তোকে খুঁজে নিতে হবে। তোর নাম রশ্মি। রশ্মি মানে তো জানিস — কিরণ, প্রভা, দ্যুতি। তোর প্রভায় যেন চারিদিক আলোকিত হয়ে যায়। আর তোর একটা সংবেদনশীল মন আছে বলেই না তুই মানসিক রুগি হয়েছিলি। যাদের মনই নেই তারা আবার মানসিক রুগি হবে কী করে ? তারা সমাজে আছে তাদের দুষ্ট আচরণ দ্বারা মানসিক রুগির সংখ্যা বাড়াবার জন্য। রশ্মি বিহ্বলের মতো মায়ের মুখের দিকে তাকিয়ে ছিল। তারপর বলল, 'মা, তুমি এতো শিখলে কোথা থেকে ?'

— ঈশ্বর প্রতিকূল পরিস্থিতির মধ্য দিয়ে নিয়ে গিয়ে আমাকে শিখিয়েছে রে মা।

'মা' ডাকের মাহাত্ম্য

পরমপ্রিয় বন্ধুর স্ত্রী পত্রলেখার শত চেষ্টা করেও কোনও বাচ্চাকাচ্চা হ'লো না। ডাক্তারবদ্যি, ঠাকুর, জ্যোতিষ কেউই কোনও সুরাহা করতে পারলো না। বিয়ের পর তো বেশ কয়েক বৎসর কেটে গেল। অগত্যা বিফল মনোরথ হয়ে বিধির বিধান মেনে নিয়ে এক সন্ধ্যায় চায়ের আসরে দু'জন মিলে বন্ধুকে বললো, 'দেবদত্ত, তুমিই আমাদের ছেলে হও।'

কিন্তু আশ্চর্য হলেও সত্যি, তারপর পত্রলেখা মা হ'লো। নার্সিংহোমে হিমাংশু খুব বিচলিত হয়ে পায়চারি করছে আর দেবদত্তকে জিজ্ঞাসা করছে, 'কী হবে?' দেবদত্ত বললো, 'যা হবে সব ভালোই হবে। আর কার্তিক মাসে যখন হচ্ছে, কার্তিকবাবুই আসছে।'

সৌহার্দ্যের জন্ম হ'লো। সৌহার্দ্য এখন দেবদত্তকে দাদাই বলে। আর দেবদত্ত পত্রলেখাকে মা বলে।

লীলাময়ের তো লীলার শেষ নাই। দেবদত্তের আর এক প্রিয় বন্ধু তরুণের স্ত্রীরও অনেক চেষ্টা করে কোনও সন্তান হয়নি। একবার কয়েক লক্ষ খরচ করে দক্ষিণ ভারতেও চিকিৎসা করিয়ে এলো। শেষে তো জ্যোৎস্না একসময় তরুণকে বলেই ফেলল, 'তুমি আর একটা বিয়ে করো।' ঠিক সেই সময় একদিন দেবদত্ত ওদের বাড়ি যায়। সব শুনে কথায় কথায় জ্যোৎস্নাকে বলে, 'একটা বুড়ো ছেলে নেবে?' জ্যোৎস্না তো যৎপরোনাস্তি খুশি। বলে, 'তাহলে তো খুবই ভালো হয়।' মাস দেড় দুই পর দেবদত্তকে একদিন তরুণ বলল, 'আজ রাত্রে তোমার নিমন্ত্রণ।' দেবদত্ত যথারীতি রাত্রে হাজির। রান্না ভাত পেলে কে আর হাত পুড়িয়ে খায়। এবার তরুণ বলছে, 'তা মাকে জিজ্ঞাসা করলে না, কেমন আছে?' দেবদত্ত কিছু বলার আগেই তরুণ খুব আনন্দ সহকারে বলল, 'জ্যোৎস্না মা হ'তে চলেছে।'

আরাধনার জন্ম হ'লো কলকাতায়। দেবদত্ত নিজে গিয়ে বোনকে বাড়ি নিয়ে এলো। এখন বোনকে ডাক্তার করে তবে দাদার শান্তি।

এবার দেবদত্তর কৌমার্য হারাবার সময় হ'লো। দেবদত্ত বিয়ে করলো। সেখানেও স্ত্রীর এক কলিগের বিয়ের অনেকদিন পরও বাচ্চা হয়নি। দেবদত্ত একদিন স্ত্রীকে বললো, 'দেখো দেবারতি, তোমার বান্ধবীকে যদি আমি মা বলি তাহলে সোমদত্তাও মা হবে।' এইটুকু শুধু কথা। তারপরই জানা গেল, সোমদত্তা মা হবে। এখন সোমদত্তা একটি মেয়ের জননী।

একদিন দেবদত্ত ওর স্যারকে এইসব মা হওয়ার ঘটনাগুলো বলছে। স্যারের সাথে বিভিন্ন আধ্যাত্মিক বিষয় নিয়ে দেবদত্তর গভীর আলোচনা হয়। তো স্যার বললেন, 'দেখো দেবদত্ত, তুমি যখন ওদের মা বলেছিলে তখন তোমার চাওয়াটা এতটাই ঐকান্তিক ও ঐশ্বরিক ছিল যে, ঈশ্বরও ওদেরকে মা হওয়ার জন্য সাথ দিয়েছেন।'

দেবদত্ত শহরেই একদিন ভাইঝির বাড়িতে চা খেতে খেতে এই গল্পগুলো করছে। শেষে দেবদত্ত এমন কথা বললো যে, সবাই হেসে গড়াগড়ি। দেবদত্ত বললো, 'দেখো রমা, নিজের বউকে তো আর আমি মা বলতে পারবো না, তাই তোমার কাকির কোনও বাচ্চা হ'লো না।'

মানুষ হইতে সাবধান!

ঋতব্রতবাবুর জীবনে অনেক শখ ছিল। আবার তাঁর জীবনে অনেক প্রতিজ্ঞাও ছিল। শখ যা ছিল তা-তো ছিল। তাঁর প্রতিজ্ঞাগুলো কিন্তু বড়ো অদ্ভুত। তিনি সংসারী হবেন না। রাজনীতির ধারে কাছেও ঘেঁষবেন না। ব্যবসা নৈব নৈব চ। চাকরিও করবেন না। কিন্তু অদ্ভুত বিষয় হ'লো যেগুলো তিনি করবেন না বলেছিলেন সেগুলো সবই তাঁকে করতে হয়েছিল। এবং একেবারে যাকে বলে চুটিয়ে করতে হয়েছিল। তবে এর মধ্যে ওঁকে চাকরিটা করতে হয়নি। কারণ বিশ্ববিদ্যালয়ে চাকরির প্যানেলে ওঁর নামটা প্রথমে ছিল। এহেন অপরাধের জন্য ওঁর নামটা মহামান্য মন্ত্রীমহাশয়ের নির্দেশে আধিকারিক সাহেব কাটতে বাধ্য হলেন। না হলে ওঁর আবার চাকরি থাকে না।

এ এক অদ্ভুত বিশ্ববিদ্যালয়! এখানে চাকরির বিজ্ঞপ্তি জারির আগেই প্যানেল তৈরি হয়ে যায়। সেই প্যানেলটি তৈরি করেন ওই মহামান্য মন্ত্রীমহাশয়। পাশে অবশ্য শালগ্রামশিলার ন্যায় উপাচার্য মহোদয় উপস্থিত থাকেন। কিন্তু ওই পর্যন্তই। ওঁর কাজ হ'লো লকারে প্যানেলটি সযত্নে গচ্ছিত রাখা। উপাচার্য মহোদয় লকারের চাবিটা ড্রয়ারে রাখতে রাখতে জনৈক ভট্টাচার্যকে — স্যরি — 'স্যার'কে বললেন, 'স্যার আপনার কথামত সবই ঠিক ঠিক হয়ে গেছে।' কারণ মন্ত্রীমহাশয়ের অবর্তমানে ওই 'স্যার'-ই তো সব।

উনি আবার শুধু 'স্যার' নন একেবারে ইন্টারন্যাশনাল 'স্যার'। একবার ভিন্ন এলাকার এক যুবক ওঁকে ভট্টাচার্যবাবু বলে ফেলেছিলেন। তা ওঁর সাগরেদরা সেই যুবককে কী পেটানোটাই না পেটালো। তাদের বক্তব্য — 'জানো না উনি 'স্যার'।'

তা এ প্রসঙ্গ থাক। কারণ আদার ব্যাপারীর আবার জাহাজের খোঁজ কেন বাবা! সমালোচনা করা সবার সাজে না। আর ওনারা তো সমালোচনার উর্ধ্বে। আর পান থেকে চুন খসলে ওনার রোষানল তো দাবানলের আকার নেবে। তখন কত অট্টালিকাই ধ্বংস হয়ে যায়। আর আপনার আমার তো খরের চাল। যাই হোক, এই হ'লো ঋতব্রতবাবুর চাকরি করা। পরমেশ্বর ওঁর এই ইচ্ছেটা পূরণ করলেন।

চাকরি তো করবেন না বলে প্রতিজ্ঞা করেছিলেন, তাহলে চাকরি করার আবার শখ হ'লো কেন? সেও এক ইতিহাস। উনি তখন অঙ্কে অনার্স পড়েন। ওনার মাস্টারমশাই একদিন ডাকলেন ঋতব্রতকে।

— ওরে ঋতব্রত, আমি বাবা আর পারছিনে। বয়স তো চুয়াত্তর পার করে দিলুম, এবার অনার্সটা তুই-ই পড়া।

ঋতব্রত তো অবাক।

— কী বলেন স্যার? আমি তো এখনও অনার্স পাসই করিনি। এটা আপনি একটু বাড়াবাড়ি করছেন না!

— আমি বলছি তুই পারবি। লেগে পড়। চিন্তা নেই, আমি তো এখনও বেঁচে আছিরে।

তা আর কী করা যায়। ঋতব্রত অনার্স পড়াতে লেগে গেলেন। তখন ঋতব্রতর রমরমা বাজার। শহরের প্রথিতযশা শিক্ষকের কাছে পড়ে বাইশ পার্সেন্ট নম্বর পায় যে ছাত্রী, সেই ছাত্রীকেই ঋতব্রত পড়িয়ে একেবারে ছেষট্টি পার্সেন্ট নম্বর পাওয়ালেন অনার্সে।

তা পড়ালে কী হবে। পড়াতে পড়াতে জিজ্ঞাসা করতেন ছেলেমেয়েদের, তাদের বাবা কী করেন, বাড়ির আর্থিক অবস্থা কেমন এইসব। অবস্থা খারাপ দেখলে বেতন নিতেন না। আর বিপ্লবীদলের কারও ছেলেমেয়ের তো বেতন নিতেনই না। একবার এক ছাত্রীর বাবা ঋতব্রতর কাছে এলেন।

— ঋতব্রত, মাইনে কত নাও?

— দাদা, একই দলে থেকে আপনার মেয়েকে পড়িয়ে মাইনে নেবো কীগো!

— না, ঋতব্রত, একটা গুরুদক্ষিণা তো দিতে হবে।

— সেটা দাদা ঠিকই বলেছেন। তাহলে আপনি পুরো ষোলো আনাই দেবেন।

এই হ'লো ঋতব্রতর মাইনে নেওয়া। তো একদিন ঋতব্রত ভাবলেন, ছাত্রছাত্রী পড়িয়ে মাইনে না নিলে তারই বা চলে কেমন করে। তখন তাঁর মনে হ'লো একটা চাকরি করাই ভালো। সেই চাকরির পরীক্ষা দেওয়া।

তারপর এই ঘটনার পর ঋতব্রত একদিন বিপ্লবীদলের সভায় গেলেন। গিয়ে তাঁর দলীয় সদস্যপদটি তথাকথিত বিপ্লবীদের শ্রীচরণে সমর্পণ করলেন। বিপ্লবীরা ওনার মতো একজন সদস্যকে কিছুতেই হাতছাড়া করবেন না। এই ধরনের সদস্যদের ঘাড়ে বন্দুক রেখেই তো খেতে হবে। তো শেষপর্যন্ত ঋতব্রত সোজা কথাই বললেন।

— আমার মতো একজন দলীয় সদস্যের ওপর যখন তোমাদের এই অত্যাচার, তখন সাধারণ আমজনতার ওপর তোমরা কী না অত্যাচার করছো সেটা আমার মালুম

হয়েছে। আমি আসছি। আমার কাছে হাত পেতে ভিক্ষা চাইলে আমি চাকরিটা ছেড়ে দিতাম। জোর করে না বলে আমার নামটা কাটার অধিকার তাকে কে দিল ?

এর পূর্বেও ঋতব্রত সরকারি কৃষিবিভাগে একটা পরীক্ষা দিয়েছিলেন। প্যানেলে তাঁর নামও ছিল। কিন্তু সে প্যানেলটি গঙ্গাবক্ষে ফেলে দেওয়া হয়। সরকার তো ডুবে মরে ভূত। কিন্তু প্যানেলটি এখনও গঙ্গাবক্ষে ভাসছে।

আমি এখন একটা সরকারি কলেছে পড়াই। আমিও এই বিশ্ববিদ্যালয় থেকে এম.এ.-তে প্রথম বিভাগে প্রথম হয়েছিলাম। আবার বিশ্ববিদ্যালয়ের অধ্যাপনার পরীক্ষাতেও প্রথম হয়েছিলাম। কিন্তু ওই পর্যন্তই। তাঁর ইচ্ছা না হ'লে তো কিছুই করার নেই। হাইস্কুল তো দূরঅস্ত এমনকি প্রাইমারি স্কুলেও পড়াবার যোগ্যতা নেই যাঁর তিনি এই বিশ্ববিদ্যালয়ে অধ্যাপনা করেন ওঁর ইচ্ছাতে। আমজনতা ভালোই জানে — 'তাঁর ইচ্ছা হলে, খঞ্জও পর্বতে।'

ছোটবেলায় মা-ঠাকুমারা একটা কথা বলতো।

— ওরে আজকে আর দুয়ারে শুবি না, ছেলেধরা বেরিয়েছে।

তা এই রাজনৈতিক নেতারাও এক একটা ছেলেধরা। সমাজে একুট ভালো ছেলে দেখলেই তার ওপর শ্যেনদৃষ্টি। বিশ্বব্যাঙ্ক থেকে টাকা এসেছে। একটা বড় হাসপাতাল হবে। কিন্তু শর্ত হ'লো পাঁচ বিঘা জায়গা রাজ্যপালের নামে নিঃশর্ত দানপত্র করতে হবে। ঋতব্রতর এলাকার বড় মানুষরা তো চিরকাল হাত চিৎ করতেই শিখেছেন। আর মলমূত্র ছাড়া কিছুই ত্যাগ করতে শেখেননি। হাসপাতাল হবে না। জায়গা পাওয়া গেল না। ঋতব্রত তখন জেদ ধরলেন, জায়গা জোগাড় করবেন তবে ছাড়বেন। তখন এক নেতাবাবু অদ্ভুত কথা বললেন।

— আমরা এতবড় নেতারা এমনকি এম. এল. এ. পর্যন্ত যখন হেরে গেলেন, তোমার কী ক্ষমতা বাপু যে তুমি জায়গা জোগাড় করবে ?

ঋতব্রত তখন ওই নেতাবাবুকে একটি উদাহরণ দিলেন।

— গুরুদেবের নগরলক্ষ্মী কবিতাটি পড়েছেন ? শ্রাবস্তীপুরে দুর্ভিক্ষ হয়েছিল। বুদ্ধ নিজ ভক্তগণে শুধিয়েছিলেন, কে ক্ষুধিতের অন্নদান-সেবার ভার নেবে ? ধনীব্যক্তিরা এই গুরুভার নিতে পারেন নি। এক ভিক্ষুকন্যা, যে প্রকৃতপক্ষে ভিক্ষুণী, বুদ্ধের করুণ আঁখি দুটির সামনে দাঁড়িয়ে বুদ্ধের চরণরেণু লয়ে বলেছিল যে, সে এই গুরুদায়িত্ব পালন করবে। তখন সকলে বলেছিল, তার কী সম্বল যে সে এই দুর্ভিক্ষ সামাল দেবে ? ভিক্ষুণী তার ভিক্ষাপাত্র দেখিয়ে বলেছিল —এই তার সম্বল।

ঋতব্রতও একইভাবে তাঁর হাতের তালুদুটো দেখিয়ে বলেছিলেন — এই তাঁর সম্বল। হ্যা, ঋতব্রত তাঁর কথা রেখেছিলেন।

নেতাবাবুরা দেখলেন, এ ছেলে তো সোজা ছেলে নয়। অতএব একেবারে বিপ্লবী পার্টির সদস্যপদ। ঋতব্রত তখন যুক্তি দিয়ে একটি কথা বলেছিলেন।

— আমি মনে করি আমি বিপ্লবী পার্টির সদস্য হওয়ার যোগ্য নই। বিপ্লবী পার্টির সদস্যপদ কি এত সস্তা যে, আমাকে এখনই সেটা দিতে হবে!

নেতাবাবুদের তো উদ্দেশ্য পরিষ্কার। এক নেতাবাবু বললেন যে, 'পার্টি ঋতব্রতকে যোগ্য মনে করছে।' সেই ঋতব্রতর বিপ্লবী পার্টির সদস্য হওয়া। এখনও পুরোনো ডায়েরি খুলে ঋতব্রত দেখেন, সদস্য হওয়ার সময় এক জায়গায় ঋতব্রতকে সই করতে হয়েছিল যেখানে লেখা ছিল — 'ব্যক্তি স্বার্থের উর্ধ্বে পার্টিকে স্থান দেবে।'

কীরকম ব্যক্তি স্বার্থের উর্ধ্বে পার্টিকে স্থান দিচ্ছে আর কেমন বিপ্লব হচ্ছে সেটা আমজনতাই বুঝেছে ভালো। সংসদ তো শুয়োরের খোঁয়াড়। এই সংসদেই বিপ্লবীরা যখন এত গুঁতোগুঁতি করছে তখন বুঝতে হবে বিষ্ঠা ওখানে ভালোই জমেছে। এই গেল ঋতব্রতর রাজনীতির অধ্যায়। এটাও পরমেশ্বর মঞ্জুর করলেন।

এবার আসি ঋতব্রতর ব্যবসা করার বিষয়ে। ঋতব্রত মাস্টার লোক। ওটাকেই তিনি এখন ধ্যানজ্ঞান করেছেন। তা সমাজ তো আর ঋতব্রতর পথে হাঁটবে না। যার যা গাওনা গাওরে নিতাই। হঠাৎ তিনমূর্তি এল ঋতব্রতর কাছে — ও দাদা, এসব কী ছাইপাঁস ঘাঁটছো বলো তো! অনেক অঙ্ক কষেছো। এবার জীবনের অঙ্কটা একবার কষো দেখি। চলো ব্যবসা করি। দেখবে তোমাকে আর কোনোদিন মাস্টারি করতে হবে না।

হ্যা, তারা ঠিকই বলেছিল। ঋতব্রতর মাস্টারি একেবারে লাটে তুলে দিল। তারা যে ঋতব্রতর টাকার বল আর লোকবলের জন্য তাঁর কাছে এসেছিল, সে তো ঋতব্রত তখন সরল মনে বোঝেননি। যখন বুঝলেন তখন সেই ওরঙ্গজেবের সভাসদের আসরে জাহানারার মত তাঁর অবস্থা আর কী।

এ আবার কেমন ব্যবসা বুদ্ধি দেখুন — একটা কাজ ধরবে যার আস্থাপত্রে তাকে গ্রস এর পনের শতাংশ দিতে হবে, যে অফিসার যোগাযোগ করে দেবে তাকে লাভের পঁচিশ শতাংশ, এরপর অফিস চালানো, ব্যাঙ্কের সুদ ইত্যাদি, ইত্যাদি। ঋতব্রত তাদের বললেন যে তিনি ব্যবসায় থাকবেন কিন্তু লভ্যাংশ নেবেন না। ঋতব্রতর অঙ্কে তাদের খুব আস্থা। একজন বলল, ঋতব্রত যখন লাভ নেবে না তখন সেও লাভ নেবে না। তখনই বিষয়টা তাদের খটকা লাগল।

— বিষয়টা কী দাদা?

— বিষয়টা কিছুই নয়। বাবা তো নেই। উত্তরাধিকারসূত্রে পাওয়া জমিগুলো এবার বিক্রি হবে।

অনেক সময় দেখবেন, মনুষ্যরূপী জীবের পেটেই জন্মানো কিছু মনুষ্যরূপী শৃগাল আছে যারা ওত পেতে থাকে বনে বাদাড়ে। সেই রকমই একজন ঋতব্রতকে বললো —যা হয়েছে দাদা তা হয়েছে। এবার চলো আমরা দু'জনে ব্যবসায় নামি। তোমাকে আর সারাজীবন কিছু করতে হবে না। আমার কথা শুনে একবছর শুধু চলো।

যেমন কথা তেমনই কাজ। এবার ঋতব্রতর কফিনে শেষ পেরেকটাই পুঁতে দিল সে। নামটা সই করতেও যে কলম ভাঙে, তার ব্রিফকেস নিয়ে গাড়ির দরজা খুলে দেয় ড্রাইভার। সন্ধ্যার তরকারি তিনি রাতে ছোঁবেন না। সাইকেল চড়বেন না। কারণ সাইকেল তো অমর্ত্য সেন চড়েন।

আর তাঁর আগের অবস্থা শুনবেন? একটা ফেরেববাজ কোম্পানিতে কর্মচারী ছিল। শখ হ'লো মালিক সাজার। পকেটে ফুটো পয়সা নেই। মেয়ে স্কুলে ভর্তি হবে — ঋতব্রত। জায়গা কিনবে — ঋতব্রত। গাড়ির টায়ার দরকার — ঋতব্রত। সংসার খরচ — ঋতব্রত। অতএব ব্যবসাতেও এবার ঋতব্রতর পিছুপানে নমস্কার। পরমপিতার করুণায় ঋতব্রতর এই প্রতিজ্ঞাটাও শেষমেষ রক্ষা হ'লো।

একদিন মনে হ'লো ঋতব্রত কেমন আছে একবার দেখে আসি। সাইকেলটা নিয়ে ঋতব্রতর দরজায় এলাম। দেখি তো বেল বাজিয়ে। ওমা, প্রথম কলিংবেল।

— ওপার থেকে ঘেউ।

দ্বিতীয় কলিংবেল।

— ওপার থেকে আবার ঘেউ।

এবার ডাকলাম, 'ঋতব্রত, বাড়ি আছো নাকি?'

— ঘেউ, ঘেউ, ঘেউ,...।

যা বাবা! এ আবার কী? ডোবারম্যান।

— ঋতব্রত?

— ঘেউ, ঘেউ, ঘেউ,...। অ্যালসেশান্।

যা বাব্বা! ঋতব্রত?

— ঘেউ, ঘেউ, ঘেউ,...। জার্মান শেপার্ড।

মহা মুশকিল! দরজায় আবার ওটা কী লেখা? —''মানুষ হইতে সাবধান।''

লোকের দরজায় সাধারণত লেখা থাকে 'কুকুর হইতে সাবধান।'

এটা কীরকম হ'লো! অনেক ডাকাডাকি ও সারমেয়কুলের একনাগাড়ে চিৎকার চেঁচামেচির পর কোনোরকমে একটা মনুষ্যরূপী ছায়ার দর্শন পাওয়া গেল। তারপর দেখি উনি বলছেন, 'আনন্দ, স্লিপটা পাঠিয়ে দাও।' ডোবারম্যান এলো একটি স্লিপ নিয়ে। তাতে লেখা, 'আপনার পরিচয় ও সাক্ষাতের কারণ লিখে দিন।' সব লিখে স্লিপ দিলাম। পরে আবার উনি বলছেন, 'শান্তি, স্লিপটা দিয়ে এসো।' এবার অ্যাল্সেশান্। স্লিপে লেখা — আসুন।

আবার দেখি বলছেন — মুক্তি, দরজা খুলে দাও।

এবার জার্মান শেপার্ড। এসে দেখি, দেশি-বিদেশি মিলে দশটি কুকুর পরিবৃত হয়ে বসে আছে ঋতব্রত।

— তোমার এ কী অবস্থা!

— কেন?

— না, এত কুকুর নিয়ে তুমি কী করছো?

— তবে কি মানুষ নিয়ে কারবার করবো? বেইমান, নিমকহারাম, বিশ্বাসঘাতক, অকৃতজ্ঞদের নিয়ে আমার কোনও কারবার নেই। মানুষ থেকে সাবধান ভাই। আর ওদের কুকুর বোলো না। ওরা আমার বন্ধু। একদিন আমি বলতাম, রবীন্দ্রনাথ যে বলেছিলেন, 'মানুষের প্রতি বিশ্বাস হারানো পাপ' সেটা আমি মানতে পারলাম না। অনেকে অবাক হতো। কিন্তু বড় অদ্ভুত ব্যাপার মুখুজ্যে। রবীন্দ্রনাথ তাঁর ধ্বংস রচনাটি শেষ করেছেন একটি কবিতা দিয়ে এবং তাতে উনি বলেছেন — 'আজ দেখি 'পশু' বলা গাল দেওয়া পশুরে।' তাই মানুষকে বিশ্বাস করাটাই পাপ হে! মানুষ হইতে সাবধান!

— তা ঋতব্রত, ওপরওয়ালা তাহালে তোমার সব ইচ্ছাই পূরণ করলেন। কী বল?

— না মুখুজ্যে প্রথম ইচ্ছেটাই অপূর্ণ রয়ে গেল।

— মানে?

— আরে ভাই মানেটা তো খুবই সোজা। এখানে এসে আমার সংসার দেখতে পাচ্ছো না? তোমাদের মানুষ নিয়ে সংসার না হলেও এ আমার খুব বড় সংসার। আমার এই দশ অবতার নিয়ে পরিজন মোট এগারো। ওদের খাওয়া দাওয়া, ওষুধ পত্তর, শোয়ার ব্যবস্থা সবই তো আমাকেই করতে হয়। তবে এ বড় শান্তির নীড় হে।

— তাহলে তোমার এ কুটিরটির নাম ওই কারণে 'শান্তিনীড়' রেখেছো?

— হ্যাঁ, তুমি ঠিকই ধরেছো। তবে ওরা আমাকে খুবই সাহায্য করে।

সেটা আমি বিলক্ষণ দেখতে পেলাম ঋতব্রতর পূজার সময়। কেউ খঞ্জনি বাজাচ্ছে, কেউ খোল বাজাচ্ছে। কেউ এনে দিচ্ছে ঘট। কেউ আবার নৈবেদ্যের থালাটা এনে দিচ্ছে।

—আচ্ছা, ঋতব্রত তুমি এরকম পাগল পাগল মতন হয়ে গেছো কেন ?

—আরে এটা বুঝলে না ভায়া ? এই নিষ্ঠুর সমাজে তুমি যে আছো সেটা যেন কেউ না জানে। সব ব্ল্যাকমেলার। তোমার ভালো তো করবে না, পরন্তু মন্দ করবে। আমি পাগল নই। তুমি তো বললে পাগল পাগল মতন। হ্যাঁ, পাগলের মত আচরণ আমি করি। কেন করি জানো ?

—কেন ?

—কারণ পাগলের কাছে আর যেই আসুক কোনো চালাক, শেয়ানা লোক আসবে না।

—তুমি দেখছি সৃষ্টির মাঝে এক সৃষ্টিছাড়া।

—ঠিকই বলেছো মুখুজ্যে। আমার গ্রামের এক পিসিও একদিন বলেছিল, ঋতব্রত, তুমি সৃষ্টির মাঝে সৃষ্টিছাড়া। না হ'লে মুখুজ্যে তুমি বাঁচতে পারবে না। তোমাকে শেষ করে দেবে। ধর্মের লাইনে এক সাধক বলেছিলেন, ‘মানুষ আপন, টাকা পর। যত পারিস মানুষ ধর।’ আমি কী বলি জানো ?

—কী বলো ঋতব্রত ?

—আমি বলি, কুকুর আপন মানুষ পর। যত পারিস কুকুর ধর। আবার এও বলি, বই আপন মানুষ পর। যত পারিস বই ধর। এই যে তুমি রাত্রে বাড়ি ফিরবে তখন তোমার ভয় লাগবে মানুষকে, কুকুরকে কিন্তু নয়। মনে পড়ে ? তোমার বাড়ি থেকে অনেক রাত্রে ফিরেছি। তোমার পাড়ার রাস্তায় কুকুর দেখলেই বলতাম, আমি মুখুজ্যের বন্ধুরে। তখন কুকুরগুলো কেমন শান্ত হয়ে যেত। একটা কুকুরকে ভুলেও যদি একমুঠো ভাত দিয়ে ফেলেছো তবে কুকুরটা রোজ তোমাকে কৃতজ্ঞতা জানাবার জন্য লেজ নাড়বে। বেশিরভাগ মানুষ আজ আতঙ্কে ভোগেন। আর সেটা মানুষেরই থেকে আতঙ্ক। আর একটা কথা। জানো, মুখুজ্যে এ বিশ্বে সত্যি সত্যি খুব একটা সমস্যা নেই। বেশিরভাগ সমস্যাই কিন্তু মনুষ্যকৃত। প্রাকৃতিক সমস্যা কটা আছে বলো তো ? প্রাকৃতিক সমস্যায় কত লোক মরে ? কিন্তু মানুষ যে কত মানুষ মারে তার হিসাব নাই। কোন্ ধর্ম মানুষকে মারতে বলেছে বলো তো ? যদি তা বলে তাহলে সে মানুষের ধর্ম নয়। সে ধর্মের কোনও প্রয়োজন নাই। এই যে মুম্বাই-এ ‘তাজ’ হোটেল আক্রমণ হ'লো যেখানে ওরা পাঁচ হাজার মানুষ মারবে বলে এসেছিল। কী অপরাধ করেছিল ওই নিরীহ মানুষগুলো ? ওয়ার্ল্ড ট্রেড অর্গানাইজেশনে যে একটা আস্ত প্লেন ঢুকিয়ে দিল। সেটা কোনও মানুষ করতে পারে! মরলো কারা ? সেই নিরীহ মানুষগুলো। তাহলে মদ্দা কথা কী দাঁড়ালো ? মানুষ হয়ে মানুষ মারো। তাই তো ? মনুষ্যত্বের চেয়ে বড় ধর্ম আর কিছু হতে পারে ?

মানবতা ছাড়া কোনও বাদ হ'লে, সেটাকে আগে মানুষের সমাজ থেকে বাদ দিতে হবে। তাকে ফেলো ছুঁড়ে ওই সভ্যতার আস্তাকুঁড়ে।

— ঋতব্রত, এ সমাজটাকে মানুষের বাসযোগ্য করার কাজে এবার মন দিলে হয় না ?

— তুমি তো কোনও খোঁজই রাখো না মুখুজ্যে। সেই কাজটাই এখন আমি করছি। একজন মানুষের মধ্যেকার ভালো ভাবটা আমি জাগিয়ে তুলি। অ্যাকসিডেন্টের পর ডাক্তারবাবু তো তখন সাইকেল চালাতে দিতেন না। তো হেঁটে হেঁটে যাচ্ছি। একবার মনে হ'লো মরে গেলে তো আর কোনোদিন দেখাই হ'তো না। তবে ছাত্রীটি কী করছে দেখি। ছাত্রীটি একটি হাইস্কুলে ফিজিক্সের শিক্ষিকা। ফিজিক্সে বিশ্ববিদ্যালয়ে প্রথম বিভাগে প্রথম হয়েছিল। আমি বললাম, 'সুস্মিতা, তুমি স্কুলে পড়াবার জন্য জন্মাওনি।'

ও তো অবাক — আপনি স্যার কী বলতে চাইছেন ?

আমি বললাম — তুমি হয় কলেজে, না হয় বিশ্ববিদ্যালয়ে পড়াবার জন্য জন্মেছো।

কিছুদিন পর ওর বাবা বললেন, 'মাস্টারমশাই মেয়ে 'নেট'-এ পেয়ে গেছে।' আর কিছুদিন পর রাস্তায় সুস্মিতা প্রণাম করে বলল, 'স্যার, আমি সরকারি কলেজে যোগ দিয়েছি।' আমি কী করেছিলাম জানো মুখুজ্যে ?

— কী করেছিলে ঋতব্রত ?

— আমি সুস্মিতার ভিতরের বারুদে শুধু আগুনটা জ্বালিয়ে দিয়েছিলাম। এটাই প্রকৃত গুরুর কাজ। একজন গুরু হলেন — Friend, Philosopher & Guide. বুঝলে ?

— এ তো তুমি সাংঘাতিক কাজ করছো ঋতব্রত।

— হ্যাঁ মুখুজ্যে আমি ওরকমই করি। আরেকটি ছাত্রের কথা বলি শোনো। ওকে তো আমি অঙ্ক পড়াতাম। তো, আমি বললাম, সত্যসুন্দর, তুই কী হ'তে চাস ? সত্য বলল, ডাক্তার হ'তে চায়। আমি কী করলাম জানো মুখুজ্যে ?

— কী করলে ঋতব্রত ?

— আমি ওকে ইঞ্জিনিয়ারিং-এর ফর্মই পূরণ করতে দিইনি। ওর বাবা আমার মাস্টারমশাই। তো, স্যার বললেন, ঋতব্রত এটা কী করলি ? আমি বললাম — কেন স্যার ? স্যার বললেন — মেডিকেলে না পেলে ইঞ্জিনিয়ারিংটা পড়তো। আমি কী বললাম জানো মুখুজ্যে ? বলি তাহলে শোনো। আমি বললাম, 'স্যার দু'নৌকায় পা দিয়ে আমি তো কাউকে পাড়ে পৌঁছাতে দেখিনি। আপনি কি দেখেছেন স্যার ?' স্যার দেখলেন, এ তো সংঘাতিক ছাত্র। বললেন, 'যা ভালো বুঝিস তাই কর।'

— আমার সেই ছাত্র আজ একজন ভালো ডাক্তার। হ্যাঁ, গুরুর কাজ ছাত্রকে পথ দেখানো। হাঁটবে সে নিজেই। সেই আমার যখন অ্যাকসিডেন্ট হ'লো, হাসপাতালে আমার স্ক্যান হচ্ছে। আমি তো মৃতপ্রায়। তো সত্য আমার নাম শুনেই দৌড়ে গেছে। ও তখন হাসপাতালের হাউস সার্জেন। এই হচ্ছে গুরু-শিষ্য সম্পর্ক। বুঝলে মুখুজ্যে? কত ছাত্রকে লক্ষ লক্ষ টাকা বেতনের চাকরি ছাড়িয়ে দিয়েছি।

— তাহলে তারা করছেটা কী?

— কেন? রিসার্চ করছে আই. আই. টি.-তে।

— ঋতব্রত তুমি এত ভালো ভালো ছাত্রছাত্রী কী করে মানুষ করো?

— শোনো মুখুজ্যে, আমি কী বলি জানো?

— কী ঋতব্রত?

— আমি মনে করি, একজন শিক্ষক যখন কলমটা ধরেন তখন তিনি যদি ভাবেন, তাঁর সন্তানকে শেখাচ্ছেন তাহলে সে শিক্ষার মাত্রাই অন্যরকম হবে। আবার একজন ডাক্তার যখন স্টেথোটা বুকে ধরেন তখন তিনি যদি ভাবেন তাঁর সন্তানের চিকিৎসা করছেন তাহলে চিকিৎসার মাত্রা অন্যরকম হ'তে বাধ্য।

— তুমি তো দারুন কথা বলো ঋতব্রত।

— মুখুজ্যে এটা কোন্ সমাজ বলতে পারো যেখানে ছাত্রও খরিদ্দার, রোগীও খরিদ্দার। এখানে ডাক্তারখানাতেও ধূপধুনো দেওয়া হয় পেসেন্টের আশায়। আমি বলি মুখুজ্যে — একটা বিষয়ে তুমি যে হ্যাঁ বলবে সেটা জেনে বলতে হবে। আবার না বললে সেটাও জেনে বলতে হবে। ওপরওলার কাছে আমি দুটো জিনিস চেয়েছি — শান্তি আর আনন্দ। আর সে দু'টো আমি পেয়েও গেছি। আর একটা জিনিস অবশ্য চাই — মুক্তি। এই যে আমার ধার ভাগ্যটা খুব ভালো। ফোন করে লক্ষ লক্ষ টাকা চাইলে লোক আমার বাড়ি পৌঁছে দেয়। কিন্তু আবার সেই টাকা লোক মেরেও দেয়। আমি কী করি জানো মুখুজ্যে?

— কী করো ঋতব্রত?

— আমি ওই নিমকহারামগুলোর বিচারের ভার ওপরওলার হাতে দিয়ে দিই। আর সে যে বিচার হয় মুখুজ্যে তুমি কল্পনাও করতে পারবে না। আমি ছাত্রছাত্রীদের বলি — যেটা ঠিক সেটা করো। যেটা বেঠিক সেটা কোরো না। ভালোমন্দ বিচার করে কোনোদিন কাজ করবে না। আর বলি বিশ্বাস করো একশো শতাংশ আর শূন্য শতাংশে। না হয় এক ও শূন্যে। মাঝামাঝি কিছুতে নয়। মানুষের পরিচয় কীসে বলতে পারো মুখুজ্যে?

— কীসে ঋতব্রত ?

— পারলে না তো মুখুজ্যে ? একজন মানুষের পরিচয় তার ভাবনায়।

আমার মায়ের পা ভেঙ্গেছে। তো কলেজ থেকে সেদিন নার্সিংহোমে এসে মনমরা হয়ে বসে আছি। ঋতব্রতই সব দেখাশোনা করে মায়ের। ঋতব্রত বলল — মুখুজ্যে তোমার মনটা আজ খারাপ মনে হচ্ছে ?

— হ্যাঁ, ঋতব্রত ? আজ কাকা কাকিমারা বলেছে যে, তারা মায়ের শরীর খারাপের বিষয়টাতে নেই।

— আরে ! এ তো জবর খবর মুখুজ্যে। পয়সা দাও, পয়সা দাও। মিষ্টি নিয়ে আসি।

— এ তুমি কী বলছো ঋতব্রত ? তুমি কি পাগল হয়ে গেলে ?

— তোমাকে সারাজীবনের জন্য একজন মুক্তি দিয়ে গেল। আর তুমি কিনা মন খারাপ করে বসে আছো ! আর তার চেয়েও বড় কথা তোমার কাছ থেকে একজন লেনেওয়ালা চলে গেল। আনন্দ করো, আনন্দ করো, মুখুজ্যে। আমি কিছুক্ষণ চুপচাপ বসে রইলাম। তারপর ঋতব্রতকে বললাম — ঋতব্রত এ ধরনের চিন্তা তুমি কোন বই থেকে পেলে ?

ঋতব্রত তার মাথার ডান পার্শ্বে টোকা মেরে বললো — এখান থেকে। এই বইটা ভালো করে পড়। তাহলে সব জানতে পারবে। জীবনে কোনও সমস্যা এলে প্রথমে ভাবো আদৌ সেটা সমস্যা কি না ? আর যদি সমস্যাই হয় তারপর ভাবো সেটা তোমার দ্বারাই সমাধান হবে কি না। কিন্তু বেশির ভাগ মানুষই নিজের প্রতি আস্থা না রেখে অযথা দৌড়াদৌড়ি করে মরে। জীবনকে ভালোবাসো। মানুষ যারা তাদের ভালোবেসো। দেখবে জীবন কত সুন্দর ! কত মধুময় ! তাই তো গুরুদেব বলেছিলেন, 'মরিতে চাহিনা আমি সুন্দর ভূবনে।' তিনি জীবনকে ভালোবেসেছিলেন। তোমার স্ত্রী তো অধ্যাপিকা। ওকে জিজ্ঞাসা করোতো কোন রাজনৈতিক অস্থিরতায় যদি ওর কলেজটা ছ'মাস বন্ধ হয়ে যায় ও খুশি হবে কিনা ? উত্তরটা আমি দিচ্ছি — ও খুব খুশি হবে। তাহলে বোঝো ও কেন কলেজে আছে সে জ্ঞানই ওর নেই। ছাত্রেরা আছে বলে ওর চাকরিটা আছে। সেটা কেবল ওরই না ওর মত অনেক অধ্যাপকেরই নেই। এটা যদি আমি হতাম, তাহলে আর যাই হোক খুশি হতাম না কিন্তু। পরন্তু বিকল্প কিছুর চিন্তা করতাম। সিস্টেমটাকে শেষ করে দিতে নেই। তাহলে সিস্টেমের মধ্যে যারা থাকবো সবাই শেষ হয়ে যাবো মুখুজ্যে।

— এরকম ছাত্র তুমি তৈরি করো কী করে ঋতব্রত ?

— ছাত্রদের ভালোবাসি বলে। ছোটবেলায় ভাবতাম আমাকেও কি বাবার মতো মোটাকলম ধরতে হবে ? ওসব সরু কলম ধরাটা তো মুখুজ্যে-ভট্টাচার্যদের কাজ। কিন্তু সময়ের বিচার বড় নিষ্ঠুর মুখুজ্যে। সময় কাউকে ক্ষমা করে না। "পশ্চাতে রেখেছো যারে সে তোমারে পশ্চাতে টানিছে।"

এরপর ঋতব্রত বললো — তা অনেক রাত হ'লো মুখুজ্যে। তোমাকে তো অনেকটা পথ যেতে হবে। আজ তাহলে এসো। যাবার সময় আমি ঋতব্রতকে শুধু একটা কথাই বলে গেলাম — ঋতব্রত, তোমার দরজা থেকে ওই 'মানুষ হইতে সাবধান' কথাটা মুছে দিয়ে লিখে দাও 'মানুষ গড়ার কারখানা'।

যুক্তিহীন যুক্তি

নগেন কাঁধে গামছাটি ফেলে নদীতে স্নানের উদ্দেশে বাড়ি থেকে রওনা দিয়েছিল। পথিমধ্যে তাকে দাঁড়াতেই হ'লো। নদীতে যাওয়ার পথেই ভবেশের বাড়ি। সে নিজের চোখকেও বিশ্বাস করতে পারছিল না। কিংকর্তব্যবিমূঢ়ের মতন সে দেখল, বন্ধু ভবেশ তার হাতঘড়িটি গলায় ঝুলিয়ে পঞ্চব্যঞ্জনে ভাত মিশেয়ে তার টিকিতে ভাত রাখছে। কারণটা জানতেই হবে। যতদূর জানে, ভবেশ তো মাথা খারাপের লোক না। তাহলে ভবেশের হ'লোটা কী ? সম্মুখে ভবেশের গৃহিনী যৎপরোনাস্তি বিপর্যস্ত হয়ে হাতজোড় করে দাঁড়িয়ে আছে। নগেনকে দেখে ভবসুন্দরী একটু বল পেলো।

— ঠাকুরপো, তুমি ভাই একটু সামলাও, আমি আর পারছিনে।

— আরে, কী হ'লো তাই বলো।

— আর বোলো না ভাই, খগেন ঠাকুরপোর সাথে গতকাল ধুন্ধুমার ঝগড়া করে এসেছে। আজ এইসব কাণ্ড আরম্ভ করেছে। জিজ্ঞাসা করতে বলে কী, 'খগেন আমার চিরশত্রু। খগেন শালা যদি হাতে ঘড়ি পড়ে আর মুখে ভাত খায় তাহলে আমি কখনওই সেটা করতে পারি না।'

নগেন এবার একটু রেগেই গেল।

— এই ভবেশ, তুমি একী করছো ?

— কেন ? আমি ভুল কী করছি ?

— মানুষ গলায় ঘড়ি ঝোলায়, না, টিকিতে ভাত খায় ?

— তুমি কি এই রাজ্যের বাইরে ?

— কেন ?

— এই রাজ্যে তো সেটাই হচ্ছে ভাই।

— কীরকম ?

— তোমাকে হাজারটা উদাহরণ আমি দিতে পারি এখনি।

— হাজারটার দরকার নেই, একটা দিলেই চলবে।

— আচ্ছা ভাই, তুমি যে শহরের বাসে চাপছো সেই বাসে এখন শহরে পৌঁছাতে পারছো ?

— না, তা পারছিনা। শহরে ঢোকার আগেই তো নামিয়ে দেয়। তারপর হয় পদব্রজে, না হয় অন্য কোনও যানে।

— তাহলে ? ওটা তুমি সোজা মেনে নিলে এটাকেও বাঁকা মেনো না।

রসরাজের রসিকতা

যমরাজ এক প্রত্যুষে রসরাজবাবুর কুটিরে তাঁর দূতকে পাঠালেন রসরাজবাবুকে যমালয়ে নিয়ে আসার জন্য। দরজায় খট্‌খট্‌ আওয়াজে রসরাজবাবু বিছানা ছেড়ে উঠে বললেন, কে ? দরজার বাইরে থেকে উত্তর এল — আমি যমদূত এসেছি।

রসরাজবাবু সত্বর দরজা খুলে অতিথিকে সাদরে অভ্যর্থনা করে ভিতরে আসন পেতে বসতে দিলেন। যমদূতের সাথে কুশল বিনিময় করে যমদূতকে একপাত্র ছাগীদুগ্ধ পান করতে দিলেন। রসরাজ নিজেও একপাত্র দুগ্ধ পান করলেন। রসরাজ যমদূতের কাছে জানতে চাইলেন, রসরাজের যমালয়ে যাবার সময় কখন।

যমদূত বললেন, 'ধর্মরাজ তেমন সময় কিছু বেঁধে দেননি বিশেষ করে আপনার জন্য। তবে যত তাড়াতাড়ি যাওয়া যায় ততই তো মঙ্গল। শুভস্য শীঘ্রম্‌। তাই নয় কী ?'

রসরাজ বললেন, 'না, না, সেটা ঠিক আছে। তবে আমাকেও তো একটু তৈরি হয়ে নিতে হবে। আমি একটু তৈরি হয়ে নিই। আপনি একটু বিশ্রাম করুন। অতটা পথতো আবার যেতে হবে।'

যমদূত যথারীতি বিশ্রাম করছেন। রসরাজ সব গোছাতে গোছাতে দেখলেন যে, তাঁর জীবনবীমার একটি প্রিমিয়াম দিতে বাকি আছে। তিনি যমদূতকে বললেন, 'মহাশয়, আপনার নিকট আমার একটি অনুরোধ আছে।'

— বলুন, আপনার কী অনুরোধ ?

— আমার জীবনবীমার একটি প্রিমিয়াম বকেয়া আছে। আমি আপনার সাথে চলে যাবো। প্রিমিয়ামটা দিয়ে দিলে আমার স্ত্রী টাকাটা পেতো।

— নিশ্চয়, নিশ্চয়। আমি অপেক্ষায় রইলাম। আপনি দিয়ে আসুন।

— এই পাশের পাড়ায়। যাবো আর আসবো।

রসরাজ সামান্য সময়ের মধ্যে জীবনবীমার প্রিমিয়াম দিয়ে ফিরে এলেন। ফিরে এসে তাঁর একমাত্র ছাগীটিকে পাশের বাড়িতে দিয়ে এলেন। তারপর স্ত্রীকে একটি পত্র লিখলেন —

প্রিয়তমাসু,

তুমি তো বাপের বাড়ি সেই যে গেলে আর এলে না। ধর্মরাজ দূত পাঠিয়েছেন। আমি চললাম। জীবনবীমার কাগজগুলো সব রেখে গেলাম। ওখান থেকে তুমি যে টাকা (প্রায় কুড়ি লাখ) পাবে তাতে তোমার জীবনে আর কোনো অভাব আশা করি থাকবে না করুণাময়ের কৃপায়। আমার শ্রাদ্ধশান্তি কিছু করার প্রয়োজন নাই। তুমি ভালো থেকো। তাতেই আমার শান্তি। বেঁচে থেকে তো তোমাকে ভালো রাখতে পারলাম না। তাই ওপারে গিয়ে যদি তোমায় এপারে শান্তি দিতে পারি এই আমার পরমেশ্বরের কাছে চাওয়া। তুমি ফিরে এসে এই অভাগা স্বামীর ভিটেতেই থেকো। আমার সারাজীবনের যেটুকু সঞ্চয় (দশ লাখ পঁয়ষট্টি হাজার ছয় শত বিরানব্বই টাকা) তা তোমার অ্যাকাউন্টে ট্রান্সফার করে দিলাম।

— তোমার চিরশত্রু রসরাজ

আশিসকুমার পাত্র

লক্ষ্মী-বনিতা

পড়তে যাবার অছিলায় এক সন্ধ্যায় দু'বন্ধু রঞ্জন আর অখিল গণিকালয়ে এক বারবনিতার কুটিরে হাজির। জনপদবধূ লক্ষ্মীপ্রিয়া ওদের জিজ্ঞাসা করলো — তোমরা কোন ক্লাসে পড় ?

— আমরা দু'জনেই ক্লাস নাইনে পড়ি।

লক্ষ্মীপ্রিয়া দু'জনকেই দু'চড় কষালো। তারপর মাসির মাধ্যমে পাওয়া টাকাগুলো ওদের ফেরৎ দিল। দিয়ে বললো — বাবা, এ জায়গাটা তোমাদের জন্য নয়। তোমরা বাড়ি ফিরে যাও। আর তোমাদের বয়সটা তো মেনে নেওয়াই যায় না। তোমরা ভালোভাবে পড়াশোনাটা করোগে। তোমাদের যদি পড়ার জন্য কোনো আর্থিক সাহায্যের প্রয়োজন হয় তাহলে কিন্তু আমার কাছে আসতে দ্বিধা কোরো না।

বাস্তবে হ'লোও তাই। রঞ্জন ডাক্তারিতে ও অখিল ইঞ্জিনিয়ারিং-এ পড়ার সুযোগ পেল। কিন্তু পড়ার খরচ ওদের বাবামায়েরা জোগার করতে পারেননি। তাই লক্ষ্মীপ্রিয়াই ভরসা। লক্ষ্মীপ্রিয়া সেদিন ওদের ফিরিয়ে দিলেও আজ কিন্তু ফেরায়নি। লক্ষ্মীপ্রিয়ার পয়সাতেই ওরা বড় ডাক্তার আর ইঞ্জিনিয়ার হ'লো। তারপর ওরা গণিকালয় থেকে লক্ষ্মীপ্রিয়াকে নিয়ে গিয়ে ওদের বাড়িতে রাখলো এবং লক্ষ্মীপ্রিয়াকে ওরা মা বলেই ডাকতো।

লক্ষ্মীর ঠাঁই

হঠাৎ কখন লক্ষ্মী রাস্তায় পড়ে গেছে। অনেকেই রাস্তা দিয়ে যাচ্ছে। কেউই গ্রাহ্য করছে না।

আমরা ক'বন্ধু ক্লাস শেষে চায়ের দোকানে বসে ব্যাপারটা মন দিয়ে লক্ষ করছিলাম। কত শত লোক যাচ্ছে। কিন্তু লক্ষ্মী কারও দৃষ্টি তেমনভাবে আকর্ষণ করতে পারছে না। কেউ কেউ দেখছে। কিন্তু লক্ষ্মীকে তেমন পাত্তা দিচ্ছে না।

একসময় লক্ষ্মীর গতি হ'লো। এক ভদ্রলোক লক্ষ্মীকে রাস্তা থেকে তুললেন। লক্ষ্মীর গায়ের ধুলো ময়লা ঝেড়ে তাকে পাঞ্জাবির পকেটে রাখলেন।

আমরা থাকতে না পেরে ভদ্রলোককে বললাম, 'কাকু, এ শহরে আপনাকে সবাই চেনে। আপনি একজন কোটিপতি লোক। এক নয়া পয়সাটি সবাই দেখলো। কেউ তুলে নিল না। এমনকী কোনও ভিক্ষুকও নিল না। অথচ আপনি যেই দেখলেন, কত যত্ন করে সেটা পকেটে রাখলেন। আমরা এর কারণটা বুঝতে পারলাম না।'

— বাবা, লক্ষ্মীর ঠাঁই রাস্তায় নয়। তার স্থানেই তাকে রাখলাম।

লক্ষ্মীর মা ভিক্ষে মাগে

স্বামী চাল নিয়ে এলে ভাতটা তাড়াতাড়ি হয়ে যাবে। তাই কমলাদেবী ঘুঁটে-কাঠের উনুনে জলটা গরম করতে দিয়ে দিলেন। ছেলে মেয়ে পাঁচটি কেউ বলছে, 'মা, ভাত হয়ে গেছে?' কেউ বলছে, 'মা, ভাত আর কত দেরি?' কেউ বা উঁকি দিয়ে দেখছে ভাতটা কেমন হচ্ছে।

শঙ্কর বাবু দোকান থেকে এসে হাতের ব্যাগটা বারান্দায় রাখলেন। কমলাদেবী সঙ্গে সঙ্গে ব্যাগ থেকে চাল বের করতে ছুটলেন। শঙ্করবাবুর ছোট্ট উত্তর —— আজ চাল আনতে পারিনি লক্ষ্মীর মা।

—— সে কী গো? ছেলেমেয়েগুলো খাবে কী?

—— কেজি খানেক চাল ছিল। নরেন এসে বলল, 'কাকা, এক কিলো চাল হবে?' কী করে না বলি বলো? আমার দোকান থেকেই সে মুদিখানার বাজারটা করে।

এক বুক দীর্ঘশ্বাস ছেড়ে শঙ্করবাবু বারান্দায় বসে পড়লেন।

কমলাদেবী একটা হাত ব্যাগ নিয়ে পাশের বাড়ির অন্নপূর্ণা কাকিমার কাছে হাজির। কমলা কিছু বলার আগেই কাকিমা রান্না ঘরে ঢুকলেন।

—— কমলা, ব্যাগটা দাও।

লালের মাহাত্ম্য

বন্ধু নির্মল এখন মন্ত্রী। লালবাতির গাড়িতে সাইরেন বাজিয়ে ঘুরে বেড়ায়। তো ব্রজেশ্বরের খুব শখ সেও লালবাতির গাড়িতে চাপবে কোনও দিন।

একদিন সাইরেন বাজিয়ে লালবাতির গাড়ি আসছে। রাস্তা সবাই ফাঁকা করে দিচ্ছে। মোহন উৎকণ্ঠা নিয়ে বলল, 'কে আসছে?' পাশ থেকে একজন বলল, 'ব্রজেশ্বর।'

— ব্রজেশ্বরও তাহলে মন্ত্রী হ'লো। লালবাতির গাড়িতে চাপল। ব্রজেশ্বরের খুব শখ ছিল লালবাতির গাড়ি চাপবে। এতদিনে ওর সেই শখ পূরণ হ'লো।

পাশের লোকটি আবার বলল, 'এটা সেই লালবাতির গাড়ি না।'

— তাহলে?

— ব্রজেশ্বর ধুম জ্বর নিয়ে হাসপাতালে ভর্তি ছিল। আজ মারা গেছে। ওর স্ত্রী ব্রজেশ্বরের শেষ ইচ্ছেটা পূরণ করেছে।

লোভাতুরা

ব্যাঙ্ক অফিসার রমেন স্ত্রী স্বপ্নাকে নিয়ে পয়লা বৈশাখ শাড়ি কিনতে গেলেন। অনেক শাড়ি পরখ করতে করতে স্বপ্নাদেবী একটি অত্যধিক দামি শাড়ি নিজের ব্যাগে ভরলেন। সি. সি. টিভি-এর পর্দায় দোকানদারের চোখ এড়ায়নি সে দৃশ্য। দোকানদারের পীড়াপীড়ি এবং ভর্ৎসনায় উনি ব্যাগ খুলতে বাধ্য হলেন। দোকানদার শুধু একটা কথাই বললেন, 'রমেনবাবুর মতো একজন সৎ ব্যাঙ্ক অফিসারের স্ত্রী হয়ে আপনি এরকম একটা জঘন্যতম অপরাধ করলেন কী করে? আপনাকে আমরা পুলিশে দেবো না। কিন্তু এ ঘটনাটা আমরা মেনেও নিতে পারছি না মন থেকে। আপনার কীসের অভাব? বাড়ি যান। আপনাকে আর কোনওদিন শাড়ি বিক্রি আমরা করবো না। আর এ শাড়িটা আপনি বাড়ি নিয়ে যান। পয়সা লাগবে না।'

গাড়িতে বাড়ি ফিরতে ফিরতে রমেন স্বপ্নাকে বললেন, 'আমার মাস্টারমশাই একবার একটা গল্প বলেছিলেন। রাজা কৃষ্ণনাথ বহরমপুরের রাজ কলেজটি তৈরি করেছিলেন অক্সফোর্ড বিশ্ববিদ্যালয়ের আদলে। তখন ইংরেজ আমল। ইংরেজরা রাজার নামে লঘুনে কেস করেন। কেসে রাজার হার নিশ্চিত। রাজা একদিন তাঁর মাকে বললেন, মা প্রাণ বড় না মান বড়? মা তখন অতশত বোঝেননি। উনি বললেন, মানই বড়। রাজা কলকাতায় কাশেমবাজার হাউসে গিয়ে নিজের বন্দুক দিয়ে আত্মহত্যা করলেন।' গল্প শেষ করে রমেন স্বপ্নাদেবীকে শুধু একটা কথাই বললেন, 'তুমিও একাজ করলে স্বপ্না? ওরকম দশটা শাড়ি চাইলে আমি তাই দিতাম।'

বাড়ি ফিরে স্বপ্নাদেবী তড়িঘড়ি চা বানাতে ঢুকলেন রান্নাঘরে। চা নিয়ে স্বামীর ঘরে ঢুকে দেখেন, স্বামী সিলিং-এ ঝুলছেন। এখন স্বপ্নাদেবী গল্পটি অনুধাবন করলেন মরমে মরমে।

এরপর প্রতিবেশীরা দেখেন, রাশিকৃত শাড়ি সব লেলিহান শিখায় জ্বলছে আর একজন উলঙ্গ মহিলা পাশে দাঁড়িয়ে সে দৃশ্য বিহ্বল দৃষ্টিতে অবলোকন করছেন। কিয়ৎক্ষণ পর তিনি নিজ কেশরাশি উন্মুক্ত করেন সেই প্রজ্বলিত শিখায়। স্বপ্নাদেবী তাঁর সব স্বপ্নশেষে স্বামীকে সিলিং-এ ঝুলিয়ে, প্রাণপ্রিয় শাড়িগুলি জ্বালিয়ে যখন নিজেকে জ্বালাতে যাবেন ঠিক তখনই পাশের বাড়ির গঙ্গাদেবী স্বপ্নাদেবীকে আবদ্ধ করলেন তাঁর বক্ষপিঞ্জরে।

শোণিতরঞ্জিত হৃদয়

আগুন রঙে ধরিত্রীকে রাঙিয়ে দিয়ে অপরাহ্নের সূর্য যখন পাটে বসেছে ঠিক তখনই পার্কে কৃষ্ণচূড়ার তলে প্রেমিকার হাতে হাত রেখে অদূরে একটি পুষ্পপত্রবিহীন কঙ্কালসার মৃতপ্রায় বৃক্ষকে নিশানা করে অত্যন্ত কৃশকায়, বেকারত্বের জ্বালায় জ্বলে ছাই কৃশাণুর ছোট্ট প্রশ্ন — 'দেখ, দেখ কী অপূর্ব সুন্দর না !' — এর জবাবে রুদ্রাণীর অতি সংক্ষিপ্ত উত্তর — 'ঠিক তোমার মতোই।'

৺

<h1 style="text-align:center">সংশপ্তক</h1>

সাইকেলটা নিয়ে পাগলের মতো দৌড়াচ্ছে। এক একবার সাইকেলটা থামিয়ে পশ্চিম আকাশের দিকে অসহায়ের মতো তাকিয়ে আবার দৌড়াচ্ছে। থামা যাবে না। থামলে যে ওর জীবনের চাকা থেমে যাবে। বজ্রপাতটা আটকানো গেল না। সাইকেল থেকে জয়মাল্য পড়ে গেল। না, বজ্রপাতটা কাছাকাছি কোথাও হয়েছে।

জল আর কাদামাটি একটু ঝেড়ে নিয়ে জয়মাল্য আবার সাইকেলে চড়লো। ওর যে এক কোটি টাকা চাই। এখনও পর্যন্ত লাখ পঞ্চাশেক শোধ হয়েছে। আরও পঞ্চাশ লাখ চাই।

সকাল ছ'টায় ঘানি টানা শুরু আর রাত এগারোটায় শেষ। এর মধ্যে দুপুরে আধাঘণ্টা বিরতি মধ্যাহ্ন ভোজের। খাওয়া না — গেলা। রাতে শুয়ে তো আর ঘুমায়না। কড়ি-কাঠ গোনে। ভোরের দিকে হয়তো একটু চোখ জড়িয়ে আসে। ঠিক তখনই ঘড়িতে এলার্ম বেজে ওঠে। আবার খাড়া বড়ি থোড়, থোড় বড়ি খাড়া।

জয়মাল্য, ছোটো। থেমো না। তোমার মাথার ওপর যে অনেক দেনা বাছা। তুমি তো একজন ধার্মিক লোক। দেনা মাথায় নিয়ে মরবে?

এরকম ঋণী লোক বোধ হয় আপনারা কোনওদিন দেখেননি। মহিমবাবুর পাঁচ লাখ টাকা দরকার। গোপীকান্তবাবুকে চাইলেন। গোপীবাবুর সোজা যুক্তি — জয়মাল্য বললে দেবো। এযুগে লোক টাকা ধার করে, কিন্তু শোধ তো করে না। তাহলে শোধ করবে জয়মাল্য। বংশীধারী ব্যাঙ্কে ধার করেছে। গ্যারেন্টার কে থাকবে? কেন — জয়মাল্য। বংশী তো ধার শোধ করেনি। ব্যাঙ্কে টাকা শোধ করবে অবশ্যই জয়মাল্য।

এরকম উদাহরণ টানতে টানতে তো মহাভারত হয়ে যাবে। এরপর তো জয়মাল্য জন্মজন্মান্তরের হিসেব নিকেশ শুরু করেছে। তার বাবা কতটা পরিশ্রম করেছে, সেই পরিশ্রমের পারিশ্রমিক কতটা হ'তে পারে, তা দিয়ে তার পরিবারের খরচ খরচা কতটা মিটতে পারে, না মিটলে কত টাকা ধার হ'তে পারে, সেই ধারের টাকার সুদ কত হ'তে পারে এইসব। এই হিসেব শেষ করে জয়মাল্য তার পিতৃঋণ ঠিক করলো পঞ্চান্ন লক্ষ সত্তর হাজার ছয় শত বিরানব্বই টাকা। আজ শোধ করলে ওই পরিমাণ টাকা দিলেই চলবে। না হ'লে যা বাকি থাকবে তার ওপর চক্রবৃদ্ধি হারে সুদ লাগবে।

ওর এক ডাক্তারবন্ধু ওকে বলেছিলেন, 'জয়মাল্য, তুমি হলে অস্বাভাবিক ভাবে স্বাভাবিক। এ জগৎ সংসারে যা বিরলতম। কারণ, তোমার কাজের পিছনে যা যুক্তি

তা তো আমরা কেউই অস্বীকার করতে পারি না। তোমার সব কাজই স্বাভাবিক। কিন্তু এই আপেক্ষিক জগতে থেকে আমরা কেউ অত চরমভাবে চিন্তা করতে পারি না। সেটা আমাদের অক্ষমতা।'

ঋণের বোঝা কমতে কমতে একটা দিন এল যেদিন জয়মাল্যের কর্মক্ষমতাও কমে আসতে লাগলো। জয়মাল্যর জীবনীশক্তি কমতে কমতে একদিন সে আর পেরে উঠলো না। ব্যাঙ্ক, পোস্ট অফিস, জীবনবীমা সব শেষ করে দিল। সব ঋণও শোধ হয়ে গেল। মাত্র দু'হাজার টাকা বেঁচে রইল।

কিন্তু জয়মাল্যের শরীর আর ওকে সাথ দিল না। এক পেট খিদে আর এক বুক হাহাকার নিয়ে একটি চিঠি লিখে জয়মাল্য ফোনটা তুলে নিল হাতে।

— হ্যালো, শবদাহের অফিস?

— হ্যাঁ, বলুন।

— আমি যে ঠিকানাটা বলছি, সেখানে স্বর্গরথটা পাঠিয়ে দেবেন?

— হ্যাঁ, ঠিক আছে।

— কত টাকা লাগবে শবদাহ সমেত?

— দু'হাজার টাকা।

— ঠিক আছে, আসুন।

মহাশয়,

আমাকেই দাহ করতে হবে। টেবিলের ওপর দু'হাজার টাকা রইলো আপনাদের গাড়ি ও শবদাহের খরচ। সব দেনা শোধ করে এই দু'হাজার টাকাই আর অবশিষ্ট ছিল। তাই জীবনের শেষযাত্রার আগে কিছু খাওয়াও হ'লো না। একপেট খিদে নিয়েই চললাম। এ জগৎ সংসারকে শেষ নমস্কার।

— জয়মাল্য রায়

চিঠিটি টেবিলে রেখে জয়মাল্য একটি চেয়ারে উঠে সিলিং থেকে ঝোলানো দড়িটি গলায় নিয়ে চেয়ারটি পায়ে করে ঠেলে দিল।

আশিসকুমার পাত্র

সততা

নিলাদ্রিবাবু আপন মনে ফুটপাথ দিয়ে হাঁটছিলেন। হঠাৎ দেখেন এক মধ্যবয়সী ভদ্রলোক একটি বাসের পিছনে দৌড়াচ্ছেন পাগলের মতন। পড়ে যাচ্ছেন, আবার দৌড়াচ্ছেন। পড়ে যাচ্ছেন, আবার দৌড়াচ্ছেন। হাত পা ছিঁড়ে রক্ত বের হচ্ছে। কোনো ভ্রূক্ষেপ নেই। যখন আর পারছেন না, একটা রিকশা ডাকলেন।

— ভাই, আমাকে ওই বাসটা ধরিয়ে দিতে পারো ?

— কেন ? আপনি কি কিছু ফেলে এসেছেন বাসে ?

— না, না, অত কথা বলার সময় নেই এখন। তুমি ভাই তাড়াতাড়ি বাসটা ধরাও। না হ'লে সর্বনাশ হয়ে যাবে। রিকশাওয়ালাও পড়িমরি করে দৌড়ালো রিকশা নিয়ে। হ্যাঁ, বাসটা ধরা গেল।

— তুমি ভাই একটু দাঁড়াও।

রিকশাওয়ালারও বড় কৌতুহল ছিল ঘটনাটা কী ঘটে দেখার জন্য। দেখলো, ভদ্রলোক তাঁর হাতের মুঠোয় ধরা এক টাকার চারটি কয়েন কণ্ডাক্টারকে দিয়ে কণ্ডাক্টারের হাত দুটো ধরে ক্ষমা ভিক্ষা করছেন। কণ্ডাক্টার তো অবাক।

— এ কী করছেন !

কণ্ডাক্টার অল্পবয়সী। স্বভাবতই একটু অপ্রস্তুত হয়ে গেলো।

— হাত ছাড়ুন। কী হয়েছে তাই বলুন।

— ভাই তুমি আমার যে কী উপকার করলে তা তুমিও জানো না।

কণ্ডাক্টার বিস্ময়ে হতবাক। চেনা নেই, জানা নেই, কী উপকার ওনার সে করলো !

— হাত ছাড়ুন, হাত ছাড়ুন। কী হয়েছে তাই বলুন।

— ভাই, আমি একটু অন্যমনস্ক ছিলাম। আর তুমিও পিছনের গেটে আসোনি। আমি তোমার ভাড়াটা দিতে ভুলে গিয়েছিলাম।

— আরে, তাই বলুন। তাতে কী হ'লো ? ওরকম তো কত লোকই রোজ ভুলে যায়। আবার কতলোক জেনেবুঝে মেরেও দেয়। তা আপনাকে এর জন্য এত কষ্ট করে দশ টাকার রিকশা ভাড়া করে চার টাকা দিতে আসতে হ'লো !

— এটা যে কী, তা তোমাকে যদি বোঝাতে পারতাম।

— না বোঝার কী হ'লো ? আপনি বলুন বিষয়টা খুলে।

— ভাই এই চার টাকাটা তো তোমার পাওনা ?

— হ্যাঁ।

— তা এটা আমার মেরে দেবার কী অধিকার আছে?

— না, তা নেই।

—দোষটা তো আমি করেছি। ফল ভোগটাও আমাকেই তো করতে হবে।

ইতিমধ্যে নীলাদ্রিবাবুও কৌতূহল মেটাতে সেখানে চলে এলেন। এসে দেখেন ভদ্রলোক আর কেউ নন —তাঁর বন্ধু সাত্যকি।

— আরে, সাত্যকি তোমার এ কী দশা ? কত টাকা হারিয়েছে বাসে ? টাকাটা পেলে ?

— হ্যাঁ, নীলাদ্রি সব মিটে গেছে।

— কত টাকা ?

— আরে আমার টাকা হারায়নি।

— তাহলে ?

— এই কণ্ডাক্টার ভাই আমার কাছে চার টাকা ভাড়া পেতো। সব শুনে নীলাদ্রিবাবু তো অবাক। তারপর সাত্যকিবাবু রিকশাভাড়া মিটিয়ে দিয়ে দু'বন্ধুতে চায়ের দোকানে ঢুকলেন। চা খেতে খেতে নীলাদ্রিবাবু বললেন, 'তুমি সাত্যকি, দশ টাকা রিকশা ভাড়া দিয়ে চার টাকা বাস ভাড়া মেটাতে এসেছিলে ? আমিও অত্যন্ত সৎব্যক্তি। কিন্তু এতটা আমিও করতাম না।'

— নীলাদ্রি, আমি একশো ভাগ সৎ লোক। সততা বলতে যা বোঝায় আমি সেটাই করেছি। তার বেশি কিছু না। তাহলে তোমাকে একটা গল্প বলি শোনো। গল্প নয়, ঘটনা। আজ থেকে আড়াই হাজার বছর আগে মেগাস্থিনিস এক সন্ধ্যায় চাণক্যের বাড়ি এসেছিলেন। চাণক্য তখন একটি মাটির বাতির আলোয় লিখছিলেন। চাণক্য মাথা তুললেন এবং মেগাস্থিনিসকে স্বাগত জানিয়ে সাক্ষাতের কারণ জানতে চাইলেন। জানলেন, কারণটা ব্যক্তিগত। চাণক্য তাঁকে অপেক্ষা করতে বলে ঘরের ভিতর গিয়ে একটি একই প্রকৃতির বাতি আনলেন এবং সেটা জ্বেলে আগের বাতিটি নিভিয়ে দিলেন। তারপর তিনি মেগাস্থিনিসকে বসতে বললেন। মেগাস্থিনিস বসলেন। কিন্তু কৌতূহল চেপে রাখতে পারলেন না।

— আপনি প্রথম বাতিটি নিভিয়ে দিলেন এবং দ্বিতীয় বাতিটি জ্বালালেন। কিন্তু দুটো বাতির মধ্যে তো আমি অন্ততপক্ষে কোনো তফাৎ দেখলাম না। এর কারণটা বলবেন দয়া করে ? চাণক্য এর উত্তর দিলেন।

— বাতি পরিবর্তন করার আগে আমি আপনাকে জিজ্ঞাসা করেছিলাম, আপনার আগমনের উদ্দেশ্য এবং আমি জানতে পারলাম, উদ্দেশ্যটা ব্যক্তিগত। তাই আমি আমার সরকারি বাতিটি নিভিয়ে দিলাম যার তেল সরকারি কোষাগার থেকে আসে। আর রাজ কর্মচারী হিসাবে যে উপার্জন তা দিয়ে কেনা তেল থেকে দ্বিতীয় বাতিটি জ্বলছে। কোনো ব্যক্তিগত কাজে আমি সরকারি পয়সা অপচয় করতে পারি না, চাণক্য উদাসভাবে উত্তর দিলেন।

অতিথির পক্ষে এটা অবিশ্বাস্য ছিল। তিনি জানতেন, মৌর্য্য সাম্রাজ্যে চাণক্য একজন অতি ক্ষমতাশালী ব্যক্তিত্ব। কিন্তু তা সত্ত্বেও চাণক্য যে এরকম সৎভাবে জীবনযাপন করেন তা তাঁর কল্পনারও অতীত ছিল। মেগাস্থিনিস চাণক্যের সামনে মস্তক নত করলেন।

— এটাই আপনার বিপুল ক্ষমতার উৎস।

নীলাদ্রিবাবু বললেন, 'এ গল্প তুমি পেলে কোথায় সাত্যকি?'

— কেন, মেগাস্থিনিসের ইন্ডিকা'য়।

সন্ন্যাসী তপনজ্যোতি

সে বছর বৃহস্পতিবার হওয়ার জন্য মা দুর্গাকে বিজয়া করা হয়নি সেদিন। কিন্তু তপনজ্যোতির বাবার বিজয়া ওই বৃহস্পতিবারেই হয়ে গেল। দীর্ঘ দিন রোগ ভোগের পর আর উনি পেরে ওঠেননি।

সংসারের বাঁধনও ছিঁড়ে গেল। যে যার সম্পত্তি, টাকা পয়সা বুঝে নিল। তপন ওর সব সম্পত্তি, টাকা পয়সা (প্রায় দু'কোটি) জেঠুকে দিয়ে দিল। ডাক্তার জেঠুর একটু গায়ে লাগল। উনি তপনকে বললেন, 'এসব সম্পত্তি টাকা পয়সা সব তো তোমারই।' তপনের সোজা উত্তর — হ্যাঁ, আইনত আমার বাবার সবকিছু আমারই। কিন্তু তোমাদের ওই বটতলার কোর্টের আইনে তপন চলে না। আমার সংবিধান ওপরওলার লেখা। আমার বাবা লাঙল ধরে নিশ্চয় এগুলো করতে পারেনি। এসব তোমার ডাক্তারির পয়সায় হয়েছে। তুমি শুধু ছোট করে স্বীকার করো কথাটা ঠিক কিনা ?

— হ্যাঁ তোমার কথা সত্যি।

— ব্যস, যা জানার আমার জানা হয়ে গেছে। বাকিটা আমার ওপর ছেড়ে দাও।

দলিল রেজিস্ত্রি করতে করতে মাঘ মাসের শ্রীপঞ্চমী হয়ে গেল। শ্রীপঞ্চমীর বৃষ্টিবাদল রাতে তপনজ্যোতিকে তার জেঠুর ছেলে বলে — এ ঘরতো আর তোমার নয়। সুতরাং তুমি যদি নিজেকে ভদ্রলোক ভাবো তাহলে তোমার আর এখানে থাকাও উচিত নয়।

তপনজ্যোতি একেবারে অবাক না হয়েই ঠোটের আগায় শুষ্ক হাসি টেনে বলে, 'তুই তো ঠিকই বলেছিস ভাই। এর মধ্যে অপরাধ কিছু নেই। আমি আজই চলে যাবো।'

— যাবো, না। এখুনি যাচ্ছি বলো।

তপনজ্যোতি আর কোনও কথা না বলে ধীর পায়ে চলে গেল। যাবার সময় পিছুপানে তাকিয়েই শুধু বলে গেল — তোরা ভালো থাকিস ভাই।

তপনজ্যোতির ঠিকানা এখন হিমালয়। বহুদিন পর একদিন গুরু বললেন — তপন, তুমি ঠিক শ্রীপঞ্চমীর দিন তোমার গ্রামের বাড়িতে পৌঁছাবে। তোমার মা ওই দিন স্বধামে চলে যাবেন। মায়ের শেষকৃত্যে তুমি থাকবে। এটা আমাদের সাধন জীবনে নিয়ম।

ট্রেন থেকে নেমে তপন আর গ্রামে যাবার শেষ বাসটি ধরতে পারল না। সেটাও শ্রীপঞ্চমীর ঝড়বৃষ্টির রাত। তাই লাজলজ্জার মাথা খেয়েও ভাই-এর দরজায় কলিংবেল।

ভাই দরজা খুলে দেখে, জটাজুটধারী এক সন্ন্যাসী। ঘরে ঢুকতে গেলে ভাই বাধা দেয়।

— কোথায় যাচ্ছেন ?

— কীরে, দাদাকে চিনতে পারলি না ?

ভাই বিরক্ত হয়ে বলল, 'জলঝড়ের রাতে এরকম অনেকেই দাদা সাজে। যান, বিরক্ত করবেন না।'

— আমার শরীরটাও আজ ভালো নেই, গায়ে জ্বর রয়েছে। রাতটুকু থাকতে দিলে হ'তো না ? প্রত্যুষেই চলে যাবো। মায়ের শেষকৃত্যটি করবো। কোথায় পথে পথে, গাছতলায় থাকবো বল ?

— আপনি কোথায় থাকবেন সেটা আমার জানার কথা নয়, যান।

ভাইকে আর বলতে হয়নি। ভাই-এর স্ত্রী দড়াম করে দরজা বন্ধ করে দিল। তপন চলে গেল।

অপরাজিতা বলল, 'বাঁচা গেল। যত উটকো উৎপাত জলঝড়ের শীতের রাতে।'

আবার কলিংবেল। দরজা খুলে ভাই দেখে, আবার সেই সন্ন্যাসী।

— আপনি আবার উৎপাত করতে এসেছেন ?

— না, না, এই প্যাকেটটা তোর। রেখে দে।

— আমার জিনিস আপনার কাছে কী করে থাকবে ?

সন্ন্যাসী দরজার সামনে প্যাকেটটা নামিয়ে রেখে চলে গেল।

রাত্রে শোবার সময় ভাই প্যাকেটটা খুলতে গেল। অপরাজিতা বলল, 'না, না খুলো না। বম টম কিছু নেই তো আবার ?'

— না, না। খুলেই দেখি না।

প্যাকেট খুলেতো ভাই-এর চক্ষু চরক গাছ। একটি চিঠি — 'ভাই, তখন একটু অসুবিধা থাকার জন্য শহরের বাড়িটা লিখে দিতে পারিনি। এখন তোর নামেই রেজিস্ত্রি করে দিলাম। দলিলটাও দিলাম।' তারপর দলিল পড়ে দেখে শহরের বাড়িটা তপনজ্যোতি তার নামেই লিখে দিয়েছে।

তখন অপরাজিতা বলল, ‘আমি তোমার দাদাকে চিনতে পেরেছিলাম। তোমায় কিছু বলিনি।’

— কেন ?

— আবার এই রাত্রে কে ঝুট্‌ঝামেলা করবে বলো তো ? থাকবে বলল। আবার বলবে, খাবো।

— তুমি মানুষ ?

— হ্যাঁ, আমি মানুষ নই, মানুষ শুধু তোমরাই।

— এই বাড়িটা দাদা আমার নামেই লিখে দিয়েছে। দাদা প্রায় দু’কোটি টাকা আমাদেরকে দিয়ে দিয়েছে।

— বাড়ি, জমি সব তো তোমার বাবার পয়সাতেই হয়েছিল। উনি সেগুলো লিখে দিয়ে ঋণ পরিশোধ করেছেন। এর জন্য কৃতজ্ঞতা জানাবার তো কিছু নেই।

পরক্ষনেই টেলিফোনটা বেজে উঠল — পরমানন্দ, তোমার কাকিমা মারা গেছেন। বাড়ি এসো।

গাড়ি নিয়ে পরমানন্দ যথারীতি বাড়ি গেল। মনটা খচ্‌খচ্‌ করছে — দাদা একবার বলল, ‘মায়ের শেষকৃত্যটা করবো।’ মরার আগেই মায়ের মৃত্যুর খবর সে জানলো কেমন করে ?

শেষকৃত্য করে পরদিন সকালে শহরে ফেরার সময় দেখলো, মোড়ের মাথায় বটগাছটির নীচে দাদা মরে পড়ে আছে।

এ এক অদ্ভুত দৃশ্য — সন্ন্যাসী উলঙ্গ হয়ে দাঁত মুখ বিকৃত করে এমনভাবে মরে পড়ে আছে যেন এই জগৎ সংসারের সকলকে বিদ্রূপ করছে। পা দুটো তার এমনভাবে আকাশের দিকে আছে যেন ঈশ্বরকেও সে তুচ্ছতাচ্ছিল্য করছে।

সাপের পাঁচ পা

নিতাইবাবু এতটাই সৎ ব্যক্তি যে, ও পরওয়ালা কেউই তাঁর কথা ফেলতে পারেন না। তাই ভাইপোর চাকরির ব্যাপারে যখন বললেন, কেউই আর না করেননি। চাকরি হয়ে গেল। মাইনেও ভালো। দেখেশুনে একটা বিয়েও দিয়ে দিলেন।

ইতিমধ্যে আবার ভাইঝির বিয়ের খবর নিয়ে আরেক ভাইপো হাজির। পরদিন থেকে উনি দুধ খাওয়াটাও বন্ধ করে দিলেন। দুধের পয়সাটাও বাঁচিয়ে ভাইঝির বিয়েতে পাঠাবেন। আত্মত্যাগ কতদূর পৌঁছালে এমনটা হয় তা আর লিখে বলার প্রয়োজন নেই নিশ্চয়।

বিভিন্ন মানসিক চাপে উনি এখন ডায়াবেটিস রুগি। একসময় উনি চাকরি থেকে অবসরও নিলেন। একদিন পেনশন-এর কাজে ভাইপোর কোয়ার্টারে হাজির। ভাইপোর স্ত্রী ভাইপোকে বললো, 'হ্যাঁগো, কাকাবাবু তো সুগারের পেশেন্ট, একটু টেঁড়স নিয়ে এসো না।' ভাইপোর বিরক্তি — 'সাপের পাঁচ পা দেখেছো ?'

সৈরন-অসৈরন-সৈরন

লাবণ্যময়ী আর কোনও কথা বলছেন না। অনবরত কেঁদে চলেছেন। ডাক্তারবাবু সবকিছু শুনে বললেন, 'উনি আপনাকে আগে প্রচণ্ড গালমন্দ করতেন। কিন্তু আপনি আত্মহত্যায় প্রয়াসী হওয়ার পর উনি আর আপনাকে গালমন্দ করতে সাহস পাচ্ছেন না। সেই মানসিক চাপ উনি আর সহ্য করতে পারছেন না। আর সেই কারণে উনি এখন মানসিক বিকারগ্রস্ত হয়ে পড়েছেন।'

— তাহলে ডাক্তারবাবু, এখন উপায় কী ?

— উপায় একটাই, ওনাকে আবার আপনাকে গালমন্দ করার সুযোগ করে দিতে হবে।

একদিন দেখা গেল, লাবণ্যময়ী কান্নাকাটি বন্ধ করে দিয়েছেন। আর একটি ঝাঁটা নিয়ে স্বামীকে প্রচণ্ড প্রহার করছেন। লোকজন জড়ো হতে তিনি আরও বেশি করে প্রহার করেছেন। স্বামী সেই ঝাঁটার বাড়ি হজম করে চলেছেন। হাসতেও পারছেন না। ডাক্তারবাবুর মানা। হাসলে উনি ভাববেন ওনার প্রহার ঠিক ঠিক হয় নাই। তখন উনি আবার মানসিক বিকারগ্রস্ত হয়ে পড়বেন।

আশিসকুমার পাত্র

স্নেহডোর

সত্যব্রতবাবুর বয়স হয়েছে। আর সোজা হয়ে চলতেও পারেন না। সারাটা জীবন সংসারের ঘানি টানতে টানতে আর পারছেন না। তবুও হাল ছাড়বেন না। পাওনার মধ্যে সম্বল কিছু বিদ্রূপ আর উপহাস।

একদিন একটু ঝুঁকে উনি ওনার ঘরে ঢুকছেন। অনমিত্রও কাকাকে অনুকরণ করে নিজের ঘরে প্রবেশ করল। কেউ দেখেনি। একজন তো দেখলো।

এর কয়েক বছর পর সত্যব্রতবাবু সংসারের মায়া কাটিয়ে চলে গেলেন। অনমিত্রও অর্থ দিয়ে বার্ধক্যকে আটকাতে পারেনি। একরাত্রে কালীমাকে পুজো দিয়ে ফেরার সময় অনমিত্র পড়ে যায়। তখন রাস্তার পাশে গাছের ছায়া থেকে ভেসে আসে এক চেনা কণ্ঠস্বর।

— লাগেনি তো বাবা?

— কে?

— তোর কাকা রে।

হরিস্মরণ

হরিচরণ দলের হয়ে নির্বাচনী প্রচারে গেছে। দলের লোকদের উঠোনে দাঁড়াতে বলে সে ঘরের ভিতরে ঢুকে গেল। পরিমলবাবুকে বললো, 'কাকা, একটা ভোট মাস্টারমশাইকে দিও, আর একটা আমার দলকে দিও।' মাস্টারমশাই হরির বিপরীত দল থেকে দাঁড়িয়েছেন। দলের ছেলেদের সামনে একথা বললে সেটা দলের অফিসে গিয়ে তারা নেতাদের জানিয়ে দিত, 'হরি আমাদের বিরুদ্ধে প্রচার করছে।' কিন্তু হরির কৌশল জানার ক্ষমতা ওসব চুনোপুঁটি নেতাদের নেই। তারা কেবল রাজনীতি মানে বুঝেছে দলাদলি আর মারপিট। আরও কিছু আছে যেটা আমজনতাই বোঝে ভালো।

আবার একটা ঘরে গিয়ে একইরকমভাবে হরি ঘরে ঢুকে গেল। রাঙা কাকিমাকে বলল, 'কাকি, একমুঠো মুড়ি দেবে? সকাল থেকে কিছু খেতে পাইনি কাকি। খুব খিদে পেয়েছে।' কাকির দেওয়া মুড়ি থলেতে ভরে হরি ঘর থেকে বেরিয়ে এলো।

দলের সবাই জানে, হরির খাবার জুটবে না কোথাও। তবু দুপুরে যে যার ঘরে ফিরে গেল। হরিকে কেউ স্মরণ করেনি। ক্ষেতমজুর সাধনের স্ত্রী জিজ্ঞাসা করলো, 'হরি, বাবা খেয়েছো কিছু?'

—আজ খিদে নেই কাকি। কিছু খাবো না।

কাকির আর বুঝতে বাকি রইলো না, হরির আজ খাওয়া জোটেনি। হরির হাতটা ধরে টেনে নিয়ে গেল। আসন পেতে হরিকে ভাত বেড়ে দিল কাকি। হরিরও বুঝতে বাকি রইলো না, কাকির খাবারটা সে খাবে। হরি বললো, 'কাকি একটু মুড়ি নিয়ে এসো। ভাত মুড়ি মিশিয়ে দুজনে খাবো। পেটটাও ভরবে আমার, আর তোমাকেও উপোষ থাকতে হবে না। হ'লোও তাই। হরির আর কাকির মধ্যাহ্নভোজ এভাবেই শেষ হ'লো। রাতে হরি শিব মন্দিরেই আশ্রয় নিল। কারও একবার মনেও হয়নি, হরির কোনও আশ্রয় নেই। শোবার জায়গাটুকুও নেই।

হরি আর গ্রামে আসে না। সবকিছু চুকিয়ে বুকিয়ে শহরে চলে গেছে। দল একদিন হরিকে ডেকেছিলো। দলের অফিসে নেতারা বলেছিলো, 'হরি, আমরা সব সিটেই জিতছি, শুধু তোমার গ্রামের সিটটা হেরে যাবো।' হরি সব শুনে শুধু বলেছিলো, 'আচ্ছা।'

আশিসকুমার পাত্র

ইতিমধ্যে হরির প্রচারের ধরণ দলের অফিসে আলোচনাও হয়ে গেছে। একজন পরিমলকাকার সাথে হরির কথোপকথনটা শুনেও নিয়েছিলো আড়াল থেকে। হরিকে দল বহিষ্কার করলো দলবিরোধী কাজের জন্য।

নির্বাচনের ফল বেরোলো। হরির গ্রামের সিটটাই শুধু জিতলো দল। বাকিগুলো হেরে গেল। হরিকে খুব অনুরোধ উপরোধ করে দল একবার অফিসে ডাকলো। দলের বড় জানার ইচ্ছে, হরির কৌশলটা। হরি বললো, 'বন্ধু, পরিমলকাকার সাথে মাস্টারমশাইয়ের এতটাই পারিবারিক সম্পর্ক যে, কাকা মাস্টারমশাইকে ভোটটা দেবেই। আর আমি যদি মাস্টারমশাইকে ভোট দিতে মানা করতাম তাহলে দুটো ভোটই কাকা মাস্টারমশাইয়ের দলকে দিত। কিন্তু এক্ষেত্রে আমরা একটা ভোট অন্তত পেলাম। আর সেজন্যই আমরা জিতলাম। নির্বাচনের ফলাফলের পর মাস্টারমশাইয়ের বক্তব্য, 'আমরা তো জিতেই গিয়েছিলাম। ওই হরি যত সর্বনাশ করলো।' পরিমলকাকার মুখে মাস্টারমশাই সব শুনে বললেন, 'হরি আমাকে ভোট দিতে বললো। অথচ আমি হেরে গেলাম। বুঝিনা হরির লীলা।'

দল সদস্যপদটি হরিকে ফিরিয়ে দিতে চাইলো। হরি বললো, 'আর তা হয় না বন্ধু।'

?

—আপনার নাম কী ?

—জানি না।

—কেন ?

—আমার একটা নাম ছিল। সেটা আজ আর নেই।

—কেন ?

—নামটা তো আমার অতীত। সেই অতীতটাই যখন নেই, তখন নামটা কী করে থাকবে বলুন !

—আপনার তো বাবা, মা, ভাই, বোন সব ছিল ?

—হ্যাঁ, ছিল। আজ আর নেই।

—কেন ?

—সেই কেন-এর উত্তরটাই তো খুঁজতে বেরিয়েছি গো।

—পেলেন উত্তর ?

—না। এখনও পাইনি। তবে পাবো।

—কী করে ?

—তা তো জানি না। তবে আমার বিশ্বাসই আমাকে উত্তর এনে দেবে।

—আপনার বাবা কোথায় ?

— তাও তো জানিনা। সেও হয়তো আমারই মতো এরকম পথে পথে উত্তর খুঁজছে। অভাব বড় বালাই গো। অভাবের জ্বালায় বেচতে বেচতে একদিন ভিটেটাই বেচে দিল। তারপর এই পথই আমাদের ভিটে হ'লো। ছোট ছোট ভাই আর বোনগুলোকে নিয়ে মা কোথায় চলে গেল। কেউ জানে না।

—একটু আগে বললেন যে, আপনি ঈশ্বরকে পেয়েছেন। সত্যিই পেয়েছেন ?

—হ্যাঁ, পেয়েছি।

—কোথায় ?

—এই তো আপনার কাছে।

—মানে ?

— এই সরল সত্যটা বুঝলেন না ? আমি তো খিদের জ্বালায় ছটফট করছিলাম। আপনি আমাকে একমুঠো মুড়ি খাওয়ালেন না ? ওটাই তো আমার ঈশ্বর। একজন ক্ষুধার্তের কাছে একমুঠো শুকনো মুড়িই ঈশ্বর।   রামকেষ্ট কী করে ঈশ্বরকে পেয়েছিলেন জানেন না ?

আশিসকুমার পাত্র

— কী করে ?

— ''শ্রীমা বেশ কিছুদিন শ্রীরামকৃষ্ণের গৃহে তাঁরই পাশে রাত্রে নিদ্রা যেতেন। দেহবোধ-বিরোহিত শ্রীরামকৃষ্ণের প্রায় সারারাত সমাধিতেই কাটত। এই সময় নিদ্রিত শ্রীমাকে পাশে দেখে একবার তিনি নিজেকে এইভাবে পরীক্ষা করেছিলেন ঃ 'মন, এরই নাম স্ত্রী-শরীর। লোকে একে পরম উপাদেয় ভোগ্য বস্তু বলে জানে এবং ভোগ করবার জন্য সর্বক্ষণ লালায়িত হয়। কিন্তু একে গ্রহণ করলে দেহেই আবদ্ধ থাকতে হয়, সচ্চিদানন্দঘন ঈশ্বরকে লাভ করা যায় না। ভাবের ঘরে চুরি করো না; পেটে একখানা মুখে একখানা রেখো না। সত্য বল, তুমি একে গ্রহণ করতে চাও, অথবা ঈশ্বরকে চাও ? যদি একেই চাও, তো এই তোমার সুমুখে রয়েছে, নাও।' — এই বলে হাত প্রসারিত করা মাত্র মন বাহ্যভূমি ত্যাগ করে সমাধিতে বিলীন হয়ে গেল। সে-রাত্রে তাঁর মন আর সাধারণ ভূমিতে নেমে এল না।'' চাওয়ার মত করে চাইলে তবেই তাঁকে পাওয়া যায়। বিবেকের কাছে সেই তেত্রিশ কোটি নিরন্ন ভারতবাসীই ঈশ্বর ছিল। ঈশ্বরতো কৈলাসে নেই। মন্দির, মসজিদ, গীর্জা, মঠ কোথাও নেই।

— তবে কোথায় আছে ?

— খুব কাছে আছে বলেই দেখতে পান না। আসলে ঈশ্বর দূরে নয়, দেরিতে। যার যেমন চাওয়া তেমন পাওয়া। এ পেঁয়াজের খোসা ছাড়ানো। ছাড়িয়ে ছাড়িয়ে যেন শেষ আর হয় না। আসলে আমরা তো কী চাইতে হয় তাই জানি না। সেই রজনীকান্তের গানের কথাটা ভাবো — ''(ওরা)— চাহিতে জানে না, দয়াময় ! / চাহে ধন, জন, আয়ুঃ, আরোগ্য, বিজয়। / করুণার সিন্ধু-কুলে বসিয়া, মনের ভুলে / এক বিন্দু বারি তুলে, মুখে নাহি লয়; ''

— আপনি তো অনেক কিছু জানেন।

— বাজে কথা।

— কেন ?

— যেটা জানলে সব জানা হয় তাই তো জানিনে গো।

— কী, সেটা ?

— কেন ? ঈশ্বর। তবে একটা গল্প বলি শুনুন। এক ব্রাহ্মণ ঠাকুর একদিন সাতটা গ্রাম ঘুরে এলো। বাড়ি ফিরে দেখলো এক সের চাল হয়েছে। পরের দিন বাড়ি থেকে বেরিয়ে সে দূরের একটা গ্রামকে নিশানা করে গেল। বাড়ি ফিরে দেখলো সেদিনও একসের চাল হয়েছে। সে তখন বসে ভাবলো, যদি এক গাঁ ঘুরেই হয়ে যায় তো সাত গাঁ কেন ঘুরবো। তো ঈশ্বরও তাই। প্রকৃতিতে এমন একটা জিনিস আছে যেটা চাইলেই পাওয়া যায়।

— আপনি কোন্ জিনিসের কথা বলছেন ?

— আমি ঈশ্বরের কথাই বলছি।

— এটা আপিন কী বলছেন ? ঈশ্বরকে চাইলেই পাওয়া যায় ? আমি চাইলে আমিও পাবো ?

— হ্যাঁ, পাবেন। চেয়ে দেখেছেন কোনওদিন ? দেখেননি। চাওয়াটা খুব কি কঠিন ? না। কিন্তু সহজ কাজটাই তো মানুষ সহজভাবে করতে পারে না !

।

ব্যাকরণে যতি চিহ্নের অধ্যায়টা আমরা প্রায়শই বাদ দিয়ে দিই। তাই জীবনে চলার পথে কোথায় থামতে হবে সেটাও বুঝে উঠতে পারি না। জমিদার রামানন্দ চৌধুরীর অবস্থাটাও প্রায় সেরকম। ওনার মতের বিরুদ্ধে যাওয়া যাবে না। সে ধার্মিকই হও, আর অধার্মিকই হও, ধনী হও বা গরীব। নিয়ম একটা। একেই তো ভারতে গণতন্ত্র বলে — জনগণ যেটা মেনে চলবে। কার অঙ্গুলি হেলনে মানছে বা কার মিথ্যাকে সত্যভ্রমে ঝুঁটি আন্দোলিত করছে সেটা এখানে বিচার্য বিষয় নয়। বিচার একটা — স্বৈরতন্ত্র। বিচারক একজন — জমিদার স্বয়ং।

শিবমন্দির লাগোয়া মাঠে গরীব ব্রাহ্মণের ছেলে নকুল বল মারতে গিয়ে জমিদারপুত্র অহিভূষণের পায়ে পা লাগিয়ে ফেলেছে। এ হেন গর্হিত অপরাধের জন্য জমিদারবাবু বিচারসভা বসিয়েছেন। অভিযোগ —— নকুল অহিকে লাথি মেরেছে। শাস্তি —— গুণে গুণে বারো ঘা বেত। বেত্রাঘাত নকুল হজম করতে পারেনি। নকুল বিচারসভাতেই মারা যায়। জমিদারবাবু নকুলের বাবাকে বললেন, ‘ওহে চাটুজ্জে, যাও ছেলেটার সৎকার করোগে। আর খাজাঞ্চিবাবু, চাটুজ্জেকে সৎকারের টাকাটা দিয়ে দাও। আরও কিছু টাকা দিয়ে দিও। গরীব ব্রাহ্মণ তো। একমাত্র ছেলে মারা গেল। একটু ভালোমন্দ খেতেও দাওনি। রোগা পটকা ছেলে। সামান্য বেত্রাঘাত সহ্য করতে পারলো না।’

— বাবু আপনি মহান জমিদার। আমাদের এলাকার গর্ব। আপনার কাছে কোনও টাকা আমি নিতে পারব না। আমরা পাপীতাপী মানুষ। আপনার জমিদারির এ পুণ্যভূমিতে আমার একমাত্র পুত্রকে দাহও করবো না। তাতে আপনার অমঙ্গল হবে। আমরা প্রজা হয়ে আপনার অমঙ্গল চাইতে পারি না। আমার প্রণাম নেবেন বাবু।

একমাত্র মৃতপুত্রকে কাঁধে তুলে নিয়ে দুর্গেশ শুধু জমিদারবাবুর দিকে একবার তাকালেন। জমিদারবাবু কিন্তু দুর্গেশের চোখে চোখ রাখতে পারেননি। চোখ নামিয়ে নিলেন। ঘর থেকে স্ত্রীকে নিয়ে দুর্গেশ অনিদ্দিষ্টের পথে পা বাড়ালেন। জমিদারির সীমানায় দাঁড়িয়ে শুধু একটা দীর্ঘশ্বাস ফেললেন।

দুর্গেশ জমিদারি ছেড়ে চলে গেলেও কেসটি যথারীতি কোর্টে উঠল। জমিদারবাবু গ্রামের সকলকে বলে দিলেন, ‘কেউ মুখ খুলবি না। আর যদি কিছু বলতেই হয় তো

বলবি, খেলতে গিয়ে পড়ে গিয়ে মারা গেছে।' আর এক অতিশয় ধার্মিক ব্রাহ্মণকে বললেন, 'ঠাকুরমশাই, তুমি কোর্টে বলবে যে, নকুল খেলতে গিয়ে পড়ে গিয়ে মারা গেছে।' ঠাকুরমশাই শুধু বললেন, 'বাবু, কোর্টে ধর্মাবতারের কাছে আমি মিথ্যা বলতে পারবো না।'

— তাহলে ঠাকুর তোমার তো এই জমিদারিতে থাকা যাবে না।

— ঠিক আছে। আমি এখনি চলে যাচ্ছি।

এর অনেকদিন পর অহিকে কালসর্পে দংশন করল। কোনও ওঝা, বদ্যি সামাল দিতে পারেনি। এক বৎসর পর জমিদারগিন্নী মাত্র একদিনের জ্বরেই মারা গেলেন। জমিদারি ভোগ করার জন্য রামানন্দের কেউ রইলো না। রামানন্দের জীবনে যেন কোনও কমা, সেমিকোলন ছাড়াই পূর্ণচ্ছেদ পড়ে গেল।

এক সন্ধ্যায় রামানন্দ আবার বিচারসভা ডেকেছেন। মানুষজন সব অবাক, কীসের বিচারসভা ? জমিদারবাবু তাঁর আসনে না বসে মাটিতে উপবেশন করেছেন। সভা শুরু হ'তে সকলের সামনে রামানন্দ দাঁড়িয়ে গলবস্ত্রে করজোড়ে বলছেন, 'আমার প্রিয় ভাইবন্ধুরা, সবার আগে আমি অপনাদের কাছে ক্ষমা প্রার্থনা করছি আমার সারাজীবনের কৃতকর্মের জন্য। যদি আপনারা ক্ষমা করেন তবেই আমি অন্তত মরেও শান্তি পাবো। আর আমার স্থাবর, অস্থাবর যা কিছু আছে সব আপনাদের দিয়ে দিলাম। এখন থেকে আপনারাই আমার জমিদারির মালিক। এই আমার টাকা পয়সা, সোনা দানা, হীরে জহরত যা আছে আপনারা বুঝে নিন। আর এই দলিলে সব লেখা আছে।'

এরকম একটা অনাকাঙ্ক্ষিত পরিস্থিতি তাদের সামনে যে আসবে এটা যেন বিনা মেঘে বজ্রপাতের মত। জমিদারবাবু বৈঠকখানায় ঢুকে দরজা লাগিয়ে দিলেন।

প্রকৃতির শরীর থেকে অন্ধকারের চাদর সরবার আগেই এককালের দোর্দণ্ডপ্রতাপ জমিদার রামানন্দ চৌধুরী নেওয়ার মধ্যে কেবল জমিদারি লাঠিটুকু নিয়ে গ্রাম ছেড়ে বেরিয়ে গেলেন। কয়েক বছর আগের সেই দুর্গেশের মতই জমিদারি সীমানায় দাঁড়িয়ে শুধু একটা দীর্ঘশ্বাস ফেললেন। ইতিহাস যেন একই ঘটনা ঘটিয়ে তার পুনরাবৃত্তি করলো।

ভ্রূণমোচন উশ্রীর একটা অভ্যাসে দাঁড়িয়ে গিয়েছিল। পরিণয়ের পূর্বেই যদি এই হাল মা লক্ষ্মীর তাহলে পরে কী হবে? উশ্রী আর অনির্বাণের প্রেম নাটক শেষ অঙ্কে পৌঁছায়নি। দেহসর্বস্ব প্রেমের যা পরিণতি তাই হয়েছে। অনির্বাণ অন্যত্র বিয়ে করেছে। এ নদীও সাগর খুঁজে নিয়েছে। সুজনের সাথে উশ্রীরও বিয়ে হয়ে গেল।

বিয়ে তো হ'লো। উশ্রী সন্তানের মা হতে পারছে না। অনেক চিকিৎসা করেও কোনো সুরাহা হয়নি। ডাক্তারবাবু একদিন সুজনের সামনেই বলে ফেললেন, 'উশ্রী দেবী, কিছু মনে যদি না করেন একটা কথা বলবেন? আপনি কি কখনও ভ্রূণহত্যা করেছেন? আর আমার ধারণা সেজন্যই আপনার জরায়ু আর ভ্রূণকে ধরে রাখতে পারছে না। লক্ষণ যা দেখছি আপনি আর কোনওদিন মা হতে পারবেন না।'

সুজন যা বোঝার বুঝে গেছে। বাড়ি ফিরে আইনসম্মত বিবাহবিচ্ছেদের তোড়জোড় শুরু হ'লো। বিচ্ছেদ হয়েও গেল।

উশ্রীর প্রেমিক গেল, স্বামী গেল, কোনও সন্তানের মা হওয়াও হ'লো না। ভ্রূণমোচনপর্বে একবার উশ্রীর গর্ভপাত সম্ভব হয়নি। ন্যূনতম সময় পার হয়ে গিয়েছিল। এ অবস্থায় গর্ভপাত করলে মায়ের প্রাণসংশয় থাকে। সেই ছেলেকে উশ্রী জন্ম দিয়েছিল এবং হাসপাতালে রেখে চলে গিয়েছিল। 'কুমারী মা'-এর কলঙ্ক আর নিতে চায়নি। উশ্রী জানতো, সেই ছেলে কোন্ বন্ধ্যা মায়ের কোল আলো করেছে। এক সন্ধ্যায় উশ্রী সেই মায়ের কাছে গেল। ওর জীবনের যন্ত্রণার কথা বলল। সেই ফেলে দেওয়া ছেলেকে ফিরে পেতে চাইল। ওই বন্ধ্যা মা উশ্রীকে সসম্মানে বাড়ি ফিরে যেতে বলেছিল।

অর্বাচীন মানুষ বোঝে না, বিন্দু বিন্দু জলকণা নিয়েই সিন্ধু হয়। তাই বিন্দুকেও অস্বীকার করা উচিত নয়। আর উশ্রী একদিন এই বিন্দুকে অস্বীকার করে সারাজীবন এই বিন্দুর মধ্যেই আশ্রয় খুঁজেছে লরবার।

!

একজন যুবক তার বৃদ্ধ বাবাকে কাঁধে নিয়ে পাগলের মতো দৌড়াচ্ছে। শহরের উত্তর থেকে দক্ষিণ, পূর্ব থেকে পশ্চিম। কেউ তার বাবাকে ছোঁয়নি। কারণ? বাবা করোনা আক্রান্ত! কোনও অ্যাম্বুলেন্স পাঁচ হাজার তো আর একজন বলে দশ হাজার। এই করতে করতে হয়রানি হ'লো। কোনও যানই নিল না। তাই জান বাঁচাতে কাঁধই ভরসা। ছোটবেলায় বাবা বলতেন, 'ওরে কাঁধটা শক্ত কর।'

গলি দিয়ে যাচ্ছে। দরাম, দরাম শব্দ। জানালা, দরজা বন্ধ হচ্ছে। করোনা রোগীকে দর্শন করাও বিপদ। হাসপাতাল, নার্সিংহোম কেউ নেয়নি। নেবোনা বলা যাবে না। তাই অতি সহজ উত্তর — বেড নাই। শেষ হাসপাতাল — নাই বেড। বারান্দায় চিকিৎসা করা যাবে না — আইন নাই।

আদিনাথ আর এই ধকল সহ্য করতে না পেরে একটি হেঁচকি তুললেন মাত্র। তারপর সব শেষ। ইতিমধ্যে অনেক নাথ এলেন, ভর্তি হলেন, বেড পেলেন, পেলেন চিকিৎসা। কারণ আমরা তো ভালোই জানি, ওনার ইচ্ছে হলে খঞ্জও পর্বতে।

ডাক্তারবাবুর সাথে অনেক বাক্‌বিতণ্ডার পর ক্লান্ত, অবসন্ন অত্রি বাবা আদিনাথ ও তার পরিধানের কাপড়দুটো খুলে হাসপাতালের বারান্দায় ছুঁড়ে দিল। উলঙ্গ অত্রি তার উলঙ্গ বাবাকে আবার কাঁধে তুলে নিল। এবার দুজনার গন্তব্যস্থল শ্মশান। আদিম মানুষ ধীরে ধীরে বুঝেছে যে, তার উলঙ্গ শরীরটা ঢেকে রাখা দরকার। এখন সে সভ্য হচ্ছে। তাই গাছের ছাল, পাতা দিয়ে ঢেকেছে। পরে বস্ত্রের ব্যবহার হয়েছে। সেই সভ্যতাই যখন নেই তখন কীসের বস্ত্র? আদিম মানবের আর আদিমতা ঢাকবার কী আছে?

রাজপথ থেকে আবার গলি। আবারও দরাম, দরাম শব্দ। এবার কিন্তু দরজা, জানালা খোলার শব্দ। করোনা রোগীকে দেখা বিপদের। কিন্তু তার উলঙ্গ শরীর দেখাটা বড় মজাদার ব্যাপার। এত বড় রোমাঞ্চকর দৃশ্য। লজ্জা পাচ্ছেন? লজ্জা কিসের? — সভ্য সমাজ! অত্রি একসময় খুব কবিতা ভালোবাসতো। এই বাংলার এক অখ্যাত কবির লেখা কবিতার ক'টা লাইন এখন তার মনে পড়লো — 'মনের আড়ালে মনকে ঢেকে, / রঙের আড়ালে রঙ, / তার চেয়ে উলঙ্গতো / অনেক ভালো সং।'

শ্মশানে যাওয়ার রাস্তাতেও একই পরিস্থিতি। দাহ সমেত পনেরো হাজার লাগবে। যদি ছবি তুলতে হয়, ভস্ম লাগে আরও বাড়তি পয়সা লাগবে। শ্রাদ্ধসহ কুড়ি হাজার। দালালরাজকে এড়িয়ে কোনওরকমে শ্মশানে হাজির হ'লো অত্রি। জায়গায় কুলাবে না। লাইনে দাঁড়ান। ভাগ্য যদি ভালো হয় তাহলে হবে। বাবার লাশ কাঁধে ঝুলছে। এরপরও

ঠাকুর তুমি কী দর্শন করাবে? বিশ্বরূপ? তাই দেখাও ঠাকুর। আগের একজনকে বললো, 'আপনার নং একশো বাইশ। বাহাত্তর ঘণ্টা দাঁড়াতে হবে। ষোলো হাজার পাঁচশ টাকা লাগবে। অত্রিকে বলল, 'কাকে পোড়াতে হবে?' অত্রি বললো, 'দুটো পোড়াতে হবে। একটা মৃত, একটা জ্যান্ত।'

— মৃতের জন্য টাকা লাগবে কমপক্ষে পনেরো হাজার। জ্যান্ত পোড়ানো যাবে না। কমসেকম আটাত্তর ঘণ্টা দাঁড়াতে হবে। অত্রির এরই মধ্যে পাঁচ ঘণ্টা দাড়ানো হয়ে গেছে।

অত্রির পা চলল আবার রাজপথের দিকে। প্রকাশ্য রাজপথে সে বাবাকে শোয়ালো। পাশের মরা গাছের ডাল ভেঙে আনলো। চিতা সাজালো। এবার মুখাগ্নির পালা। কিন্তু আগুন কোথায়? রাজপথে চিতার উভয়পার্শ্বে গাড়ি, পুলিশ ভ্যান সব লাইন দিয়ে দাঁড়িয়ে গেছে। র‍্যাফও এসেছে। আজকাল আল্ট্রামডার্ন যুগেতো ভাইরাল বলে একটা কথা খুব চালু। খবরের জন্য কি আর রেডিও, টিভি খুলতে হয়? এটা ভারতবর্ষ। ধর্মের দেশ। কেউ চিতা ছোঁয়নি। শুধু অনুরোধ করেছে পাশে সরিয়ে নেবার জন্য। অত্রিরও জেদ, সে রাজপথেই বাবার শেষকৃত্য সম্পন্ন করবে।

সবাইকে অনুরোধ করলো একটু আগুনের জন্য। কেউ দিলনা সভ্যতার আগুন। তাই আবার সেই আদিম আগুনের কাছেই প্রার্থনা। দু'টো পাথরকে ঘষে অত্রি আগুন জ্বালালো। সেই অখ্যাত কবির আরেকটি কবিতার ক'টা লাইন এখন আবার অত্রির মনে পড়লো — 'যে একচিলতে আগুনের জন্য মানুষ / শতাব্দীর পর শতাব্দী / সংগ্রাম করে এসেছে, / সভ্যতা — তোমার / সেই আগুন কই?'। উদাত্তকণ্ঠে বেদমন্ত্র উচ্চারণ করে অত্রি তার পিতার মুখাগ্নি সম্পন্ন করলো। তারপর চিতায় অগ্নি সংযোগ করলো। চিতার লেলিহান শিখা আকাশ বাতাস ভরিয়ে দিল। তখন অত্রির বেদমন্ত্রের গম্ভীর ধ্বনি ওঠে সারা আকাশে।

বাবার পবিত্র দেহে কোনও সভ্যতার সুতো অত্রি ছোঁয়ায়নি দাহকালে। নিজের শরীরেও না। বাবার পবিত্র চিতার পৃতাগ্নি যখন নির্বাপিত, অত্রি তখন পতিতপাবনী গঙ্গা থেকে করকমলে অমৃতবারি সিঞ্চন করলো। ভস্মীভূত দেহাবশেষ গঙ্গাবক্ষে ভাসিয়ে দিল। পিতার শেষ অস্থিটুকু নিয়ে গঙ্গাগর্ভে ঝাঁপ দিল অত্রি।

প্রবন্ধ

অথ উৎকোচ - প্রেমোপাখ্যানম্

নীলোৎপলবাবু হাতলভাঙা নড়বড়ে চেয়ারটায় বসে ঢুলছেন। আর ঢুলবেন না-ই বা কেন? সারাদিনের কাজ বলতে তো ঠিক দশটা বাজতে এক মিনিটে অফিসে আগমন আর পাঁচটা বেছে এক মিনিটে অফিস থেকে নিষ্ক্রমণ। হ্যাঁ, সময় সম্বন্ধে নীলোৎপলবাবু বড় একনিষ্ঠ। ওনার দাদু ছিলেন আইন বিষয়ে কিংবদন্তী। সে যুগে তাঁর প্রতি কথাই এক একটা আইনের জন্ম দিত। আর নীলোৎপলবাবু একজন শিক্ষিত রুচিসম্পন্ন ব্যক্তি—বনবিহারীবাবুর যোগ্য উত্তরসূরি। তাহলে প্রশ্ন হ'লো নীলোৎপলবাবুর এ দশা কেন? কারণটা খুবই সহজ সরল। আর পাঁচজন মানুষ যে পথে হাঁটেন নীলোৎপলবাবু সেই পথে হাঁটেননি। সঠিক জায়গায় তিনি যথাযথ প্রেমকে নিবেদন করতে পারেননি। প্রেমের দেশ ভারতবর্ষ। এখানকার হাজরে ন'শ নিরানব্বই জন লোক যখন প্রেমযমুনায় হাবুডুবু খাচ্ছেন তখন নীলোৎপলবাবু ঠিক সেই জায়গাতেই মস্ত বড় ভুল করে বসলেন। আরে বাবা, পয়সা হ'লো দুনিয়াদারির ছাড়পত্র। এ হেন বস্তু থাকতে উনি কিনা ভালোবাসতে গেলেন আদর্শকে—সততাকে!

সকাল থেকে চালকলে চালকলে দৌড়ে বেড়ানোই ওনার কাজ। সরকারের ঘরে লেভি দিতে হবে—নাহলে কোটি কোটি গরিব মানুষের ঘরে হাঁড়ি চড়বে না। উনি কলিকালের বুদ্ধ যীশু! তাই এলেন মানুষের দুঃখ দূর করতে! দশটা কল লক্ষ টাকা দিল আর পক্ষকালের মধ্যেই ওপরওলার কৃপা দৃষ্টি পড়ল নীলোৎপলবাবুর ওপর। আর উনি সঙ্গে সঙ্গেই একেবারে ঐ চেয়ারে এসে হাজির। আর একজন কাজের লোকের কাজ না থাকার যে যন্ত্রণা তাই উনি এখন ভোগ করছেন।

উৎকোচ বিষয়টা আমাদের মজ্জার সাথে মিশে আছে। নিজের কর্তব্য এবং অকর্তব্য উভয়ই সম্পাদন করলে যে বাড়তি কিছু পাওয়া যায় এটা আমাদের জন্মের পর থেকেই শিখে আসছি। ছোট বেলায় খিদের সময় কিছু খেয়ে বাবা মাকে উদ্ধার করলে খাবার ছাড়াও খেলনা বা অন্য বাড়তি কিছু পাওয়া যায়। ছাত্র হিসেবে পড়াশোনায় ফাঁকি না দিয়ে পড়াশোনাটা সঠিকভাবে করলে বাড়তি কিছু পাওয়া যায়। এগুলো সবই কিন্তু ভালোবেসে ঘুষ। আর আপনার ছেলেমেয়েকে ইস্কুলে ভর্তি করাবেন? সেখানেও ঘুষ দিতে হয়। আবার আপনি যদি কোনো বিস্কুট কারখানার মালিক হন তাহলে কয়েকটিন বিস্কুট দিলেও চলবে। মাস্টারমশাইরা ও দিদিমণিরা টিফিন করবেন। আর পরীক্ষায় যদি পাশ না করে তাহলে পয়সা দিয়ে একটা পাশ সার্টিফিকেট কিনে নেবেন। এখানে টাকার বিনিময়ে পরীক্ষায় না বসেও পরীক্ষায় পাশ করা যায়। আবার বন্ধুকে খুন করে তার

সার্টিফিকেট নিয়ে অধ্যাপনাও করা যায়। বঞ্চিতের দলে না থেকেও ঘুষের বিনিময়ে আপনি সেই সুযোগ সুবিধা ভোগ করতে পারেন। এমনকি একটা জেলার জেলাশাসকও হতে পারেন। অসাধু উপায়ে যোগ্যতম হয়ে ওঠার এক বিশাল যজ্ঞ চলছে এই সমাজে। আর সত্যিই কি পড়াশোনা করবেন? সেখানেও কিন্তু শিক্ষকদের একাংশকে পদে পদে বাড়তি পয়সা দিতে হবে। অবশ্য এখানে শিক্ষক-ছাত্র সম্পর্কে তো ঘুষ কথাটা ঠিক মানানসই হবে না — তাই এর নাম এখানে প্রাইভেট-টিউশান। আরে বাবা, তাহলে আর এত কোটি কোটি টাকা খরচ করে কলেজ-ইস্কুলে ঐ গুণী শিক্ষকদের পোষার কী দরকার ছিল? বারো মাসের মধ্যে তাঁদের কেউ বা চারমাস কেউবা দু'মাস কর্মক্ষেত্রে চরণধুলি দিয়ে দেশকে উদ্ধার করতে আসেন। ওনাদের অবসরের পর বা অবর্তমানে ওনাদের যোগ্য উত্তরসূরি হিসাবে দেশে মানুষ তৈরির জন্য কিছু বিশ্ব অকর্মাদের রেখে যাবেন। এ হেন কর্তব্য কর্ম সম্পাদন করার জন্য ওনাদের তো বাড়তি কিছু রোজগারের ব্যবস্থা করে দিতেই হবে। তা নাহলে সমাজের এলিটদের ঠিকমত মর্যাদা রক্ষা হবে না যে! আর ছাত্র-ছাত্রীরা ও তাদের শুভবুদ্ধি সম্পন্ন বাবা মায়েরাও একেবারে উঠে পড়ে গেলে যান এই সব সমাজ সংস্কারের কাজে। সে কী পড়ায় মনোযোগ! একেবারে ইস্কুলকলেজ বন্ধ করে দিয়ে মাস্টারমশাইদের ঘরে বস সব দিনরাত সিফ্ট ডিউটি করছেন। ইস্কুল কলেজের পরিবেশকে এমন করে তুলেছেন আর এমন সীমা বেঁধে পড়ান যে ছাত্রছাত্রীরা যাতে করে প্রাইভেট-টিউশান পড়তে বাধ্য হয়। আবার ঐ সব সদাশিব শিক্ষক মশাইদেরই হয়তো দেখবেন একটা রিক্সাওয়ালার সাথে আটআনা পয়সা কমানোর জন্য সে কী বাকযুদ্ধ এবং যুদ্ধ চালাতে চালাতে শেষপর্যন্ত একেবারে মিউনিসিপ্যাল অফিসে এসে হাজির হন ভাড়ার তালিকা দেখার জন্য। পড়ার শেষে যে চাকরিতে যোগ দেবেন, সেখানেও ঘুষ। সঠিক কাজটা সঠিকভাবে করলেও ঘুষ দিতে হবে আর একজনকে বঞ্চিত করে বেঠিকপথে আপনাকে কাজটা পাইয়ে দিলে তো কথাই নেই। সেখানে অবশ্য ঘুষের বহরটা অনেকটাই বেশি। চাকরিতে প্রমোশনের জন্যও ঘুষ লাগে। সে ঘুষের ধরন আবার বিচিত্র রকমের। সে ঘুষ টাকাও হাতে পারে, আবার স্ত্রী বা বোন সম্পর্কীয়া কোন নারীও হতে পারে। আপনার ওপরওলা যে কে সেটা ঠিক করাও মুশকিল। তিনি আপনার অফিসের কোনো অফিসারও হতে পারেন, মেজবাবু, সেজবাবুও হতে পারেন, আবার কোনো মন্ত্রীও হতে পারেন।

কোটি কোটি মেহনতী মানুষের গায়ের রক্ত জল করা পয়সায় নির্মিত হাসপাতাল ও স্বাস্থ্যকেন্দ্রগুলো। রক্তকে যারা ঘাম করে ফেলে উদয়াস্ত গোলামি করে তারা আবার নিশ্চিন্তে মরার জায়গা খুঁজে নিয়েছে এইসব হাসপাতালেই। আর হাসপাতাল গেটেই

দাঁড়িয়ে আছে যমের দূতেরা সব লাইন দিয়ে মরার পর তাদের নিশ্চিন্ত আশ্রয়ে পৌঁছে দেবার জন্য। আর কখনো যদি কোনো সহৃদয় ডাক্তারবাবুর করুণায় হাসপাতালে একটু ভালো চিকিৎসার আশা পাওয়া যায় তাহলেও রোগীদের আর হাসপাতালে ঢুকতে দেওয়া হয় না। চক্রব্যূহের মত হাসপাতালকে ঘিরে দাঁড়িয়ে আছে রৌপ্যমূল্যে ক্রয়যোগ্য নানারকম সেবার প্রতিষ্ঠানগুলো। এখানে যেমন যেমন টাকা তেমন তেমন সেবার ব্যবস্থা। গল্পে পড়া কোনো কোনো নেমন্তন্ন বাড়ির মতো আর কি। রোগেরও শ্রেণি বিভাগ আছে। ধনীলোকের রোগ আর গরিব লোকের রোগ। ডাক্তার, চিকিৎসা সবেরই বিভাগ আছে। ধনীর ডাক্তার আর গরিবের ডাক্তার। কোনো কোনো ডাক্তারবাবু নাকি বলেন যে, তিনি ধনীলোকের ডাক্তার। তিনি তাঁর বাপের পয়সায় ডাক্তারি পড়েছেন। তা প্রশ্ন করি সেইসব গণতন্ত্রের মহান ধ্বজাধারীদের — বাপের পয়সায় ডাক্তারি পড়ে বাপের বৈঠকখানায় বসে যখন চিকিৎসা করছেন তখন বৈঠকখানাতেই তো ডাক্তারি শাস্ত্রটা পড়াশোনা করতে পারতেন, কলেজে যাবার প্রয়োজনটা কী ছিল? কোটি কোটি মেহনতী মানুষের মেহনতের পয়সায় তৈরি হয় একজন ডাক্তার। আর চিকিৎসা করার সময় স্টেথোস্কোপটাও কখনো কখনো তাঁরা কানে দিতেই ভুলে যান। তারপর তো চিকিৎসার জন্য বাড়তি পয়সা দিতে হবেই। এদেশে সকাল হলেই মানুষের মঙ্গল কামনা করার পরিবর্তে ধূপধুনো সহকারে ডাক্তাররা মানুষের রোগ কামনা করেন আর শববাহকেরা মানুষের মৃত্যু কামনা করে। এই সব ব্যবসাদার ডাক্তারবাবুদের ব্যবসার ক্ষতি করতে যদি কখনো কোনো হৃদয়বান ডাক্তারবাবু এসে হাজির হন তাহলে তাঁর পিছু লেগে তাঁকে হয় দেশ ছাড়া করেন নাহলে তাঁকে পৃথিবীছাড়া হতে হয়। এই সমাজব্যবস্থার সবকিছু ব্যবস্থাকে খুশি করেও কিন্তু আপনি আপনার শিশুকে বাঁচাতে পারবেন না। হয় সে শিশু ভুল চিকিৎসায় মারা যাবে নাহলে জাল ওষুধের দয়ায় তার মুক্তি হবে। আপনার শিশুকে বলি হতেই হবে। কারণ আপনার শিশু ভেজাল ওষুধ গলাধঃকরণ না করলে দু'দিক থেকে ক্ষতি এবং অনেক মানুষের ক্ষতি! প্রথমত ভেজাল ওষুধকে সঠিক বলে বাজারে না চালাতে পারলে ওষুধ কারখানার মালিকের অতিরিক্ত লাভ হবে না। দ্বিতীয়ত ভেজাল ওষুধকে সঠিক বলে সার্টিফিকেট না দিলে সেই অফিসারের বাড়ি, গাড়ি হবে না, স্ত্রীর কাছে ঠিকমত স্বামীর মর্যাদা পাওয়া যাবে না। তাই সমাজের এতগুলো লোকের সুখের ব্যবস্থা করে দিতে আপনার আমার ঘরের ওরকম দু'একটা শিশুকে যদি মৃত্যু বরণ করতেই হয় সে তো শহীদের মৃত্যু। এইসব শিশুঘাতী কালোবাজারিদের আর ঘুষখোরদের ল্যাম্প পোস্টে ঝুলিয়ে দেবার প্রতিশ্রুতি দিয়ে এদেশে প্রধানমন্ত্রীও হওয়া যায়।

এদেশে কীসের গণতন্ত্র নেই! চুরি, জুয়াচুরি, ঘুষ, ছিনতাই, খুন, ধর্ষণ সবের গণতন্ত্র এদেশে। এইমাত্র খুন (এমনকি প্রধানমন্ত্রীকেও) বা নারীর শ্লীলতাহানি করে এল্লো যে লোক তার হয়েও কোর্টে উকিল দাঁড়ায় তাকে বাঁচানোর জন্য। কারণ এটা গণতান্ত্রিক দেশ। আদালতে বিচারে প্রমাণ তো হয়নি যে সে দোষী। প্রমাণ তো কোনোদিনই হবে না। এখানেও যে ''বিচারের বাণী নিরবে নিভৃতে কাঁদে''।

এদেশে জাহান্নামে যাবার জন্যও ঘুষ দিতে হয়! জনগণের পরম কল্যাণের জন্য যে সব জনপদবধূ নগরের হৃদয়ে বসে আছেন তাঁদের শ্রীচরণে নিজেকে নিঃশেষে বিলিয়ে দেবার জন্য দালালদের শ্রীহস্তে টাকার থলে তুলে দেন সমাজের তথাকথিত মধ্যমণিরা যাতে করে জাহান্নামের দ্বারে পৌঁছাবার রাস্তাটা আরও সহজ হয়ে যায়। জানেন, ওদের আবার কংগ্রেসও হয়। ফ্রাঙ্কফুর্টে গত ১৮.১০.১৯৯১-এ ইউরোপের ১১টি দেশের প্রায় ২০০ জন মহিলা ও পুরুষকে নিয়ে দেহোপজীবিনী কংগ্রেসের যে তিনদিনের অধিবেশন শেষ হ'লো সেই কংগ্রেসে দেহ ব্যবসাকে আবার আইনগত স্বীকৃতি দেওয়ার দাবি জানানো হয়েছে।

মরার পরও আবার রেহাই নেই। শ্রাদ্ধে ব্রাহ্মণকে কিছু ঘুষ দিতে হবে। না হলে স্বর্গে যাবার পথ সহজ হবে না। স্বর্গে গিয়ে যাতে করে সোনার থালায় খেতে পাওয়া যায় সেজন্য ব্রাহ্মণকে সোনা দিতে হবে। যদি না দিতে পারেন তাহলে কিছু ঘুষ ছাড়ুন। সব ঠিক করে দেবেন ওনারা। ভালো খাট বিছানায় শোবেন স্বর্গে গিয়ে, সেজন্য ব্রাহ্মণকে খাট বিছানা দিন। না দিলে কিছু ঘুষ দিন। কারণ শাস্ত্রেই আছে মূল্যের দ্বারা সবকিছুই পরিশুদ্ধ হয়। পুরুতঠাকুর মন্ত্রশক্তিবলে স্বর্গে আপনার জন্য পালঙ্কের ব্যবস্থা করে দেবেন (মাটির পৃথিবীতে ছেঁড়া কাঁথা জোটে না, আর স্বর্গে গিয়ে গদি-পালঙ্কে শোবে)। ঠাকুরমশাইদের নিয়মিত স্বর্গের সাথে যোগাযোগ আছে। তবে সেই যোগাযোগের জন্য তাদেরও কিছু ঘুষ দিতে হয় কি না, তা অবশ্য জানা নেই।

মেয়ের বিয়ে দেবেন? সেখানেও ঘুষ। একদফা ঘটক মশাইকে ঘুষ। দ্বিতীয় দফা ছেলের বাপকে ঘুষ, তৃতীয়দফা ছেলেকে ঘুষ, চতুর্থ মামা, পঞ্চম গুরুদেব, ষষ্ঠ ..., সপ্তম .... ইত্যাদি ইত্যাদি। তবে এঘুষের নাম আবার বিভিন্ন ধরনের। কোনোটা বরপণ, কোনোটা ছেলের দাবি, কোনোটা পুরোহিতের সম্মান দক্ষিণা, ইত্যাদি, ইত্যাদি। এত ঘুষ দিয়েও যদি শেষ রক্ষাটা হ'তো তাহলেও না হয় ঘুষ দেওয়ার সার্থকতা থাকতো। কিন্তু তা তো হয় না। শেষ পর্যন্ত এই অভাগীদের পরিণতি তো ঘটে দেনাপাওনার নিরুপমার মতোই।

শান্তিরক্ষার ভার যার ওপর দিলেন নানা অশান্তির জনক আবার তারাই। অবশ্য ঘুষ নেন বেশ প্রশান্তভাবেই। তা নাহলে ভাবতে পারেন, থানায় আবার ঘুষের টেণ্ডার ডাকা

হয়। ঘুষেরও আবার মাস্তুলি হয়। যিনি বেশি ঘুষ আদায় করে আনতে পারবেন তাঁকেই একাজের দায়িত্ব দেওয়া হয়। ঘুষের ওপরও বাড়তি ঘুষ আদায় করে আনতে পারলে সেটা তাঁর ব্যক্তিগত। তারপর তো আনুপাতিকহারে তিনি তাঁর ভাগের ভাগ ঘুষ পাবেনই। তার আবার বিভিন্ন ভাগ। বড়বাবু একটু বেশি। মেজবাবু একটু কম। সেজবাবু আরও একটু কম, সেপাই ....,চাপরাশি .... ইত্যাদি, ইত্যাদি। মানে সিঁড়ি থেকে চেয়ার।

সকলে মহা উৎসাহে ভোট দিয় যাঁদের ওপর দেশের কোটি কোটি মানুষের দায়দায়িত্ব অর্পণ করে তাঁদের আচার আচরণ এবং ঘুষ নেওয়ার বহর দেখলে মাঝে মাঝে স্তম্ভিত হতে হয়। এ সেই লোহার শিকল গিয়ে সোনার শিকল হয়েছে। এইসব মহামান্য মন্ত্রীমহোদয়দের উপঢৌকন পাঠাতে রাজ্যে রাজ্যে জেলায় জেলায় অফিসারদের সে কী ব্যস্ততা। কখনো হয়তো কোনও মন্ত্রীমহোদয় নাম না জানা কোনো স্টেডিয়ামের ভিত্তিপ্রস্তর স্থাপন করেছেন মনে মনে। তার জন্য কয়েক কোটি টাকা চাই। কারণ তিনি মনে মনে সেই স্টেডিয়ামের উদ্যোক্তাদের কথা দিয়ে দিয়েছেন কয়েক কোটি টাকা দেবেন বলে। আসলে মন্ত্রী বলে কথা। আগেকার রাজা গিয়ে এখন মন্ত্রী হয়েছেন। ওনারা কি সোজাভাবে ঘুষ চাইতে পারেন। অতএব এবংবিধ পদ্ধতি। কোনো রাজনৈতিক নেতা হয়তো আপনাকে কিছু টাকা ধার চাইলেন ঠিক তখন যখন আপনি কোনও একটা সমস্যায় পড়েছেন। মানেটা আর খুলে বলার প্রয়োজন নেই নিশ্চয়ই।

ঘুষ নেওয়া অপরাধ কিনা জানি না, কিন্তু ঘুষ না নেওয়া বুঝি মহা অপরাধ। তা যদি অপরাধ না হবে তবে বাবা মায়ের একমাত্র চার্টার্ড অ্যাকাউন্টেন্ট সন্তান সুজয়ের লাশটা ধানবাদ রেল স্টেশনের অনতিদূরে লাইনের ওপর পড়ে থাকে কেন ? তা যদি অপরাধ নয় তবে হাওড়ার সেই সৎ ও.সি.-র রক্তাক্ত দেহটা ড্রেনের মধ্যে কেন পাওয়া যায় ? সমাজ বিরোধী, স্মাগলারদের ধরা এবং শাস্তি দেওয়া যদি ন্যায় কাজ হয় তবে খিদিরপুরে মেহতা কেন খুন হলেন ? আজ ইংরেজ নেই। বিদেশি লুটেরাদের তাড়িয়ে দিয়েছেন। কিন্তু রাজত্ব তো সেই লুটেরাদেরই। ছিল বিদেশি, এখন হয়েছে দেশি। আসলে নিজের চাষের ফসল না হলে কি ফেলে ছড়িয়ে খাওয়া যায় ! আমরা একেবারে মনেপ্রাণে স্বদেশি। এমন কি বিদেশি লুটেরাদের বর্জন করে আমরা নিজেদের খাস মাটিতে একেবারে আগমার্কা লুটেরা উৎপাদন করছি। কবির কথা আমরা বর্ণে বর্ণে মেনে চলছি। এদের হাতে মা-মাটি-মানুষের কোনো নিরাপত্তা নেই। নিজের বাড়ি-গাড়ি, স্ত্রীর বিলাস সামগ্রীর জন্য এরা দেশকে বিকিয়ে দিতেও কুণ্ঠিত হয় না। এরাই আবার সভা-সমিতি ডেকে কান্নার জোয়ার বইয়ে দেয় দেশের এই দুরবস্থার জন্য। দেশের মাটির চেয়ে টাকা এদের কাছে অনেক বেশি খাঁটি। এই সব ক্ষমতালোভীদের ক্ষমতার জোগান দিতে দিতে দেশের কোটি কোটি অর্ধাহারী,

অনাহারী, কৌপীনধারী মানুষগুলো স্বাধীনতার মানেটাই কোনোদিন খুঁজে পেল না। আর মানে যখনই খুঁজতে যাবে তখনই সংবিধানে একটি করে সংযোজনী দিয়ে দেশের মানুষকে ভুলিয়ে রাখা হয়। এরা দেশের রাজা হয়। অথচ দেশের মাটিতে পা দিতে লজ্জা বোধ করে। এদেশে তথাকথিত মুখ্যমন্ত্রীর ইমেজ বাড়ানোর জন্য কিছু টাকার বিনিময়ে কোনো এক অভাগাকে মুখ্যমন্ত্রীর খুনী সাজতে হয়। আর পরে সেই মুখ্যমন্ত্রীরও ক্ষমতা থাকে না তাকে বাঁচানোর। এদেশে ঘুষ না নিলে চোর সাজতে হয়। সরকারি অফিসের কর্মচারী, অফিসারদের পানিসমেন্ট জোনে ট্রান্সফার করা হয়। রাজনৈতিক দলগুলো নিজের নিজের দলের তহবিল বাড়াতে এমন লোকের কাছ থেকেও পয়সা নেয় যে ব্যক্তি হয়তো ঐ দলের কোনো কর্মীর খুনের জন্য দায়ী। সেও প্রসন্ন চিত্তে ঘুষ দিয়ে দেয় পয়সার বিনিময়ে খুন ভুলিয়ে দিতে। কলে কারখানায় শ্রমিকদের একাংশ কাজে ফাঁকি দেয়। কেননা ওভার টাইম চাই। একদিকে ঘুষ আর অন্য দিকে শ্রমের প্রতি অশ্রদ্ধা। এইভাবে সরকারি কলকারখানাগুলো লোকসানে হাঁটছে। ইস্কুল কলেজগুলোতে ভালো পড়াশোনা হবে কোথা থেকে? সেখানেও তো মাঝে মধ্যে ঘুষ খেয়ে অকেজো শিক্ষকদের নিয়োগ করা হয়। অবশ্য এটা ঘুষ নয়—ডোনেশান।

এই বাংলার এক সাহিত্যিক তাঁর এক উপন্যাসে দুঃখ করে বলেছিলেন — ''ভারতবর্ষের ইকোনমিটাই ঘুষের ওপর দাঁড়িয়ে আছে।'' এদের সব পয়সার পিছনে ছোটার একটাই কারণ — নিজেদের আভিজাত্য বাড়ানো। প্রকৃত আভিজাত্য যে মানুষের মনে, বিবেকে, মানবতাবোধে, মনুষ্যত্বের মহিমায় সেটা এদের কাছে কিছু নয়। এদের আভিজাত্য পোষাকে, গাড়িতে, বাড়িতে, গহনায়। ব্যক্তিগত জীবনে এরা মহাপুরুষের বাণীর কোনো প্রয়োগ ঘটায় না। অথচ বৈঠকখানার আলমারিতে থরে থরে সাজানো থাকে বড় বড় কবি সাহিত্যিক ও মহাপুরুষদের জীবন ও বাণীর বই। সেই সোনার অক্ষরে হাতই পড়েনা হয়তো কখনো। মন্ত্রীরা এদের পিছনে লাগবেন না। তাহলে তাঁদের মন্ত্রীত্ব থাকে না। ব্যক্তি স্বার্থ চরিতার্থ করতে গিয়ে এরা জাতীয় সম্পত্তি ধ্বংস করছে। রাজার কোমরের নীচে যে কাপড় নেই এই কথাটা বলার জন্য এখন প্রয়োজন কোটি কোটি নিষ্পাপ শিশু যারা পারিষদ সহ এই ন্যাংটা রাজাদের একেবারে নির্বাসনে পাঠাবে।

এই উৎকোচ প্রদানের সমারোহ মানুষকে এতদূর পর্যন্ত সাহসী করে তুলেছে যে, দেবদেবীরাও তার হাত থেকে নিষ্কৃতি পাচ্ছেন না। কালীঘাটে দেখেন না মোটাসোটা নাদুসনুদুস চেহারার সব হিপোপটেমাসগুলো? সারা সপ্তাহব্যাপী ঠকবাজি আর

জুয়াচুরি করে একদিন হরিলুট দিয়ে যায়। পরীক্ষায় পাস করা এবং ভোটে জেতার জন্যেতো বটেই এমন কি জুয়ায় বা ফাটকাতেও যদি ভালো রকম লাভ হয় তার জন্যও কখনও কখনও কালীমার কাছে জোড়া পাঁঠা মানত করা হয়ে থাকে। মানুষের নীতি এবং মূল্যবোধের ভিত্তি কতটা স্খলিত হলে যে এরকম কাণ্ডকারখানা সম্ভবপর তা আপনারাই ভেবে দেখুন।

এই উৎকোচ প্রেমোপাখ্যান অবশ্য শুধুই যে সাম্প্রতিককালের এমন ভাবার কারণ নেই। কৌটিল্যও তাঁর অর্থশাস্ত্রে বলেছেন — রাজকর্মচারীরা সৎ এটা ভাবাই যায় না। আবার ষোড়শ শতকের কবি মুকুন্দের অভয়ামঙ্গলেও আমরা ভাঁড়ু দত্তের গল্প পড়েছি। সে ঘুষ নিত নির্বিচারে। কালকেতু শেষ পর্যন্ত তাকে দমন করেছিলেন। আজকের দিনে ভাঁড়ু দত্ত এক নয়, অনেক। সমাজের জীবনের আনাচে কানাচে ''বহুরূপে সম্মুখে তোমার'' হয়ে তাঁরা ঘুরে বেড়াচ্ছেন। কিন্তু শোচনার বিষয় হলো এই যে, কালকেতুকে আজ আর কোথাও খুঁজে পাওয়া যাচ্ছে না। আর যদিও বা কখনো তাকে পাওয়া যায় তবে দেখা যাচ্ছে সুজয়, হাওড়ার ও.সি., মেহতার মতো তারও আজ আর কোনো নিরাপত্তা নেই কোথাও।

আন্তর্জাতিক শিশুবর্ষ ও ভারত

১৯৭৯ সাল আন্তর্জাতিক শিশুবর্ষরূপে সকলের নিকট চিহ্নিত। এই আন্তর্জাতিক শিশুবর্ষ উদ্‌যাপন করার উদ্দেশ্য হ'লো অবক্ষয়প্রাপ্ত, দুর্বল, জরাজীর্ণ, সমাজের চোখে কলঙ্কিত, জঞ্জাল স্বরূপ শিশু সমাজ যে অবহেলিত তার বেঁচে থাকার অধিকারকে, শিক্ষা-দীক্ষার অধিকারকে সুপ্রতিষ্ঠিত করা। তারা যেন মানবশিশু রূপে জন্মগ্রহণ করে মানুষের মতই বেঁচে থাকে। তারা যেন সুস্বাস্থ্যের অধিকারী হয় — সমাজে তারা যেন সুশিক্ষা পায় — সুপ্রতিষ্ঠিত হয়। রাষ্ট্রে রাষ্ট্রে এই সকল অঙ্গীকারগুলোই করা হয়েছে।

আজ সারা বিশ্বে আন্তর্জাতিক শিশুবর্ষ পালন করা হচ্ছে। শিশুদের জন্য নানা আইন প্রণয়ন করা হচ্ছে, নানা পরিকল্পনা গ্রহণ করা হচ্ছে। সভা সমিতিতে শিশুদের দুরবস্থার কথা ক্ষমতানুযায়ী জোর গলায় প্রচার করা হচ্ছে। অবশ্য বিশ্বের দু'একটা রাষ্ট্র এ বিষয়ে বেশ কিছুটা সফলকাম হয়েছে। সেখানে শিশুদের ভালোভাবে বেঁচে থাকার অধিকার সুপ্রতিষ্ঠিত। কিন্তু সারা বিশ্বের কথায় না গিয়ে আমরা একবার ভারতবর্ষের দিকে ফিরে তাকাব।

ভারতবর্ষেও আজ আন্তর্জাতিক শিশুবর্ষ খুব আড়ম্বরের সঙ্গেই উদ্‌যাপিত হচ্ছে। এখানেও সভাসমিতির বাহার কম নয়। শিশুদের স্বার্থে সংবিধান প্রণয়নকারীরা পুরাতন খড় বাঁশ পাল্টে নূতন খড় বাঁশ দিয়ে সংবিধানকে রিপেয়ার করে নিতে খুবই সচেষ্ট। সেখানে বলা হয়েছে ১৪ বছর বয়সের নীচে কোনো শিশুকে দিয়ে যেন কোনো সরকারি বা বেসরকারি সংস্থায় কাজ করানো না হয়, প্রাথমিক স্তর পর্যন্ত তাদের রক্ষণাবেক্ষণের দায়িত্ব স্বীকৃত। এরকম অনেক পরিকল্পনাই সেখানে নেওয়া হয়েছে। কিন্তু এসবে কি কোনো সমস্যার সমাধান হচ্ছে? পেরেছে ভারত সরকার তার আইনের সঙ্গে বাস্তবের মিলন ঘটাতে? সমর্থ হয়েছেন রাষ্ট্র নেতাগণ তাঁদের বক্তৃতার বাস্তব রূপায়ণে?

সবই উলুবনে মুক্তো ছড়ানোর মতই, কোনো কাজই হবে না—যদি সমাজ ব্যবস্থার আমূল পরিবর্তন সাধন করা না যায়। আচ্ছা আজ এই পরিস্থিতির মোকাবিলা করতে গিয়ে মনের মধ্যে কি প্রশ্ন জাগে না যে এই শিশুদের সবচেয়ে আপনজন কারা? নিশ্চয়ই তার নিজের বাবা-মা। কিন্তু সেই বাবা-মা-ই যদি তাদের প্রকৃত বাঁচার অধিকার থেকে বঞ্চিত হয় তাহলে তারা তাদের সন্তানদের বাঁচার অধিকার দেবে কোথা থেকে? শিশুর একান্ত আপনজন হিসাবে তার বাবা-মা-ই যদি তাকে অধিকার দিতে না পারে তবে তাকে আর কে অধিকার দেবে? যে শিশুকে সকাল থেকে সন্ধ্যা পর্যন্ত দুমুঠো অন্নের

জন্য রাস্তায় রাস্তায়, গৃহের দ্বারে দ্বারে ক্ষুধার্ত কুকুরের মত ঘুরে বেড়াতে হয় সে শিশু বিদ্যালয়ে যাবে কখন? আর বিদ্যালয়ে গিয়ে যদি তাকে পেটের চিন্তাই করতে হয় তবে সে পড়ার প্রতি মনোযোগ দেবে কেমন করে? যে বাবা-মা সকাল হলেই ছোট্ট শিশুর কাঁধে ভিক্ষার ঝুলি তুলে দেয়, যে ভিক্ষার অন্নে বাবা-মায়ের উদরপূর্তি হয় সে বাবা-মা কীভাবে দেখাবে তাদের শিক্ষার আলোক।

আজ স্বাধীন দেশের নাগরিক হিসাবে যখন বুকটা গর্বে ফুলে ওঠে তখন কোথায় যেন একটা কাঁটা ফোটার জ্বালাও বুকের ভিতরে চিন্ চিন্ করে। মনে পড়ে সুউচ্চ বিলাস বহুল অট্টালিকার পদপ্রান্তে জীর্ণ, কঙ্কাল বস্তির উলঙ্গ ছেলেটির কথা, যে উলঙ্গ ছেলের দেহটাকে পারিনি কাপড় দিয়ে ঢেকে দিতে, যাকে পারিনি হাড় কাঁপুনি, জমিয়ে দেওয়া শীতের কবল থেকে হাল্কা উষ্ণতার স্পর্শে আনতে, দুবেলা দুমুঠো অন্ন যোগাতে। আজ ভারতের সত্তর শতাংশ শিশু শিক্ষালোক থেকে বঞ্চিত। বঞ্চিত অন্ন-বস্ত্র থেকে। এমনকি সময়মত রোগের ঔষধ পথ্যও তারা পায় না। শিশুদের খাদ্য নিয়ে এখানে কালোবাজারি হয়, রাজনীতি চলে। এই যখন ভারতের শিশুদের একমাত্র পরিচয় সেখানে আড়ম্বর করে আন্তর্জাতিক শিশুবর্ষ উদ্‌যাপন করা একটি উৎকৃষ্ট প্রহসন ছাড়া আর কী? এদেশে আন্তর্জাতিক শিশুবর্ষ পালন ধনী লোকের বিলাসিতা। সভাসমিতি করা, শিশুদের নিয়ে নাচগান, বস্তিতে গিয়ে এঁটোপাতার কাঙ্গাল কিছু শিশুদের মিষ্টান্ন বিতরণ বুর্জোয়া সমাজের অবসর বিনোদন। সমাজের কিছু পশুর সুখ চরিতার্থ করতে গিয়ে অনেক শিশুই খুঁজে পেল না তাদের বাবা-মাকে। তারা কোনোদিন ভেবেই পেল না তাদের জীবনের সার্থকতা কোথায়? কেন তারা এই নিষ্ঠুর সমাজের জঞ্জাল বাড়াতে এল? কী অপরাধ তারা করল যে, সব থেকেও কেন কিছুতে অধিকার নেই? পথে জন্মে পথেই তাদের জীবনের পরিসমাপ্তি। আর ওই সব সমাজপতিরাই, মনুষ্য বেশধারী পশুরা দেবতার নামাবলি গায়ে দিয়ে সভাসমিতিতে এই সব শিশুদের সহানুভূতি জানাবার জন্যে মায়াকান্নার প্লাবন এনে দেয়।

এই আমাদের বর্তমান সমাজব্যবস্থা—এই আমাদের সমাজপতিদের সুস্থ মানসিকতা—এই তাদের শিশুবর্ষ পালন। সমাজের অন্ধকার জায়গাগুলো চিরঅন্ধকারই রয়ে গেল। সেখানে কোনো পবিত্র হাতের স্পর্শ পাওয়া গেল না সাঁঝের প্রদীপখানি জ্বেলে কিছুটা অন্ধকার দূর করতে। তাই ওই অন্ধকারবাসীরা আস্তে আস্তে তলিয়ে যাচ্ছে সেই অন্ধকার সমুদ্রগর্ভের অন্তিম কোণে। যেখানে থেকে তাদের চোখ ও মন উভয়ই অন্ধ হয়ে গেছে—পঙ্গু হয়ে গেছে তাদের সর্বাঙ্গ। যারা আলোর কোনো ঠিকানাই পেল না।

তাই আজ আর ভাববার দিন নয়, কর্মক্ষেত্রে আমাদের নেমে পড়ার দিন এসেছে। যেখানে শিশুদের এই হ'লো অগ্রগতির নমুনা সেই শিশুরাই হবে সুনাগরিক — তারাই হবে দেশের ভাবী কর্ণধার? ওরাই কি গড়ে তুলবে সোনার ভারত? মনে মনে প্রশ্ন জাগে — শুধু আন্তর্জাতিক শিশুবর্ষ উদ্‌যাপন করেই, কয়েকটা শিশু উদ্যান বানিয়ে দিয়েই, কয়েকটা অঙ্গীকার করেই কি শিশুদের প্রতি সকল কর্তব্যের পরিসমাপ্তি ঘটবে? শিশুদের জন্য বলা মঞ্চের ভাবনাগুলো বাস্তবে রূপায়িত হবে? মানুষের প্রতি অবহেলা নিয়েও উৎসব করি আমরা। যীশুখ্রীষ্ট বেঁচে থাকলে হয়তো বলতেন — হে পিতঃ! এদের ক্ষমা করো। এ আনন্দোৎসব আর কতদিন চলবে?

আবার ভোল্‌গায়

একবিংশ শতকের দোড়গোড়ায় দাঁড়িয়ে আমাদের জাতীয় জীবনের অনেক ক্ষেত্রেই এখনও মধ্যযুগীয় অন্ধকার। সনাতন জীর্ণ কু-আচার আজও আমাদের জাতীয় জীবনকে তমসাবৃত করে রেখেছে। এই রকমই একটা প্রাসঙ্গিক বিষয় গর্ভপাত। বিষয়টা যে বিতর্কিত এ বিষয়ে কোনও সন্দেহের অবকাশ নেই। ভ্রূণহত্যা নিয়ে আজ সমগ্র বিশ্ব বিতর্কের ঢেউয়ে উত্তাল। যদি কোনও কুমারীর, যদি কোনও বিধবার বুক আলো করে কোনো নবজাতক পৃথিবীর রক্তিম আলোয় নিজেকে প্রস্ফুটিত করে সে কি অবৈধ?

অবৈধ! ভারতীয় সমাজে কুমারী মেয়ে বা বিধবা স্ত্রীলোকের গর্ভে সন্তান আসাটা অবৈধ এবং মর্যাদা হানিকর। আর কুমারী মেয়ে বা বিধবা স্ত্রীলোক যদি লোকচক্ষুর আড়ালে গিয়ে তাঁর গর্ভজাত সন্তানকে বিসর্জন দিয়ে আসেন তাহলে সেটা বৈধ এবং তাতে কোনো মর্যাদা হানি হয় না বা নীতির দিক থেকে সেটা ঠিক। কারণ সেটা সকলের অজান্তে ঘটল ও কোনো প্রশ্ন তোলা হয় না সে সম্পর্কে। হায়রে নৈতিকতা! ধিক তোর নীতিজ্ঞানকে! একটা ফুলের কুঁড়ি যদি কেউ নষ্ট করে দেয় তাহলে আমাদের মনে কত কষ্ট হয়। আর একটা নিষ্পাপ, নিষ্কলঙ্ক মানবশিশুকে পৃথিবীর আলো দেখার আগেই নিষ্ঠুরভাবে খুন করে দেওয়া হচ্ছে! হ্যাঁ, এটা খুন—চরম অপরাধ। ভূমিষ্ঠ হবার আগেই যার জীবনের যবনিকা নেমে এল, সে কী এমন অপরাধ করল যে তার এত শাস্তি—এত অপমান! সমাজ এদের জন্মকে স্বীকার করে না। এমনকি এদের বাবা মাও স্বীকার করেন না, এরা তাঁদের অবৈধ সন্তান। অতএব এ পৃথিবীতে এদের থাকার অধিকার নেই। আপনার সন্তান যখন জীবনের প্রথম বিশ্ব-পরিক্রমার নেশায় মেতে উঠে একপা দু'পা করে হাঁটতে হাঁটতে পড়ে যায়—ব্যাথা পায়—ড়ুকরে কেঁদে ওঠে তখন আপনি কেন, এমন কোন পাষান আছে যার বুকে সেই ব্যথা বাজে না? আর সেই আপনিই যখন চুক্তিপত্রে সই করে ডাক্তারবাবুকে অধিকার দিলেন আপনার জীবনের প্রথম ভালোবাসাকে ফরসেপ দিয়ে টুকরো টুকরো করে হত্যা করতে তখন কি আপনি মানুষ ছিলেন? আজ আমরা (তথাকথিত) সভ্য হয়েছি। শিক্ষা-দীক্ষায় খুব বেশি না হলেও যোসেফ-মেরীর যুগের থেকে বেশ কিছুটা অগ্রসর হয়েছি। কিন্তু এ নীতিবোধটা আমাদের এখনও জাগেনি যে, ওই নিষ্পাপ, নিষ্কলঙ্ক শিশুকে হত্যা করা অন্যায়।

আবার ধরুন, ওই শিশুদের হত্যা করে হ'লো না। তাদের স্বাভাবিকভাবে জন্মাতে দেওয়া হ'লো। তার ফল আবার আরও সাংঘাতিক—আরও মর্মান্তিক। দেখবেন, সেই শিশুদের খাবার সংস্থান নেই, থাকার সংস্থান নেই, নেই কোনো শিক্ষাদীক্ষা। তারা যেন

অস্পৃশ্য—অশুচি। একমুঠো অন্নের জন্য তাদের কুকুরের মত লোকের বাড়ির দ্বারে দ্বারে, শহরের ফুটপাতে, অলিতে গলিতে ঘুরে বেড়াতে হয়। হয়ত দেখবেন, এই শিশুরা যখন গভীর রাতে শহরের ফুটপাতে ধুলোর ওপর শুয়ে মশার সাথে লড়াই করছে, কিংবা কোনো বড়বাড়ির গাড়ি বারান্দার নীচে মাঘ মাসের শীতের রাতে কুকুরকুণ্ডলী হয়ে শুয়ে প্রভাত সূর্যের প্রতীক্ষা করছে তখন তাদের বাবামায়ের দল শীততাপ নিয়ন্ত্রিত ঘরে রঙিন আলোয় রঙিন পানে মত্ত হয়ে রঙিন রঙিন স্বপ্নে বিভোর। হয়ত দেখবেন, যে বাড়ির গাড়ি বারান্দার নীচে সে শুয়ে ছিল সে বাড়িটা তার জন্মদাতা মহান পিতার বা গর্ভধারিণী মহীয়সী মাতার।

দেশের এই জঞ্জালগুলোর হাত থেকে রক্ষা পাবার জন্য ভারত সরকার ১৯৭২ সালে গর্ভপাতকে আইনগত স্বীকৃতি দিল [এম.টি.পি. (মেডিক্যাল টারমিনেশন অব্‌ প্রেগন্যানসি) এ্যাক্ট, ১৯৭২]। সরকারের উদ্দেশ্য হ'লো দেশে এই আগাছার সংখ্যা যাতে না বাড়ে। সেই জন্য এদের অঙ্কুরেই বিনষ্ট করে দিতে বলা হ'লো। কিন্তু দুঃখের বিষয় এই যে, আগাছা যতই বিনষ্ট করা হতে থাকল আগাছা জন্মাবার হারও জ্যামিতিক হারে উত্তরোত্তর বেড়েই চলল এবং সাথে সাথে সমাজের মেরুদণ্ড ধীরে ধীরে নুয়ে পড়তে লাগল। এ বিষ আজ সমাজের রন্ধ্রে রন্ধ্রে প্রবেশ করে গেছে। এই বিষক্রিয়ার হাত থেকে সমাজকে মুক্তি দেওয়া খুবই কঠিন হয়ে দাঁড়িয়েছে।

সমাজে গর্ভপাত বহুদিন আগে থেকেই চলে আসছে। কিন্তু সেটা এত ব্যাপক ছিল না। সেখানে ভয় ছিল, ছিল লজ্জা। কিন্তু আজ যখন অতি সহজেই ব্যাপারটার সমাধান করা যাচ্ছে তখন ভয়ের কোনও কারণই নেই। একবার হাসপাতালের এম.টি.পি. আউটডোরের লাইনে দাঁড়ালেই হ'লো। অসমাজিক কাজ করা সত্ত্বেও সরকার আমাদের লজ্জা থেকে মুক্তি দিল — সামাজিক মর্যাদা ক্ষুন্ন হতে দিল না — সব সুবিধেই করে দিল। কিন্তু একটু গভীরে চিন্তা করলেই আমরা অনুভব করব আমাদের মেরুদণ্ড সাথে সাথে ভেঙ্গে গেল—আমাদের সংযম আরও কমে গেল—দিন দিন আমরা আরও অসংযমী ও উচ্ছৃঙ্খল হয়ে যেতে লাগলাম। আর, একজন অসংযমী ব্যক্তির কাছ থেকে কোনোদিন ভালো ফল আশা করা যায় না। সমাজে দুশ্চরিত্র লোকের সংখ্যা দিন দিন আরও বেড়ে যেতে লাগল।

ভারত একটা অনুন্নত দেশ। অশিক্ষিত লোকের সংখ্যা এখানে অনেক বেশি। দারিদ্র্যসীমার নীচে বাস করে এখানে অনেক লোক। এখানে লোক সংখ্যা বৃদ্ধির বিভিন্ন কারণ আছে—(১) বেশিরভাগ মানুষই জন্মনিয়ন্ত্রণের ধার ধারেন না। সরকারের তো কোনও পরিকল্পনাই নেই। (২) সমাজ কু-সংস্কারে কলুষিত — এখানে ছেলে বা

মেয়েদের বিয়ে না দেওয়াটা খুবই লজ্জাকর এবং মর্যাদা হানিকর। (৩) অজ্ঞতা অশিক্ষায় সমাজ জর্জরিত — এখানে অন্নের সংস্থান না থাকলেও আঠারো বছর না অতিক্রান্ত হতে হতেই ছেলেদের ঘটা করে বিয়ে দেবার পাটটি ঠিক বহাল আছে। আর মেয়েদের ক্ষেত্রেও সেটা নেমে চৌদ্দ কি পনেরোয় দাঁড়ায়। তারপর বৎসর না অতিক্রম করতেই দাদু-ঠাকুরমার মুখোজ্জ্বল করতে একটা নাতি বা নাতনির আবির্ভাব হবেই। না হলেই আশ্চর্যজনক। এরপরও 'জীব দিয়েছেন যিনি, আহার দেবেন তিনি'—অমোঘ মন্ত্র স্মরণ করে পিতা একটার পর একটা সন্তানের জন্ম দিয়ে যেতেই লাগলেন যতদিন পর্যন্ত মাতার সন্তান উৎপাদন ক্ষমতা থাকল।

মোটামুটি সমীক্ষা চালিয়ে দেখা গেছে যে, এম.টি.পি., আউটডোরে যারা যাচ্ছে তাদের মধ্যে কলেজ ও ইউনিভার্সিটির ছাত্রীদের সংখ্যাই বেশি এবং বিধবাও বেশ কিছু আছেন। এমন ভদ্রমহিলাও আছেন যাঁদের স্বামী বর্তমান। স্বীকার করি ভুল করা মানুষের ধর্ম। কিন্তু যদি তিন, চার বা ছয়মাস অন্তর এম.টি.পি. আউটডোরের লাইনে একই মেয়ের সাক্ষাৎ মেলে তাহলেও কি বলবেন ভুল করা মানুষের ধর্ম? এমনও দেখা গেছে যে, স্বামী বর্তমান (চাকুরিস্থলে থাকেন বা অসুস্থ ও দুর্বল) থাকা সত্ত্বেও স্ত্রী অবৈধ প্রণয়ে লিপ্ত হয়ে ফলস্বরূপ নবাগত ভ্রূণকে পৃথিবীর আলার মধ্যে দাঁড়িয়েই চির অন্ধকারে পাঠিয়ে দিতে কুণ্ঠাবোধ করেন না অথবা কোনও ক্ষেত্রে অবৈধ সেই সন্তানকে বাঁচিয়ে রাখেন—যার আগামী দিন অলঙ্কৃত হয় চারপাশের মানুষের তির্যক দৃষ্টি, বিদ্রূপ এবং উপহাসের মধ্যে। বাঙালী সমাজে শালিদের সাথে জামাইবাবুদের একটা মধুর সম্পর্ক বিদ্যমান। কিন্তু অনেক সময় সেই মাধুর্য এত গভীর হয়ে ওঠে যে, সাধের জামাইবাবুদের তখন শালীনতাবোধটুকুও থাকে না। পরে হতভাগী শালিদের হয় এম.টি.পি. আউটডোরে বা কোন নার্সিংহোমে যেতে হয়। কিংবা কোনো হাতুড়ে ডাক্তারের হাতে প্রাণ দিতে হয়। আবার অনেক সময় লোক জানাজানি হয়ে গেলে লজ্জা নিবারণের জন্য আত্মহত্যা করে কুকর্মের প্রায়শ্চিত্ত করতে হয়। আর সাধের গুণধর জামাইবাবুর তখন হয়ত টিকিও দেখা যায় না। এমন ঘটনাও বিরল নয় যে, ছাত্রীকে পড়াতে পড়াতে অসংযমী, উচ্ছৃঙ্খল মাস্টারমশাই শেষে ছাত্রীকে এমন শিক্ষা দিলেন যে, ছাত্রী সেই শিক্ষার ঠেলায় একেবারে এম.টি.পি. আউটডোরে এসে হাজির। এমন ঘটনাও দেখা গেছে যে, বাড়িতে অসুস্থ স্ত্রী শয্যাশায়ী আর সদাশিব স্বামী তখন অন্যের সাথে গোপন প্রেমে বিভোর। মাঝে মাঝে ডাক্তারদের চেম্বারে বা অপারেশন থিয়েটারে এমন অনেক জঘন্য ঘটনা যখন ঘটতে দেখা যায় তখন মনে এই প্রশ্নই জাগে বারবার — এঁদের কি ডাক্তার উপাধি দেওয়া ঠিক হয়েছে? ডাক্তার কথার যে অর্থ সে

অর্থের কি কাছাকাছিও এঁরা যেতে পেরেছেন? ডাক্তারতো কেবলমাত্র দেহের চিকিৎসা করে দেহের ব্যাধিই দূর করবেন না তিনি গোটা সমাজের চিকিৎসা করে সমাজকে ব্যাধিমুক্ত করবেন। সমাজকে কুসংস্কার মুক্ত করবেন। কিন্তু ব্যাধি মুক্ত করার জায়গায় তিনিতো সমাজে আরও জটিল ব্যাধির সৃষ্টি করছেন। এ কোন্‌ শিক্ষা? এ কোন্‌ সভ্যতা? এমনও মেয়েকে দেখা গেছে যিনি নিজের জীবনের প্রথম ভালোবাসাকে হসপিট্যাল-এ বিসর্জন দিয়ে সারাজীবন আর কোনো সন্তানের মা হতে পারেননি। আর সেই পরিত্যক্ত সন্তান অন্য এক বন্ধ্যা নারীর কোল আলো করে তাঁকে বন্ধ্যাত্বের জ্বালা থেকে মুক্তি দিয়েছে। অনেকে নিজেকে চিরকুমার বলে পরিচয় দিতে বেশ গর্ববোধ করেন। কিন্তু একটু চোখ কান খোলা রাখলেই দেখা যাবে যে, তিনি নিজেকে চিরকুমার বলে পরিচয় না দিয়ে যদি একটা বিবাহ করতেন তাহলে কৌমার্যেরও অবমাননা করা হতো না আর বিবাহ বলে যে বিষয়টা সমাজে আছে সেটারও উপযুক্ত সম্মান রক্ষা হতো। কারণ পিতলকে সোনা বলে চালালে পিতল বা সোনা কোনোটারই মর্যাদা বৃদ্ধি পায় না। ভারতবর্ষ নামটা উচ্চারণ করতে আমাদের গর্বে বুকটা ফুলে ওঠে। শিক্ষা-দীক্ষা, শিল্পকলা, জ্ঞান-বিজ্ঞান, মানবতাবোধ, নারীর মর্যাদা রক্ষা এইসবে একটা অতীত গৌরবের ঐতিহ্যবাহী দেশ এই ভারতবর্ষ। অথচ এই দেশেরই কোনো রাজপথে, সিনেমাতলায়, স্কুল কলেজে কোনও নারীকে সম্মান জানানোর জন্য স্কুল কলেজের ছেলেদের কোনো সিনেমার বই এর নাম বা কোনো গানের কলি খুঁজে বেড়াতে হয়। এটা হচ্ছে সেই দেশ যে দেশের কোনো মহামান্য মন্ত্রীকে তাঁর বিভাগীয় মহিলা আধিকারিকের সঙ্গে কাজের কথা বলার জন্য অ্যান্টি চেম্বারে নিয়ে যেতে হয়। এ হচ্ছে সেই ভারতবর্ষ যেখানে মন্ত্রী সাইরেন বাজিয়ে তাঁর উপপত্নীর বাড়ি যান। এ হচ্ছে সেই ভারতবর্ষ, যেখানে জীবনের অনেক বাঁক ঘুরে পথের নিশানা না পাওয়া কোনও ভাই-এর একটা সামান্য চাকুরির বিনিময়ে কোনো বোনকে কোনও রাজনৈতিক নেতার সারাজীবনের রক্ষিতা হয়ে যেতে হয়। এ হচ্ছে সেই দেশ যে দেশের কোনও ভাই তাঁর চিরকুমারী বোনকে কোনো চিরকুমার মন্ত্রীর অঙ্কশায়িনী করে দেন জীবনে প্রভাব প্রতিপত্তির চরম শিখরে পৌঁছাবার নেশায়। আর আমরা সেই চিরকুমারের প্রয়াণে প্রশংসা আর বক্তৃতামালায় সভাগৃহ ভরিয়ে তুলি। আর উদাহরণ টেনে লেখার কলেবর বৃদ্ধি করতে চাই না। কারণ এরকম বিচিত্র অনেক ঘটনাই আপনাদের জানা এবং আপনাদের চতুর্দিকে ঘটে চলেছে অহরহ।

আজকাল দেশে প্রেমিক প্রেমিকার সংখ্যা দিনদিন এত বৃদ্ধি পাচ্ছে যে, তাদের অত্যাচারে গৃহ, সমাজ, প্রতিষ্ঠান, অতিষ্ঠ হতে চলেছে। তাদের প্রেম খুবই স্বর্গীয়।

তাদের প্রেম "নিকষিত হেম, কাম গন্ধ নাহি তায়"। আজকালকার স্কুল কলেজ ও বিশ্ব-বিদ্যালয়ের ছাত্র-ছাত্রীরা এই দেহ সর্বস্ব (দেহগতই বলুন আর মনোগতই বলুন) প্রেমে জড়িয়ে নিজেদেরতো তিলতিল করে ধ্বংস করছেই এবং সমাজকেও অন্ধকারে তলিয়ে দিচ্ছে। দু'দিনের প্রেমেই যদি এম.টি.পি. আউটডোরে ছুটতে হয় তো এরকম প্রেম করা কেন? নিজেদের সংযত করে রাখার ক্ষমতা যাদের নেই তাদের অবাধ মেলামেশা না করাই উচিত। খেতে দেবার, শিক্ষাদীক্ষা দেবার সামর্থ্য নেই তো ওরকম শখের জন্ম দেওয়ার কী প্রয়োজন ছিল?

শিক্ষা কী? যে শিক্ষা আমাদের সংযত হতে শেখায়নি সে শিক্ষা শিক্ষাই নয়, যে শিক্ষা আমাদের বুদ্ধির পরিপূর্ণ বিকাশ ঘটাতে সাহায্য করে না সে শিক্ষা শিক্ষা নয়। কারণ — "The training by which the current and expression of will are brought under control and become fruitful is called education." আমরা শিক্ষিত নই। আমাদের শিক্ষিত হতে হবে। শিক্ষা থেকে আমরা এখন অনেক পিছিয়ে আছি। যে শিক্ষায় ডাক্তারের রোগীর সাথে নোংরা সম্পর্কে লিপ্ত হতেও কুণ্ঠাবোধ হয় না, যে শিক্ষায় শিক্ষক ছাত্রী-শিক্ষক-এর পরিধিকে অনায়াসেই অতিক্রম করে যান, যে শিক্ষা সমাজে কেবলই নিত্যনূতন সমস্যার সৃষ্টি করে, যে শিক্ষা জীবনকে নির্মাণের পরিবর্তে ধ্বংস করে, সে শিক্ষা শিক্ষা নয়; সে শিক্ষার কোনও প্রয়োজন নেই। শিক্ষার জগতে এখন অনেক রাত। এই কালো রাত্রি অতিক্রম করে আমাদের ছিনিয়ে আনতে হবে এক উজ্জ্বল ফুটন্ত সকালকে।

প্রেম কী? যে প্রেম জীবনকে ধ্বংস করে দেয়, জীবনকে করে তোলে তিক্ত বিষময় সে কোন্‌ প্রেম? সে কোন্‌ ভালোবাসা? এতো শুধু একটা রক্তমাংসে গড়া নশ্বর দেহকে পাবার তীব্র লালসা মাত্র, কপট ষড়যন্ত্র মাত্র। এর পরিণতি ধ্বংস ছাড়া আর কী হতে পারে? সত্যিকারের প্রেমে দেহের স্থান মুখ্য নয়। দেহ তো সেখানে উপলক্ষ্য মাত্র। সেতো স্ফটিকের মত নির্মল। প্রেমেই তার আরম্ভ, প্রেমেই শেষ। আমি 'প্লেটোনিক লাভ'-এর কথা বলছিনা। কিন্তু আমাদের সমাজে যে অবাধ প্রেমলীলা চলছে সেগুলো কি প্রেম? সেগুলো কি ভালোবাসা? এ প্রেম এমনই প্রেম যেখানে কর্তব্যবোধটুকুও মানুষের থাকে না—ভেসে যায় প্রেমের জোয়ারে। মানুষ কি ফিরে যাবে আবার উৎসে? সভ্যতা কি ফিরে যাবে আবার ভোল্‌গায়?

লোকসংখ্যা বৃদ্ধির যে প্রাকৃতিক কারণ রয়েছে সেটা পরিবর্তন করা যাবে না। তবে সেটার পরিবর্তন করা না গেলেও তার সমাধান অন্য উপায়েও করা যায় এবং সেটা আমাদের নিজেদের আয়ত্তের মধ্যে। আর বাকি সমস্যাগুলোরও সমাধান আমরা

নিজেরাই ইচ্ছে করলে করতে পারি। শেষে প্রার্থনা করি, হে সভ্য দেশের অসংযমী সন্তানগণ, আসুন, আমরা নিজেদের সংযমী হওয়ার ব্রতে দীক্ষিত করি। আমাদের অসংযমের জন্য যেন সকালের ফুলদের এভাবে অকালে ঝরে যেতে না হয়। আমাদের কামনা বাসনা চরিতার্থ করতে দেশে যেন আর অধিক সমস্যার সৃষ্টি না হয়। আসুন, আমরা দেশকে কুসংস্কারের কবল থেকে মুক্ত করি, মানুষের মধ্য থেকে অজ্ঞতা, কুশিক্ষা দূর করে তাদের মধ্যে জ্ঞান ও শিক্ষার আলোক প্রজ্বলিত করে তুলতে সহযোগিতার দুহাত বাড়িয়ে দিই। সরকারমশাই, আপনিও এ ব্যাপারে আমাদের সহযোগিতার হাত বাড়িয়ে দিন এবং ভারতকে চেতনার ভারতে পরিণত করতে সাহায্য করুন।

উৎসবে-অনাহারে

উৎসব কেন ? মানুষের মৌলিক চিন্তাভাবনাকে বিপথে পরিচালিত করার জন্য। অধিকার সচেতনতা থেকে মানুষকে সরিয়ে দেওয়ার জন্য।

পুজো উদ্বোধন ! মনুষ্যত্বের উদ্বোধন কোথায় হয় ? মূর্তি উন্মোচন ! নেতানেত্রীদের প্রকৃত চেহারাটার উন্মোচন কোথায় হয় ?

পুজোর মণ্ডপগুলোতে চলুন। বলুনতো, মানুষ কি জানে সে কোথায় যাচ্ছে, কেন যাচ্ছে ? সত্যিই কোথায় যাবে — কোথায় যাওয়া উচিত ? বঙ্কিমচন্দ্রের সেই কথা বারবার মনে উঁকি দেয় — জীবন কী ? জীবন লইয়া কী করিতে হয় ?

মেলা আর উৎসব করে অতীত ঐতিহ্যকে তুলে ধরা হচ্ছে ! মানুষ হিসেবে আপনারও তো একটা ঐতিহ্য আছে। সে ঐতিহ্যকে কেউ কোনওদিন স্মরণ করায় আপনাকে ? তাহলে গণতান্ত্রিক কাঠামোয় স্বৈরতন্ত্রের এত রমরমা কেন ? তাহলে তো বললেই হতো, 'ভারতবর্ষ পৃথিবীর বৃহত্তম স্বৈরতান্ত্রিক দেশ।' এখানে সেনাবাহিনী, পুলিশ পোষা হয় গণতন্ত্র সচেতন মানুষকে পেটানোর জন্য। রাজামশাই-এর কুকীর্তির সমালোচনা করলে তার গায়ে দেশদ্রোহী তকমা সাঁটানো হয়।

দেশের সেই অবস্থা কখন হবে যখন মানুষে মানুষে কোনও প্রতিযোগিতা নয় — মানুষ সবসময় মানুষের জন্য নিবেদিত প্রাণ হয়ে আবিষ্কারের নেশায় মগ্ন থাকবে। ছোটবেলা থেকেই সে মগ্ন থাকবে মানুষ হবার সাধনায়। কিন্তু আজ যে শিক্ষা ব্যবস্থার সাথে আমরা নিয়োজিত সেটা কি মানুষের সত্যিকারের মৌলিক প্রয়োজনকে মেটাবার কাজে ব্যয় হচ্ছে ? মানুষ তো আজ মেতে উঠেছে নিজেকে শেষ করার নেশায়। যাকে না হ'লে ঈশ্বরের প্রেমই মিছে হ'তো সেই তো আজ অবলুপ্তির দোর গোড়ায়। বিজ্ঞানের উন্নতি হচ্ছে। নৈতিক উন্নতি হবে কী করলে সে তো কেউ ভাবে না।

ক্ষুধার্ত পেটে দুটো পোড়া রুটি দেবার ক্ষমতা নেই, মেলা উৎসব হচ্ছে। একে বিপ্লব বলে ? এত মেলা, পূজাপার্ব্বণের ধুম আর কোনো যুগে দেখেছেন ? কারণটা খুবই সরল। আপনি যাতে প্রতিবাদ মুখর না হোন তার ব্যবস্থা করা হচ্ছে। আপনার চিন্তাভাবনার বিষয়টাকে অন্যখাতে বইয়ে দেওয়া হচ্ছে। একজন নেতা নেত্রীকে কখনও দেখিনি যিনি বলছেন ছাত্রছাত্রীদের ভালোভাবে পড়াশোনা করতে। তাঁর সংগঠনের কী হ'লো, কালেকশানের কী হ'লো, আর শেষমেষ ইলেকশনের কী হ'লো। আপনার চিন্তা আপনাকেই করতে হবে। আপনার ছেলেকে মানুষ করতে হবে আপনাকেই।

প্রকৃতির সৃষ্ট মনুষ্য নামক জীবটির আদ্যন্ত বিচার করলে আমরা কখনওই সাধারণ মানুষের পূজার্চ্চনা দেখতে পাই না। হয় দেবতার পূজা, নয়তো নেতার, রাজা উজীরের, পীরপয়গম্বরের পূজা। মনুষ্য জীবনের অবনতির এটাই একমাত্র কারণ।

আবার কোনও কোনও দল বিপ্লব করবে বলছে। ভারতবর্ষে বিপ্লব নৈব, নৈব চ। এত উৎসবের ধুম কোনো দেশে আছে? আর যারা বিপ্লব করবে বলছে, তারাই তো এইসব উৎসবের পৃষ্টপোষক। উৎসব মেলায় উস্কানি এরাই বেশি দিচ্ছে। এরা বিপ্লবী নয় — প্রতিবিপ্লবী। মানুষের মনের জ্বালা যন্ত্রণাকে এরা প্রতিবাদের জায়গা থেকে সরিয়ে নিয়ে গিয়ে অন্য জায়গায় নিয়ে যাচ্ছে।

হ্যাঁ, মানুষকে এটাই বোঝাতে হবে যে, উৎসবে, অনুষ্ঠানে, মেলায় আর পার্ব্বণে তোমাদের মুক্তি নেই। ওগুলো তোমাদের আরও বেশি বেশি করে দাসত্ব করতে শেখায়।

করোনাকে অভিযুক্ত কোরোনা

করোনা নতুন কিছু করেনি। যুগে যুগান্তরে মানুষ যে কাজ করেছে বারে বারে করোনা তাই করেছে একটু অন্যভাবে। মানুষের স্বাধীনতা হরণ করেছে — তাকে বন্দী করেছে পরাধীনতার নাগপাশে। মজার বিষয় হ'লো — মানুষ কোনও আন্দোলন করতে পারবে না, কোনও মিছিল করতে পারবে না, কোনও যুদ্ধও না। শুধু অসহায়, বিহ্বল চোখে তাকিয়ে থাকবে। পরম প্রিয়জনের শেষযাত্রায়ও সে যেতে পারবে না — প্রিয়জনকে একাই যেতে হবে — কেবল একা।

বড় আশ্চর্যের বিষয় — করোনাকে মানব সভ্যতার এ ধ্বংসযজ্ঞে আহ্বান করে এনেছে সে নিজেই। আসলে পৃথিবীর পাঠশালায় দুঃখ-শোক-যন্ত্রণাক্লিষ্ট মানুষকে দেখে দুঃখ পাওয়ারও কিছু নেই, আশ্চর্য হওয়ারও কিছু নেই। কারণ কেউ কাউকে দুঃখও দিতে পারেনা, সুখও না। সুখ, দুঃখ, আনন্দ-বেদনা মানুষের ভিতর থেকে আসে। বাইরে থেকে দেওয়া যায় না। যদি দুঃখ কাউকে বাইরে থেকে দেওয়া যেতো তাহলে তো জগতে সুখী কেউই থাকতো না। অন্য দিকে যদি সুখ কাউকে বাইরে থেকে দেওয়া যেতো তাহলেও জগতে দুঃখী কেউ থাকতো না।

তোমার শিক্ষা — আমার অভ্যুদয় !

একটা কথা খুবই প্রচলিত — শিক্ষা জাতির মেরুদণ্ড। কিন্তু সেই মেরুদণ্ডটি যদি সোজা না থাকে তাহলে কোনো জাতির পরিণাম হয়ে ওঠে বৈনাশিক। আবার আর একটা কথাও খুবই চালু— শিক্ষা আনে চেতনা, চেতনা ঘটায় বিপ্লব। এখন প্রশ্ন হ'লো সে কোন্ শিক্ষা যে শিক্ষা চেতনা আনবে, যে শিক্ষা বিপ্লব ঘটাবে আর যে শিক্ষাকে জাতির মেরুদণ্ড বলা যাবে। বর্তমানে যে শিক্ষা ব্যবস্থার সাথে আপনারা সকলে পরিচিত সে কি সেই শিক্ষা ?

১৯৪৭ সালের ১৫ই আগস্ট ইংরেজের হাত থেকে ভারতের শাসনব্যবস্থা ভারতীয়দের হাতে হস্তান্তরিত হ'লো। ভারত বিশ্ব মানচিত্রে একটি মর্যাদাজনক স্থান লাভ করে। সবকিছু পরিকল্পনার দায়িত্বে এখন ভারতের নেতানেত্রীরা। তারমধ্যে শিক্ষাও একটি। সেই পরিকল্পনার পরিবর্তন হ'তে হ'তে শিক্ষা এখন কোন্ জায়গায় দাঁড়িয়েছে? পাশ ফেল উঠে গেছে বর্তমানে অষ্টম শ্রেণি পর্যন্ত। অপেক্ষা করুন কিছুদিন পর আর পাশ ফেল বিষয়টাই থাকবে না। খুব মজা লাগছে কথাটা শুনে আপনাদের? আপনার সন্তানকে যে জাহান্নামে পাঠাবার ব্যবস্থা করা হচ্ছে সেটা কি আপনি একটুও বুঝতে পারছেন না? হ্যাঁ, আপনার সন্তানের সর্বনাশ আর নেতানেত্রীদের অভ্যুদয়। খোঁজ নিয়েছেন কি চোখে লঙ্কা গুঁড়ো দিয়ে মধ্যে কুম্ভীরাশ্রু ত্যাগ করছেন যে নেতা তাঁর সন্তান কোথায় পড়াশোনা করে? একবার ভেবেছেন কেন পাশ ফেল তুলে দেওয়া হ'লো? এদেশে এখন স্কুল কলেজগুলো মানুষ তৈরির কারখানা নয়। কারণ মানুষকে শাসন বা শোষণ বেশিদিন করা যায় না। দেশে বেশি মানুষ তৈরি হলে নেতাদের সর্বনাশ। সেটাতো একবিংশ শতাব্দীর নেতারা করতে দিতে পারেন না। অতএব এবংবিধ পরিকল্পনা।

সবার শিক্ষা সবার উন্নতি। কী অদ্ভুত কথা তাই না! হ্যাঁ, এই অদ্ভুত কথাটা এখন দারুণ চালু। কারণ গোটা বিশ্বটাই এখন চালাকির দ্বারা পরিচালিত। বিবেকানন্দ বলেছিলেন যে, 'চালাকির দ্বারা কোনও মহৎ কাজ হয় না।' কিন্তু সেই বিবেকও এখন নেই, আর সে আনন্দও নেই। মানুষ এখন নৈরাশ্যের ঘোর অন্ধকারের মধ্যে নিমজ্জিত। ঘোর নৈরাজ্যও বটে। যার মেধা আছে তারও শিক্ষা নয়, আর যে পরিশ্রম করে তারও শিক্ষা নয়। মেধা এবং পরিশ্রম এ দুটোই যেখানে এক হয়েছে তারই নাম শিক্ষা। হ্যাঁ, এটা অবশ্য ঠিক যে, সবার শিক্ষার জন্য দরজাটা খোলা আছে। সে দরজায় আপনি

যাবেন কি না সেটা আপনার নিজের ব্যাপার। আর উন্নতি? আমরা সকলে মিলে চাইছি যে, আপনার উন্নতি হোক। আর যার উন্নতি সেই আপনিই চাইছেন না। তাহলে আপনার উন্নতি কতটা হ'তে পারে? আবার যার মেধাও আছে আর পরিশ্রমও যথেষ্ট করে তারও উন্নতি সমাজকে সমৃদ্ধ করে না। কথাটার মধ্যে খুব দ্বন্দ্ব রয়েছে তাই না? হ্যাঁ, তার উন্নতি এই কারনেই সম্ভব নয় যে, সে একটা লড়াই করতে অপারগ। আর সেই লড়াই হচ্ছে দুর্নীতির বিরুদ্ধে। কোনও পরীক্ষায় প্রথম হলেও তার নামটা কাটা যায়। যে চাকরিটা আপনার অবশ্যই হওয়ার কথা কোনো অদৃশ্য সন্ত্রাস তা হ'তে দেয় না। প্রয়োজন হ'লে ইন্টারভিউটাও বাতিল করে দেওয়া হয়।

দুর্নীতির একটা সার্বভৌম নেটওয়ার্ক সর্বত্র ছড়িয়ে রয়েছে। যারা সেই নেটওয়ার্কের সঙ্গে আপোষ করে চলতে অনাগ্রহী, যোগ্যতা থাকলেও তাদের উন্নতির সোপান থেকে ধাক্কা দিয়ে ফেলে দেওয়া হবে। গত তিরিশ বছর ধরে আমাদের রাজ্যে অন্তত এই শোকাবহ ছবি-ই আমরা দেখে চলেছি। সর্বব্যাপী দুর্নীতির এই বেড়াজালে উন্নতি কথাটাই আসলে হাস্যকর হ'য়ে পড়ে। তার নানা কারণ থাকতে পারে। আর্থসামাজিক, প্রকৃত শিক্ষার অভাব, রাষ্ট্রীয় কারণ। এরকম বিভিন্ন যাঁতাকলে পড়ে একজন মানুষ নিরপেক্ষভাবে কোনো সিদ্ধান্ত নিতে পারে না। এরপর রাজনৈতিক কারণ তো আছেই। তারপরতো রাষ্ট্রীয় সন্ত্রাস একটা জগদ্দল পাথরের মতো আমাদের বুকের ওপর চেপে বসে আছে। আর রাষ্ট্রীয় সন্ত্রাসের মতো ভয়ঙ্কর তো আর কিছু হয় না।

শিক্ষকতা নেশাটার সাথে যুক্ত থেকে দীর্ঘদিনের অভিজ্ঞতায় এটা বুঝেছি যে, কারওকে তার গন্তব্যস্থলে পৌঁছে দেওয়ার জন্য পথটা দেখিয়ে দেওয়া দরকার আর উপকরণগুলো দিয়ে সাহায্য করা দরকার। কিন্তু হাঁটতে তাকেই হবে। যে গন্তব্যস্থলে যাবে তার হয়ে আপনি হেঁটে দিলে চলবে না। এখন অভিভাবকদের মধ্যে একটা দারুণ ভাবনা কাজ করে। ওনাদের ধারনা ভালো স্কুলে ভর্তি করে দিলে, ভালো মাস্টারমশাই-এর কাছে পড়তে দিলে, ভালো ভালো বই কিনে দিলেই বুঝি ওনার ছেলেমেয়ে যথার্থ মানুষ হয়ে উঠবে। তা ওনার ছেলেমেয়ে দিনরাত তাস, মোবাইল নিয়ে কারও সাথে গল্পই করুক, ক্রিকেট খেলাতে মেতেই থাকুক, আর চব্বিশ ঘন্টায় দশ ঘন্টা শুয়েই কাটাক। আর শিক্ষা প্রতিষ্ঠানগুলো তো সংগঠন করলেই হ'লো। সেখানে মাসের শেষে মাইনেটা থুতু দিয়ে গুনে নেওয়ার বিনিময়ে যে, ভালো করে পড়ানো দরকার এটা তো শিক্ষা নামক পেশাটার সাথে যুক্ত অনেকেরই মনে থাকে না। তখন তাঁরা বড় বেশি 'ডিমেনশিয়া' আক্রান্ত হ'য়ে পড়েন।

সবার জন্য সবকিছু নয়। এটা শাশ্বত সত্য। কিন্তু মানবসমাজে এটাই সবচেয়ে বড় সমস্যা। মানুষকে কোনো মহাপুরুষই এই শাশ্বত সত্যটাকে অনুধাবন করাতে পারলেন না। মহাপুরুষগণ বলে গেছেন। তার যথেষ্ট ব্যাখ্যাও দিয়েছেন। কিন্তু মনুষ্য সমাজের বেশির ভাগের চোখে তাঁরা পাগল। সবকিছু সবার জন্য —— এই ভাবনাটা প্রকৃতির বিরুদ্ধে। মেধা সম্পন্ন কর্মদক্ষ মানুষকে মর্যাদা দিতে হবে। আর তাকে সমাজ থেকে সেই জায়গাতেই রাখাও উচিত। তবেই সমাজে সুস্থির অবস্থা বজায় থাকবে। সেখানে সংরক্ষণের গেরো লাগিয়ে রাখা হয়েছে। আবার এখন শিক্ষাকে বেসরকারিকরণ করা হচ্ছে। চাইলেই কেউ ডাক্তার, ইঞ্জিনিয়ার হতে পারে। যোগ্যতা থাক বা না থাক। কলেজে আসন খালি থাকছে। আসলে বিষয়টা যেরকম দেখছেন বা শুনছেন আদৌ সেরকম নয়। সবটাই ভোটের ব্যাপার। ভোটের জন্য মানুষকে ভাঁওতা দাও —— ভণ্ডামি কর —— সব কর। আপনার সর্বনাশ —— নেতাদের পৌষমাস।

বালিকাদের পিছিয়ে পড়া

আমাদের দেশে এখনও একটি মেয়েকে প্রথমে মানুষ না ভেবে ভাবা হয় সে একটি মেয়ে। আর এখানেই তার পিছিয়ে পড়া শুরু হয়। একমাত্র মানুষের সন্তানকেই তো মানুষ করতে হয় বা হ'তে হয়। অন্য কোনও জীবের ক্ষেত্রে সেটা হয় না। আমরা যদি ভাবি ছেলেই হোক বা মেয়েই হোক সে আমার সন্তান এবং তাকে মানুষের মতো মানুষ করতে হবে তাহলে কিন্তু সমস্যাটা কিছু থাকে না। সে মধ্য যুগ আজ আর নেই। তখন ছিল — ''পুত্রার্থে ক্রিয়তে ভার্যা।'' মেয়েরা তখন শুধু সন্তান ধারণের জন্যই ছিল। আজকের যুগেও কি আমরা সেই অন্ধকারে হারিয়ে যাবো? — না। আজ মেয়েরা মহাকাশেও যাচ্ছে এবং সে আমাদেরই ভারতীয় মেয়ে সুনীতা।

প্রকৃতির নিয়মে মেয়েরাই সন্তান ধারণ করবে; তার মানে এই নয় যে, সে কেবল ঐ জন্যই জন্মেছে। একটা মেয়ে বিয়ের মানে বোঝার আগেই অনেক সময় আমরা তার বিয়ে দিয়ে দিই। এটা শুধু ভুল নয়, এটা অন্যায়, অপরাধ। ওকে লেখাপড়া শিখিয়ে সুস্থ জীবনবোধে উন্নীত করে তবেই ওসব ভাবা উচিত। আমাদের শিক্ষক, অভিভাবক এবং সমাজসেবক সকলেরই উচিত ছাত্রীদের মধ্যে জীবনবোধের শিক্ষাকে সঞ্চালিত করা এবং সেটা যে বিদ্যালয় থেকেই করতে হবে, বিদ্যালয়ে যাওয়া বন্ধ করে নয় তা বোঝানো দরকার। আমাদের বর্তমান আর্থসামাজিক কাঠামোর মধ্যে দাঁড়িয়েই যে লড়াইটা করতে হবে সেটা তাদের বোঝাতে হবে।

বৈদিক যুগের গার্গী, মৈত্রেয়ী এবং ঝাঁসীর রাণী লক্ষ্মীবাই-এর দেশ এই ভারতবর্ষ। সেই দেশের মেয়ে হয়ে মেয়েরা কেন পিছিয়ে থাকবে? একবার যদি বলতে পারে অন্তরের অন্তস্থল থেকে — 'Yes, I can.' — 'হ্যাঁ, আমিও পারি'। — তাহলে নিশ্চয়ই পারবে। Henry Ford একটা কথা বলেছিলেন, 'If you think, you can or you can not, both way you are right.' — আমরা কী বলছি সেটাই বিষয়। পড়ার বই পড়ানো ছাড়াও Motivational Training এবং Counselling দরকার। ওদের সামনে সাফল্যের উদাহরণ, সফল ব্যক্তির উদাহরণ দেওয়া দরকার। তাহলে হবেই হবে। ওরা সত্যিই কী পারে সেটা বোঝানো দরকার। তার অন্তরের নারী শক্তিকে জাগানো দরকার।

আশিসকুমার পাত্র

ভগৎ সিং, রাজগুরু, সুখদেব ও বর্তমান ভারত

বর্তমান ভারতবর্ষের এখন যা জাতীয় পরিস্থিতি, সামাজিক মূল্যবোধের ক্রমাধোগতি, অর্থনৈতিক অবনতি এবং সর্বোপরি রাজনৈতিক অস্থিরতা সেখানে ভগৎ সিং, রাজগুরু এবং সুখদেব যেন খুব বেশি প্রাসঙ্গিক। আর সেই প্রাসঙ্গিকতাকে সামনে রেখেই বলা যায়, কোনও একজন মানুষকে স্মরণ করা মানে এই নয় যে, সেই মানুষটার নাম ধরে তারস্বরে মাইক-এ চিৎকার করা বা তিনি কবে কোথায় জন্মেছিলেন বা কবে মৃত্যুবরণ করেছিলেন সেটা বলা। বরং তিনি জীবনে কী বলেছিলেন, কী করেছিলেন তা স্মরণ করা। এবং তাঁকে শ্রদ্ধা করা মানে তাঁর সেই জীবন দর্শনকে নিজের জীবনে প্রতিফলিত করা। আর তাই ভগৎ সিং, রাজগুরু এবং সুখদেব মানেই বিপ্লবের ডাক, জীবনের উন্মাদনা আর শৃঙ্খল মুক্তির প্রেরণা।

পাঞ্জাব পার্টির রাজনৈতিক নেতা ছিলেন ভগৎ সিং এবং প্রধান সংগঠক ছিলেন সুখদেব। পুনার শিবরাম হরি রাজগুরু, ভগৎ সিং, সুখদেব ও চন্দ্রশেখর সকলেই সহকর্মী ছিলেন। ১৯২৮ সালের ৩০শে অক্টোবর সাইমন কমিশনের বিরুদ্ধে বিক্ষোভে নেতৃত্ব দেওয়াকালীন পুলিশের লাঠির আঘাতের ফলে ১৭ই নভেম্বর লালা লাজপৎ রাই-এর মৃত্যু হয়। আর ১৭ই ডিসেম্বর এই তিন বিপ্লবী ঐ পুলিশ অফিসার স্যান্ডার্সকে লাহোরের রাজপথে গুলি করে মেরে জাতির মর্যাদা পুনরুদ্ধার করলেন। ১৯২৯-এর ৮ই এপ্রিল ভগৎ সিং ও বটুকেশ্বর দত্ত নয়াদিল্লীতে কেন্দ্রীয় আইন সভায় বোমা নিক্ষেপ করেন। দ্বিতীয় লাহোর ষড়যন্ত্র মামলায় ভগৎ সিং, সুখদেব ও রাজগুরুর প্রাণদণ্ডের আদেশ হয়। ২৪শে মার্চ ১৯৩১ ফাঁসির দিন নির্ধারিত হওয়া সত্ত্বেও গণবিক্ষোভের ভয়ে ২৩শে মার্চ ১৯৩১ এই তিন অমর বিপ্লবীকে ফাঁসি দেওয়া হয়। জাতির জনকের ভূমিকা কী ছিল ?

দু'হাজার ছয় সালের ২৩শে মার্চ ভগৎ সিং, রাজগুরু এবং সুখদেবের শহীদত্ব বরণের ৭৫-তম বার্ষিকী। ৭৫টা বছর কালের গর্ভে হয়ত খুব বেশি সময় নয়। কিন্তু একটা দেশের জন্য, একটা জাতির জন্য এটা নেহাৎ কম সময় নয়। আর সেই সময়ের নিরিখেই আজ আমাদের ব্যবচ্ছেদ করে দেখার সময় এসেছে সত্যিই কি আমরা এই বিপ্লবীদের প্রকৃত উত্তরসূরী হবার যোগ্য করে নিজেদের গড়ে তুলতে পেরেছি ? আজ যদি একবার এইসব শহীদরা আমাদের সামনে এসে দাঁড়ান আর প্রশ্ন করেন আমাদের, ''আমরা কি এই ভারতবর্ষ দেখার জন্য ফাঁসির দড়ি গলায় পড়েছিলাম ? আমাদের জীবন যৌবন দেশমাতৃকার মুক্তির জন্য উৎসর্গ করেছিলাম ?'' তাহলে আমাদের কাছে কি এই প্রশ্নের কোনো সদুত্তর আছে ? আজ তো আমাদের অবস্থা 'নিজগৃহে পরবাসী'র মতো। আজ মার্কিন সাম্রাজ্যবাদ তার আগ্রাসী নখদন্ত বিস্তার করছে ভারতবর্ষের ওপর।

মার্কিন যুক্তরাষ্ট্রের স্ট্যাটিজির অংশীদার হয়েছে ভারত। ভারতের সঙ্গে মার্কিন যুক্তরাষ্ট্রের দশ বছরের সামরিক পরিকাঠামো সহযোগিতার চুক্তি স্বাক্ষরিত হয়েছে। ভারতের বিদেশনীতি আজ মার্কিন অনুসারী। আজ ভারতকে পারমানবিক জ্বালানি ও যন্ত্রাংশ দিতে গেলে মার্কিন সংসদে আইন পাশ করিয়ে নিতে হবে। তাহলে কি ভারতবর্ষের সার্বভৌমত্ব বিসর্জিত হচ্ছে না ?

আবেদন নিবেদন করে আজ পর্যন্ত পৃথিবীর কোনো দেশে বিপ্লব সংঘটিত হয় নি। ভারতবর্ষেও সেটা হওয়া সম্ভব নয় তা এই সব বিপ্লবীরাই প্রমাণ করে গেছেন। আর আবেদন নিবেদন পর্যায়ে থাকলে ভারতবর্ষ কোনো দিন স্বাধীনতার মুখ দেখতো না। তাই স্বাধীনতার প্রাক্কালে এইসব বিপ্লবীদের জন্ম। ভারবাসীকে 'ইনকিলাব জিন্দাবাদ' প্রথম ভগৎ সিংই শুনিয়েছিলেন। আর আবেদন নিবেদন নীতির জন্যই অনেকের মুক্তি হলেও এই তিনজন বিপ্লবীর মুক্তি হয়নি। আজ ভারতমাতার বিভিন্ন অঙ্গপ্রত্যঙ্গ সাম্প্রদায়িক দাঙ্গায় ক্ষতবিক্ষত। দেশের মানুষের নিরাপত্তা নয়, তাদের দু'বেলা দু'মুঠো ভাত আর কাপড়ের সংস্থান নয়, দেশের সামনে এখন জ্বলন্ত সমস্যা হ'লো মন্দির না মসজিদ। ভূস্বর্গ আজ সাধারণ নিরীহ মানুষের রক্তে স্নাত। মুম্বাই-এর মতো শহর আজ উগ্রপন্থীদের অভিসার ক্ষেত্র। দেশের বড় বড় রাজনীতিবিদরা, প্রশাসনিক বড় বড় আমলারা, সেনাবাহিনীর পদাধিকারীরা আজ নোংরা কেলেঙ্কারীতে জড়িয়ে পড়ছেন। দেশের নিরাপত্তার ভার যাদের ওপর তারাই যদি আস্থাভাজন না হয় তাহলে এ কলঙ্ক রাখবো কোথায় ? সেনাবাহিনীর অফিসারদের মেয়েদের ওপর নোংরা হামলা থামাবার জন্য আজ মণিপুরের মায়েদের উলঙ্গ মিছিল করতে হয়। এ লজ্জা ঢাকবো কী দিয়ে ? এক একবার এক একটা দল দিল্লীর মসনদে বসছে আর দেশটাকে বিক্রি করার ব্যবস্থা করছে। সরকারি সংস্থাগুলো সব পুঁজিপতিদের হাতে তুলে দেবার ষড়যন্ত্র করছে। দেশে আজ কতগুলো রাজনৈতিক দল আছে তা গুণে শেষ করা যাবে না। এগুলো সব বিচ্ছিন্নতাবাদীরই লক্ষণ। জাতীয় নীতি বলে দেশে কিছু নেই।

আজ যে শিশু জন্মেছে সে জন্মেই তার সামনে কী আদর্শ দেখছে, কাদের দেখছে? তাই আজ প্রাসঙ্গিক ভগৎ সিং, রাজগুরু ও সুখদেব। এখন বেশি বেশি করে এঁদের জীবন, আত্মত্যাগ, বিপ্লবী চিন্তাধারা ও মতাদর্শের আলোচনা, পঠন পাঠন দরকার। দেশের যুবসম্প্রদায়কে এঁদের বিপ্লবী মতাদর্শে উদ্বুদ্ধ করে আরেকটা স্বাধীনতা সংগ্রামের হয়তো প্রয়োজন আছে।

আশিসকুমার পাত্র

সংরক্ষণ — একটি জাতীয় ব্যাধি

সংরক্ষণ কী, তা সকলেরই জানা। কিন্তু কেন সংরক্ষণ এ বিষয়টা পরিষ্কার হওয়া প্রয়োজন। একটি সভ্য, স্বাধীন, গণতান্ত্রিক দেশে জন্মে একজন মানুষের মৌলিক অধিকারগুলি যেন সংরক্ষিত থাকবে ভারতের মতো একটি বৃহৎ গণতান্ত্রিক দেশের সংবিধানে সেকথাই লেখা আছে। কিন্তু সংবিধানের বিধানগুলি রক্ষা করতে গিয়ে প্রায়শ দেখা যায় এর প্রায়োগিক দিকটি খুবই জটিল আকার ধারণ করে। প্রকৃতপক্ষে সংরক্ষণের ভিত্তিতো জাতপাত হওয়া উচিত নয়। এর ভিত্তি হওয়া উচিত মানুষের অর্থনৈতিক অবস্থা। সেটি না হয়ে ভিত্তি হলো জাতপাত। তাহলে দেশে জাতপাতের দ্বন্দ্ব ও সাম্প্রদায়িকতার বীজতো সরকারই পুঁতছেন। আর তার ফলতো শুভ হতে পারে না। সংরক্ষণ বিষয়টা কোনো সভ্য সমাজে থাকতে পারে না। একজন উচ্চ মেধার ব্যক্তিকে বঞ্চিত করে একজন নিম্নমেধার ব্যক্তিকে কোনো জায়গায় যদি বসানো হয় সেটা সুস্থ সমাজকে পারতপক্ষে অসুস্থই করে। এটা একটা সামাজিক ব্যাধি।

একটি স্বাধীন গণতান্ত্রিক দেশে একজন মানুষও অভুক্ত থাকবে না। কিন্তু তার জন্য একজন নিম্নমেধার ব্যক্তিকে অধ্যাপক করতে হবে? ডাক্তার বানাতে হবে? বড় অফিসার পদে বসাতে হবে? এটা কি কোনো সুস্থতার লক্ষণ? হ্যাঁ, তাদের যা যোগ্যতা সেই পদে তাদের চাকরি দেওয়া হোক্। সেখানে মাইনে বাড়িয়ে দেওয়া হোক্। কেউ আপত্তি করবে না। তাদের কোনো পরীক্ষায় বসার জন্য সরকারি অনুদানে ট্রেনিং দেওয়া হোক্। তাদের যোগ্য করে তোলা হোক্। একেবারে প্রাইমারী থেকে শুরু করে তাদের ধীরে ধীরে যোগ্য করে তুলে আনা হোক্ মূল স্রোতে। তারাও একদিন এদেশের চালিকা শক্তিরূপে নিজেদের গড়ে তুলতে পারবে। কিন্তু এদেশে সেরকম কোনও সিস্টেমই নেই। শুধুই পাইয়ে দেওয়ার রাজনীতি। একজনকে বঞ্চিত করে আর একজনকে পাইয়ে দাও। বাহবা কুড়োও। হাততালি লুটে নাও। তাদের যোগ্য করে তুলে আনা হোক্ মূলস্রোতে। অযোগ্যকে বাড়তি সুবিধা দিলে দেশের ক্ষতি ছাড়া কোনো লাভ নেই। নাহলে সংরক্ষণ কিছু যোগ্য মানুষকে বঞ্চিতই করবে চিরকাল। এভাবে অনুন্নতদের উন্নত করা যায় না। তাদের মেধাকে শানিত করা দরকার। তাদের ভিতরের শক্তিকে জাগাতে হবে। কিন্তু এভাবে কী হচ্ছে? পাইয়ে দেওয়া উত্তরাধিকারকে বংশানুক্রমে চালু রাখা হচ্ছে। অথচ অনেক উচ্চ মেধাসম্পন্ন ব্যক্তি বংশানুক্রমে অনুন্নত থেকে

যাচ্ছে। যখন থেকে সংরক্ষণ চালু হয়েছে কতজন পরিবার উন্নত হয়েছে আর কতজন পরিবার অনুন্নত থেকে গেছে তার হিসাব সরকারের আছে? শুধু টাকা দেওয়া হচ্ছে এক শ্রেণীর মানুষকে। এভাবে এই শ্রেণীর উন্নতি তো সম্ভবই নয় পরন্তু তাদের ভিতরের জেগে ওঠার শক্তিকে স্তব্ধ করে দেওয়া হচ্ছে। এটা তারা নিজেরাও বুঝতে পারছে না যে তাদের কী সর্বনাশ হচ্ছে। তাইতো মনে প্রশ্ন জাগে বারবার অনুন্নতদের যথার্থ উন্নতি করার কোনো পরিকল্পনা সরকারের আদৌ আছে তো?

আগে কোনো পরিবারের বার্ষিক আয় দু'লাখ চল্লিশ হাজার হলে সেই পরিবারকে অনুন্নত বলা হতো। ইদানিং সংসদে কোনো মন্ত্রী প্রস্তাব দিয়েছেন সেটা বার্ষিক ছ'লাখ করা হোক। এবং সেই প্রস্তাবকে অনেক সাংসদই স্বাগত জানিয়েছেন। কিন্তু একবারের জন্যও কেউ ভেবে দেখেছেন তাহলে শতকরা পঁচানব্বই জন ভারতবাসীকেই সংরক্ষণের আওতায় আনতে হবে।

শতবর্ষ আগে স্বামী বিবেকানন্দ শূদ্র-জাগরণের কথা বলেছেন। শূদ্র-জাগরণের মানে কি সংরক্ষণ? শ্রমজীবীদের উন্নতি কীভাবে হবে সেটা স্বাধীনতার বাহাত্তর বছরেও ঠিক করতে পারলো না কোনো সরকার। বিবেকানন্দ বলেছেন, ''শাসিতগণের শাসনকার্যে অনুমতি—যাহা আধুনিক পাশ্চাত্য জগতের মূলমন্ত্র এবং যাহার শেষ বাণী আমেরিকার শাসন পদ্ধতি-পত্রে অতি উচ্চরবে ঘোষিত হইয়াছে। 'এ দেশে প্রজাদিগের শাসন প্রজাদিগের দ্বারা এবং প্রজাদিগের কল্যাণের নিমিত্ত হইবে' তাহা যে একেবারেই ভারতবর্ষে ছিল না তাহাও নহে।''

সরকারের কোনো প্রতিনিধি জাবাব দিতে পারবেন—সুস্থ সমাজ কাকে বলে? যোগ্যতার নিরিখে যথেষ্ট পারদর্শী হয়েও একজন পথে পথে ভিক্ষে করবে, এটাই সুস্থ সমাজের লক্ষণ—তাইতো? যোগ্যতার মাপকাঠি এক রাখতে হবে। আবার গোদের ওপর বিষ ফোঁড়া আরেকটি বিষয় খুব চালু হয়েছে—সংখ্যালঘু। সংখ্যালঘু, সংখ্যাগুরু—এসব কী? হাজার, লাখো লোকের মাঝে যদি একজন অন্য সম্প্রদায়ের লোক থাকে তাতে তার সুবিধা অসুবিধার প্রশ্ন আসে কোথা থেকে? সেও একজন মানুষ, ওই লাখো লোকেরাও মানুষ। অধিকার সবার সমান। মানবিকভাবে দেখলে কোনো অসুবিধাই নেই। আসলে এত কথা যে বললাম এতক্ষণ সবই বাজে বকলাম। আসল কথা ভোট। তাতে কে মরবে, কে বাঁচবে এসব ভাববার কোনো প্রয়োজন নেই।

আজ স্বাধীনতার বাহাত্তর বছর পরেও একবিংশ শতাব্দীতে দাঁড়িয়ে ভাবতে লজ্জা হচ্ছে এখনও দেশটায় পরিবার পরিকল্পনা কার্যকর হয়নি। এখনও একই দেশে বাস করে

বিভিন্ন মানুষের জন্য বিভিন্ন নিয়ম। এখনও হিন্দু, মুসলিম, সংখ্যালঘু একথাগুলো শুনতে হয় কেন? আমরা কেন বলতে পারি না—আমরা মানুষের সন্তান। আমরা একে অপরের ভাই, বোন, মা। যবন হরিদাস তো এ দেশেই জন্মেছিলেন। ভেবে কোনো লাভ নেই। সরষের ভিতরেই ভূত! বাহাত্তর বছর কি খুব কম ছিল যাদের সংখ্যালঘু বলছেন তাদের উন্নতির জন্য? ভিখিরির ঘরে রোজ ডাকাতি হচ্ছে কেউ দেখেছেন? হ্যাঁ, আমার ভারতবর্ষের কথাই বলছি। এ দেশ বারবার লুট হয়েছে কেন? এ দেশ কি সম্পদশালী নয়? লর্ড কার্জন নেই। তাঁর নীতি এখনও সমানে কার্যকরী হয়ে চলেছে এদেশে—বিভেদ সৃষ্টি করো, শাসন করো।

সুখ—সে কতদূর?

শুকশারি চলেছে। কোথায় চলেছে? হ্যাঁ, কোথায় চলেছে? এই প্রশ্নটাই আজ জাগে বারবার সকলের মনে। না, ভুল হয়ে গেল। সকলের বললে ঠিক কথা হ'লো কি? মনে হয় ঠিক হ'লো না। মনে হয় বলছি, তার কারণ এগুলো তো অনেকেরই কাছে ঠিক হতেও পারে। হ্যাঁ, হতেও পারে। কারণ, হবে কি না সেটাও এখন কালের কষ্টিপাথরে রেখে বিচার করতে হবে। কালের বলছি তার কারণ সব কালে তো আর সব জিনিসের ঠিক ঠিক মানে বা বিচার হয় না। কারণ — কাল আর কালে নেই, কালে খেয়েছে কালে। আবার কালের কথা তুলতে গেলে, দেশের কথাও চলে আসে। সব দেশে সব জিনিসকে সমান চোখে দেখা হয় না। যেমন ধরুন ও দেশে বাপ-বেটার একসাথে ধূমপান করাটা, মদ্যপান করাটা কোনও দোষের নয়। আবার এদেশে সেটা ঘোর অপরাধ — নীতিবিরুদ্ধ। ওই দেখুন, আবার নীতির ধুয়ো তুলছি। এখন কথা হ'লো নীতি কী? নীতি হচ্ছে সমাজ নামক যন্ত্রটার বিভিন্ন অংশকে ঠিকঠাক অবস্থানে রাখার জন্য কবজা-স্ক্রু। এখানে অবশ্য বিশেষভাবে সমাজনীতির কথাই বলা হচ্ছে। এখন ধরুন কবজা-স্ক্রুগুলো সব একেবারে ঢিলে হয়ে যন্ত্রটার বিভিন্ন অংশ আলাদা হয়ে গেল। তাহলে যন্ত্রটা কি আর কোনও কাজ করতে পারবে? এ ব্যাপারে নিশ্চয় সকলে একমত। মুশকিলটা ওইখানেই। সকলকে একমতে আনা যাচ্ছে না। সূর্য পূর্ব দিকে ওঠে। একজন বললেন, না সূর্য পশ্চিম দিকে ওঠে। এখন এই দিকটাই যে পশ্চিম নয় তার কী মানে আছে? আর একজন বললেন, মশাই সূর্য পশ্চিম দিকে ডুবছে বলছেন। এই ডোবাটা যে ওঠা নয় তার কী কথা আছে? গোলটাও ঠিক ওই জায়গায়। পুরোনো যা কিছু সব ভুল। আর নতুন যা কিছু সব ঠিক। সবকিছু ভেঙ্গে দাও। না ভাঙলে নতুন তৈরি হবে না। রামায়ণ, মহাভারত, বেদ, গীতা, মায় পুরাণ সমেত সব গঙ্গার জলে ভাসিয়ে দাও। ওসব সৃষ্টি রহস্য আবার কী? এ পৃথিবী যেমন দেখছো চিরকাল তেমনই ছিল। আবার দেখুন নিজের জালে নিজেই জড়িয়ে যাচ্ছেন। সত্যি সত্যিই তো সৃষ্টি হবার আছেই বা কী? আপনি আমি বা আর কেউই তো জন্মাইনি। আর জন্ম যার নেই সে মরবেই বা কী করে। আর আসল সমস্যাটাও ওইখানে। বাইরেটা দেখে সব বিচার করা। দৃষ্টি বাইরে থেকে একটু ভিতরের দিকে ফেরাতে হবে।

এখন যেকথা হচ্ছিল। সবকালের, সবদেশের, সবমানুষের সামনে এমন একটা মানদণ্ড যদি খাড়া করা যায় যেটা প্রত্যেক ঘটনাকে বিশ্লেষণ করে বলে দেবে যে, ঘটনাটা যুক্তি সঙ্গত কি না, তাহলে খুব ভালো হ'তো। কিন্তু, এক্ষেত্রে কোনও চরম

মানদণ্ড পাওয়া যাবে না। মানদণ্ড যেগুলো আছে সেগুলো সবই আপেক্ষিক। কিন্তু এসব আপেক্ষিক জগতের সবকিছুকে ছাড়িয়ে একটা চরম সত্তা আছে। যে সচ্চিদানন্দ অমৃত সত্তা থেকে আমরা প্রত্যেকে, এ জগতের সবকিছু বাহ্যিক ও আন্তরিক সত্তা উদ্ভূত এবং আমরা চেতন, অবচেতন বা অচেতন যে অবস্থায়ই থাকি না কেন আমরা সর্বদা সেই দিকেই একটু একটু করে এগিয়ে চলেছি। অবশ্য কারও গতি দ্রুত, আবার কারও বা মন্থর। আমরা একদিন না একদিন সেই সত্তায় মিলিত হবই। যেখান থেকে এসেছি সেখানে ফিরে যাবই। আমরা ইচ্ছা করি বা না করি। এখন তাকে ব্রহ্ম, পরমাত্মা বা ভগবান যে যাই বলুন। সেই ফিরে যাওয়াটাকে ব্রহ্ম হয়ে যাওয়াই বলুন আর পরমাত্মা বা ভগবানের সাথে জীবাত্মার মিলনই বলুন — সেটা হবে। আর যদি বলা যায় যে, আমাদের যেসকল কর্ম ব্রহ্ম হয়ে যাওয়ার পথে, পরমাত্মা বা ভগবানের সাথে মিলনে বাধা সৃষ্টি করে বা সেই ফিরে যাওয়ার গতিকে মন্থর করে সেটা খারাপ কাজ আর বিপরীত পক্ষে যে কাজ ব্রহ্ম হয়ে যাওয়ার পথে, পরমাত্মা বা ভগবানের সাথে জীবাত্মার মিলনে সাহায্য করে বা সেই ফিরে যাওয়ার গতিকে ত্বরান্বিত করে সেটা ভালো কাজ, তাহলে আমার মনে হয় একটা মোটামুটি মানদণ্ড খাড়া করা গেছে। আসলে ব্রহ্মকে কেউ জানতে পারে না। ব্রহ্মই একমাত্র যা এখনো পর্যন্ত অনুচ্ছিষ্ট। আমরা প্রতিমুহূর্তে ব্রহ্ম হয়ে যাচ্ছি। কেউ দ্রুত গতিতে আবার কেউ বা মন্থর গতিতে। আর সেই হয়ে যাওয়াটাকেই আমরা অনেকে জানা বলে ভুল করি। এবার ভূমিকা ছেড়ে আসল কথায় আসা যাক।

আসল ঘটনায় আসার আগে নাটকের চরিত্রগুলো সম্বন্ধে একটু জানা দরকার। হ্যাঁ, নাটক বলছি। তার কারণ — এ পৃথিবীটাই তো একটা রঙ্গ মঞ্চ। আর অহরহ এখানে সেখানে, যখন তখন বিভিন্ন ধরনের নাটকই তো অভিনয় হয়ে চলেছে। অভিনয় বলছি এ কারণে যে, আমাদের আসল যে ব্যক্তিসত্তা তার অনুশাসনে তো আমরা সবসময় চলছি না। আর আমরা প্রায়ই বলি, অমুক একটি নাটক সৃষ্টি করে ফেলল। আসলে এই যে নাটক সৃষ্টি করে ফেলল — এটা ঠিক যেন সেই স্বাভাবিক মানুষটা সৃষ্টি করেননি। হয়, তার মধ্যে যে শয়তানটা বাসা করে আছে সে, নয়তো আর একটা যে আছে সে — ঠিক স্বাভাবিক মানুষটা করেনি। এখন স্বাভাবিক কথাটা বলতে গেলেও অনেক তর্কবিতর্ক এসে যায়। স্বাভাবিক বলতে গেলেই অস্বভাবী কথাটাও চলে আসে। এখন মনোবিদ্যার সাহায্য নিলে বলতে হয় — আমরা প্রত্যেকেই কোনও না কোনও ব্যাপারে অস্বভাবী। তবে সেই অস্বভাবী অবস্থাটা এমন পর্যায়ে পৌঁছায়না যাতে করে আমাদের পাগল বলা চলে। সেই অস্বভাবী অবস্থাটা কারও কোনও ব্যাপারে বেশি, আবার কারও কোনও ব্যাপারে কম।

আমরা সবাই সত্যি সত্যি আগন্তুক। আমরা নিজেরা নিজেদের কাছেই এক একজন অচেনা অতিথি। মাঝে মাঝেই আমরা একান্তই একা। অথচ কে যেন আমাদের সম্মুখে হাজির হয় নানা প্রশ্ন নিয়ে। সে সব প্রশ্নের উত্তরও আমরা দিতে পারি না। কাজগুলো আমরাই করেছি। কিন্তু কারণগুলো তার সামনে আমরা কেউ ব্যাখ্যা করতে পারি না। কাজটা করার আগে সেই প্রশ্নকর্তাকে কিছু জিজ্ঞাসা করার প্রয়োজন বোধ করি না। তাহলে অন্তত এত উত্তরহীন প্রশ্নের মুখে পড়তে হ'তো না। সমস্যা নিয়ে সমাধানের জন্য যাচ্ছি যার কাছে, সেও একই সমস্যায় ভুগছে। দুঃখী দুঃখী করে রাস্তায় রাস্তায় ঘুরে বেড়াই। উৎসের খোঁজ করিনা। কাঁধে গামছা নিয়ে ঘরময় গামছা খুঁজে চলেছি। অনেক সময় দেখা যায় সমস্যা না থাকাটাই কঠিন সমস্যা হয়ে দাঁড়ায়। কী করা যায় ? কোথায় যাওয়া যায় ? কার পাছায় বংশদণ্ড প্রবেশ করানো যায় ? ওমুক ভালো খাচ্ছে কীভাবে ? তমুক ভালো আছে কেন ? এইসব করতে করতে দেখা যায় নিজেই ভালো নেই। ছোটবেলায় খেলার মাস্টারমশাই দাঁড়িয়ে দাঁড়িয়ে দৌড়ানো শিখিয়েছিলেন। সরণ কীভাবে হবে বলুন ? অনেকের জীবনটাও ওইরকমই। মৃত্যুর পর মানুষ দৌড়াদৌড়ি করে, সাহায্য করতে ছোটে। মৃত্যুর আগে নয়। তাই মনে হয় — মরণের জন্য মানুষের সাহায্য লাগে। জীবনের জন্য নয়। সত্যি সত্যিই তো এ পোড়া ধরিত্রীর বুকে আমরা আগন্তুক। কেউ আমাদের চেনে না, আমরাও কারওকে চিনি না। আমরা সত্য জানি না, সুন্দর জানি না। আমরা বলি, বাড়িটি বড় সুন্দর, মেয়েটি বড় সুন্দর। কিন্তু সৌন্দর্য কোথায় থাকে বলুন তো ? তা কি আমরা কেউ জানি ? আমরা সবাইকে বিশ্বাস করি, নিজেকেই করি না। অথচ যাকে বিশ্বাস করলে আর কাউকেই বিশ্বাস করার প্রয়োজন ছিল না, তার কোনো সন্ধান নেই আমাদের। ঈশ্বরের সন্ধানে মন্দির, মসজিদ, গীর্জা, দেশ বিদেশ, নানা তীর্থস্থান, পাহাড়, মরু, সাগর তন্ন তন্ন করে খুঁজে বেড়ালাম। কোথাও তাঁকে পেলাম না। অথচ তিনি তো খুব দূরে ছিলেন না। আসলে খুব কাছে বলেই খুঁজে পাইনি। ভাত খাবো। ষোড়শ ব্যঞ্জনে ভর্তি থালি। একটা তরকারির খোঁজ কোনওদিন করিনি — খিদে। অনেক মশলা দিলাম। তরকারির স্বাদ ঠিক এলো না। একটা মশলার খোঁজ কোনোদিনই করিনি — মনমশলা। ক্ষতি হয়ে যাওয়ার পর পৃথিবীর লোককে দোষ দিই। কে ক্ষতি করেছে তাই জানলাম না। জানলামই না, কেউ কারও ভালোও করতে পারে না, মন্দও করতে পারে না। নিজের ভালো মন্দ নিজের ওপরই নির্ভর করে। আবার অনেক সময় আমরা জগতের সমুদয় দুঃখ নিবারণ করতে দৌড়াদৌড়ি করি। তা কি করা যায়? না, আমি পারবো সে কাজ করতে? কবি, সাহিত্যিক, মহাপুরুষদের বাণী সম্বলিত বই থরে থরে সাজানো দামি আলমারিতে। ঝাড়ামোছা হয় প্রতিদিন, খোলা হয় না কোনও দিন। আগে কাজ করি, তারপর আমরা ভাবতে বসি।

আদিম নগ্ন সভ্যতার ওপর একরাশ আবরণ আর কিছু আভরণ চাপিয়ে মানুষ ভাবল, তারা বুঝি সভ্য হয়ে গেছে, তাদের অসভ্যতা, বর্বরতা বুঝি কয়েকদিনের মধ্যে কর্পূরের মত উবে গেছে। তারা সভ্যতার এত উচ্চে পৌঁছে গেছে, তাদের প্রেম এত স্বর্গীয় হয়ে গেছে যে দেবতার কাছে পৌঁছাতে তাদের আর বেশি দেরি নেই। যে মানুষটা এইমাত্র একজনকে খুন করে এলো সে দেখি এক ধর্মসভায় যোগ দিয়েছে এবং ভারতীয় সনাতন ধর্ম সম্বন্ধে খুব কসরৎ করে, হাত ছুঁড়ে বিভিন্নভাবে অঙ্গ বিকৃত করে বক্তৃতা দিচ্ছে। যে মানুষটা এই মাত্র প্রেমের নামে এক অবলা নারীর নারীত্ব নষ্ট করে এল সে দেখি প্রেম সম্বন্ধে বিষদ ব্যাখ্যা আরম্ভ করে দিয়েছে। শ্রোতৃবৃন্দও সঙ্গে সঙ্গে মহা সমারোহে হাততালি দিতে শুরু করে দিয়েছে। কিন্তু তাকে কিছুতেই বোঝাতে পারলাম না যে, ওগুলো প্রেম নয়। প্রেম জিনিসটা সম্পূর্ণ ওর বিপরীত। প্রেম হচ্ছে স্বর্গীয় বিষয়। ওটা হচ্ছে মনের ব্যাপার, হৃদয়ের ব্যাপার। দেহের সঙ্গে ওর সম্পর্ক খুবই কম। কিন্তু কাকে বোঝাবেন ? একশটা মানুষের নিরানব্বই জনই আজকাল বলতে শুরু করেছে যে, ওটাই প্রেম, নারীপুরুষের দৈহিক মিলনেই প্রেমের চরম সার্থকতা, প্রেমের চরম উৎকর্ষ। অবশ্য এগুলো একপ্রকার পাগলামি থেকে আসে। একটি লোক একটি জিনিসের প্রতি এত আসক্ত হয়ে পড়ে যে, সেটা পেয়ে সে কিছুদিনের মত পাগলামি শুরু করে দেয়। আবার আর এক প্রকার লোক সে জিনিসটা পায় না বলে পাগল হয়ে কল্পনার স্বপ্নরাজ্যে সেটা পেয়ে আনন্দিত হয়।

কোনো ব্যক্তিমানুষ তার জ্ঞান হবার পর থেকে যদি কোনও ভালো গুণকে লালন করে আসে তাহলে হঠাৎ করে সেই ভালো গুণকে খারাপ করা যায় না। বিপরীতক্রমে ঐ ব্যক্তিমানুষ যদি কোনও খারাপ গুণকে তার নিজের মধ্যে লালন করে আসে তাহলে হঠাৎ করে তারও পরিবর্তন করা যায় না। এককথায় ব্যক্তিত্ব ও চরিত্র অপরিবর্তনীয়।

যদি কোনও বড়রকম পরিবর্তন হয়েই থাকে তাহলে বুঝতে হবে পরিবর্তনের জন্য মন আগে (পূর্ব) থেকেই তৈরি ছিল। উপযুক্ত পরিবেশ, পরিস্থিতি আসেনি বলেই পরিবর্তন হয়নি।

পৃথিবীতে যত বিষয় আছে, তার মধ্যে মানুষের মনই সবচেয়ে দুর্জ্ঞেয়। মানুষ তার নিজের মনের কথাই অনেক সময় নিজে জানতে পারে না। পরিষ্কার পরিচ্ছন্ন থাকতে, আচার ব্যবহার ভালো করতে, ভালোবাসতে—এসবের জন্য কোনও কড়ি লাগে না। তবুও এসব ব্যাপারে মানুষ কতই না কৃপণ। ভালোবাসা কোনওদিন হিসাব করে হয় না। বিনিময়ে কিছু পাবার আশা না করেই ভালোবাসতে হয়। আর যন্ত্রণা ? বিবেক থাকলেই যন্ত্রণা থাকবে। যেমন আলো থাকলেই অন্ধকার থাকবে। অন্ধকার আছে বলেই আলোর এত কদর। সব রাতের পরেই সকাল আসে। আর রাত যতই গভীর হয়, প্রভাত

ততই কাছে আসে। জীবনেরও সব যন্ত্রণার একদিন শেষ আছে। যে জীবনে যন্ত্রণা নেই, সমস্যা নেই সে জীবনের কী দাম আছে? সে জীবনতো জীবন নয়। পাথর। মরুভূমি। ইতিহাস বলছে, যখনই কোনও দেশ, জাতি নিশ্চিন্তে কালযাপন করতে শুরু করেছে তখনই তার পতন শুরু হয়েছে। সংগ্রামই জীবন। সংগ্রাম বিমুখতাই মৃত্যু। সমস্যার পর যে উত্তরণ, যন্ত্রণার পর যে জীবন তা বড় মধুর। দেশ বা জাতির ক্ষেত্রে যেমন সত্য, ব্যক্তির ক্ষেত্রেও তেমনই সত্য। দিনের পর রাত এবং রাতের পর দিন যেমন সত্য, ভালোবাসার পরও কান্নাও তেমনই সত্য। তবে সে কান্না এবং যন্ত্রণার পিছনে আছে এক বিরাট সৃষ্টি। এক বিরাট আবিষ্কার। যন্ত্রণা এবং দুঃখ ছাড়া কোনও ভালো কিছু সৃষ্টি হয় না। ভালোবাসা যত গভীর হয়, প্রেম তত নিবিড় হয়। প্রত্যেক সৃষ্টির পিছনেই আছে গভীর যন্ত্রণা।